NON-FORMALE POLITISCHE BILDUNG BAND 11

Paul Biermann, Eike Hennig, Hannelore Leder,
Dieter Müller, Norbert Pacho,
Erwin Schauermann, Jens-Uwe Sponholz,
Grete Steiner, Heinz Wazinski

Politische Bildung im Alter

„Wir waren ein bisschen wilder
und sind jetzt altersmilde geworden."

WOCHEN
SCHAU
WISSENSCHAFT

Bibliografische Information Der Deutschen Nationalbibliothek
Die Deutsche Nationalbibliothek verzeichnet diese Publikation in der Deutschen Nationalbibliografie; detaillierte bibliografische Daten sind im Internet unter http://dnb.d-nb.de abrufbar.

www.wochenschau-verlag.de

Umschlaggestaltung: Ohl Design
Gedruckt auf chlorfrei gebleichtem Papier
Gesamtherstellung: Wochenschau Verlag
ISBN 978-3-7344-0412-2 (Buch)
ISBN 978-3-7344-0413-9 (E-Book)

Inhaltsverzeichnis

Kapitel 6

Kapitel 7

Kapitel 8

Anlagen

Einleitung: Politische Bildung im Alter analysieren!

> „Große Absichten, die keine Erfahrungen von Selbstwirksamkeit bringen, sind genauso verpönt wie das Arrangement mit einem falschen Leben, das die Idee eines wahren Lebens aufgegeben hat. Ethisches Können hat etwas mit kommunaler Eingebettetheit, persönlichem Mut und einer Praxis der sozialen Verpflichtung zu tun."[1]

Weltoffen, ortsverbunden und selbstbewusst[2]: Man hat seinen Platz kennengelernt und weiß, was für das Ich und die Familie sowie danach für den sozialen Nahraum, nämlich die Polis mit den Bürgern, für den Wohnort, den sicheren Lebensmittelpunkt, von dem aus die Welt betrachtet wird, zu bedenken ist. Entsprechend aktiv, „mitmenschlich"-politisch werden jedoch nur wenige. Diese Stimmung umschreibt ein an Ausprägungen weites Feld politisch-sozialer Bildung im Alter. Dieser Tenor des Denkens und Handelns wird aus den vorzustellenden 28 Interviews mit älteren Menschen 60+ herausgelesen.[3]

Dies gilt es zu entfalten und zu systematisieren. Gezeigt werden soll:

- Politische Bildung mit Tradition und Wandel gehört zum Alter(n) der Befragten.
- Dieser bislang wenig bekannte Bereich mit Einstellungen, Änderungen, Verhaltensweisen und Stimmungen im Leben älterer Menschen muss zum Thema von „Menschenwissenschaften" (N. Elias) werden. Denn:
- Die Bedeutung politischer Bildung im Alter ist heute schon evident und wird in näherer Zukunft noch augenfälliger werden.

Politische Bildung im Alter ist facettenreich. So finden sich unter den Interviewpartnern solche, die politisch realistisch oder aktiv, also von unterschiedlichen Ausgangspositionen her, den Generationenvertrag für Gegenwart und Zukunft unterstreichen (9, 10[4]). Ein zufriedener Staatsbürger (15), ein weiterer Typ, betont, wie notwendig soziale Gerechtigkeit gerade für Jugendliche ist, Jugend gilt ihm als „Riesenkonfliktstoff", als wichtiges Politikfeld. Diese Verweise mögen andeuten, es finden sich Zeichen für Altruismus und Abwägungen. Politik und politische Bildung, jene Deutungsmuster, von

---

1 Heinz Bude, Das Gefühl der Welt, München 2016, S. 129.

2 Nach Bude, ebda.

3 Der Einfachheit halber wird die meistens nur die männliche Form gewählt, wenn auf die Interviewpartner und Interviewpartnerinnen sowie auf Bezugspersonen verwiesen wird.

4 Ziffern in Klammern verweisen auf die Interviewpartner, die im 5. Kapitel vorgestellt werden. Vgl. die Fallberichte 5.1 bis 5.28.

dem aus Politik betrachtet und gemacht wird, sind bedeutsam und im Alter keineswegs einheitlich. Solchen Variationen nachzuspüren, ist angesichts der Bedeutung von Alten und Altern kein Luxus.

1960 zählen – laut Statistischem Bundesamt[5] – die ab 60-jährigen Personen 17 % der Bevölkerung (gegenüber 54 % der 20- bis 59-jährigen). 2010 haben sich diese Altersanteile auf 31 % und 55 % verändert: Der Anteil der Alten nimmt zu; ältere Menschen sind ein großes und wachsendes gesellschaftliches Potential. Nach einer Vorausberechnung setzt sich dieser Trend fort, zusätzlich nehmen die mittleren Jahrgänge ab: Für 2050 werden (vor allen Migrationen von 2015) 39 % Ältere 60+ und 46 % für die 20- bis 60-Jährigen prognostiziert. Die Politische Bildung solch einer großen Bevölkerungsgruppe sollte Sozialwissenschaften schon interessieren. Man sollte annehmen, solch ein Segment der Gesellschaft sei als Zielgruppe nicht nur relevant, sondern auch bekannt. Dies trifft gerade bezüglich der politischen Konsequenzen aus Einstellungen und Änderungen im Alter wenig zu. Obwohl die These vom politisch anspruchslosen älteren Menschen schon zu Beginn des Blicks auf „junge" und „aktive Alte" verworfen worden ist[6], harrt die Darstellung eigenaktiver politischer Entwicklungen im Alter der Vertiefung.[7]

Stimmen die Ängste von Jüngeren vor einer beschränkten „Generation Rollator"?[8] Ist Frank Schirrmachers Grausen vor dem „Methusalem-Komplott", vor einem egoistischen Generationenkrieg der Alten gegen die Jungen berechtigt?[9] Neben wohlfeil dominierenden wertbetonten Annahmen über Alte, neben selbstzugeschriebener Fürsorge von Parteien für Alte (durchaus in Erwartung erfolgreichen Stimmenkaufs) ergibt sich empirisch eine Antwort aus dem Blick auf Politische Bildung im Alter. Schon die repräsentative Wahlstatistik deutet darauf hin. „Ältere Wähler beeinflussen immer stärker den Wahlausgang", summiert bei Vorstellung der Statistik zur Bundestagswahl vom September 2013 der Bundeswahlleiter[10] (den mit 79,9 % auffällig überdurchschnittlich an der Wahl beteiligten 21 Millionen älteren Wählern

---

5 Ende 2015 mitgeteilt von der Bundeszentrale für Politische Bildung: https://www.bpb.de/nachschlagen/zahlen-und-fakten/soziale-situation-in-deutschland/61541/altersstruktur – Zu den http-Verweisen vgl. Quellenverzeichnis (S. 170).

6 Infratest, Sinus, Horst Becker, Die Älteren, Bonn 1991, S. 51 ff.

7 Eine OECD-Studie betont nur das Umweltverhalten der „new old": Patrick Love (Hrsg.), Ageing, Paris 2015.

8 Solche Befürchtungen und sozialdarwinistischen Gegenreaktionen finden sich in Debatten über Renten, Krankenversicherung und nach dem „Brexit": FAZ v. 30. 06. 2016, S. 9 („Die Greisenfresser kommen").

9 Frank Schirrmacher, Das Methusalem-Komplott, München 2004.

10 Vgl. die Pressemitteilung vom 28. 01. 2014: https://www.destatis.de/DE/PresseService/Presse/Pressemitteilungen/2014/01/PD14_031_141.html

stehen, bei geringerer Wahlbeteiligung [z.B. von 59,9 % unter den 21- bis 25-Jährigen], nur knapp 10 Millionen Wähler unter 30 Jahren gegenüber).

Die repräsentative Wahlstatistik unterscheidet erstmals für die Bundestagswahl 2013 innerhalb der Alten zwischen 60- bis 69-Jährigen und denen über 70 Jahre.[11] Schon dies Differenzieren zeigt, im Alter passiert etwas. Alle Alten gewinnen an Gewicht, zugleich differenziert sich die Gruppe und wird plural. „Die Alten": Es gibt sie nicht! Neben ersten Hinweisen der Interviews zeigt dies die repräsentative Wahlstatistik 2013. Unter Alten gibt es Differenzen der Geschlechter (z.B. bei der Wahlbeteiligung und der Wahl der Grünen und der AfD), es gibt Unterschiede zwischen den Altersgruppen ab 60 und ab 70 Jahren (z.B. bei der CDU-Wahl), so wie es (z.B. bei der Wahl von Union und SPD, den Traditionsparteien, und bei AfD und Piraten, den neuen Kleinparteien) bedeutende Unterschiede zwischen Alten und anderen, jüngeren Altersgruppen gibt.

Alte bilden pluralistische Gruppen, sind durchaus heterogen. Ihre Binnengliederung folgt üblichen Ausdifferenzierungen der Privatisierung und Auflösung traditioneller Bindungen. Schon eine frühe Studie über die 55- bis 70-Jährigen differenziert 1990 zwischen den Lebensstilen. Die Binnengruppen der pflichtbewusst-häuslichen Älteren (31 %) neben den sicherheits- und gemeinschaftsorientierten (29 %), den resignierten (15 %) und den aktiv „neuen" Alten (25 %) werden genannt, um nach Stil und Status die Lebenswelten älterer Menschen zu unterscheiden.[12] Eine neuere Studie (2010) ordnet die Älteren ab 50+ acht Milieus zu, hauptsächlich sind dies die bürgerliche Mitte (21 %) und ein traditionelles Milieu (30 %); die Spannweite reicht von konservativ (11 %) bis prekär (11 %) und hedonistisch (10 %).[13] Die Lebenswelten der Älteren unterscheiden sich signifikant. Als Frage nach Zielgruppen von Werbung und Konsum wird diese Pluralisierung akzeptiert. Es empfiehlt sich ebenso die Frage nach unterschiedlichen Prägungen politischer Bildung im Alter zu stellen.

Schüler, Jugendliche, Erwachsene:

Das sind Zielgruppen vielfältiger Bildungsanstrengungen, und die Politische Bildung dieser Gruppen steht selbstverständlich im Zentrum vielfältiger Bildungsträger, Bildungsangebote und evaluierender Forschungen. Didaktik, Organisationsformen, Inhalte und Wirkungen auf politische Kultur, auf Wissen und Handeln sind Themen zahlreicher Studien vom Kindergarten

11 Der Bundeswahlleiter, Wahl zum 18. Deutschen Bundestag am 22. September 2013, Heft 5, Teil 2, Wiesbaden 2015, vgl. nur S. 39, 42.

12 Die Älteren, S. 81 ff.

13 Silke Borgstedt, Sinus-Milieus 50plus Deutschland. Die Lebenswelten der Generation 50plus, Heidelberg o.J. (Datenbezug 2010).

bis zum Erwachsenenalter. Für alle Altersgruppen vor dem Alter 60+ hat sich der kontinuierliche Dialog zwischen Bildungseinrichtungen und Berufs- wie Bildungszielen, zwischen Lehre und deren Wirkung, zwischen Wissenschaft, Politik und Praxis etabliert, vielfach sogar kontinuierlich institutionalisiert.[14] Solche Evaluationen und Dialoge sind nicht zuletzt Voraussetzung für den „Einsatz“ Politischer Bildung gegen Extremismus und Fundamentalismus und aktuell für verschiedenste Integrationsbemühungen. All dies fehlt in vergleichbarer Dichte für die Älteren 60+ und deren Politische Bildung.

Es gibt Angebote z. B. von Parteistiftungen, kirchlichen Akademien, von der Bundeszentrale für Politische Bildung, einzelnen Universitäten bis zu „Arbeit und Leben“, der Bildungseinrichtung der Gewerkschaften und Volkshochschulen, die politische Erwachsenenbildung auch für Ältere anbieten, aber es fehlt am Dialog über Angebot, Analyse, Wirkung, Optimierung. Es fehlen Fragen danach, worüber ältere Menschen an politischer Bildung verfügen, es fehlen Fragen nach Kriterien für „gute politische Bildung“, nach ausweisbaren „Best Practice“-Beispielen, nach der Wirkung entsprechender Angebote. Hier wird dafür plädiert.

Vorgestellt wird ein Ergebnis forschenden Lernens. Nachgegangen wird Fragen, wie sich die Bildung einer bestimmten Gruppe älterer Menschen darstellt, wenn man zur Person z. B. nach Gesundheit und Psyche und zu Ereignissen u. a. nach Wahlen und Parteien fragt. Das Projekt entwickelt sich aus einer universitären, wie üblich belehrenden Veranstaltung. Befragt wird im selben Studienumfeld eine gebildete, eben eine weltoffene, ortsverbundene, selbstbewusste und sozial gut abgesicherte Gruppe älterer Menschen 60+ in der Großstadtregion Frankfurt/M. Aus der Vorlesung über Demokratie entwickelt sich jenes Interesse. Enttäuschungen über unbefriedigende Antworten, die Wahlforschung, Pädagogik, Soziologie, Psychologie beisteuern, eine wachsende Einsicht in die Bedeutung der Persönlichkeitsentwicklung im hohen Alter[15] und die Verbindung zu gesellschaftlichen, auch politischen Herausforderungen bilden aus dem Hörerkreis der Demokratie-Vorlesung die Analysegruppe. Lernend und anwendend, forschend lernend also, wendet sich diese Autorengruppe der Beschreibung der politischen Bildung älterer Menschen zu. Der Lehrer, der Dozent, den Ezra Pound als frontalen

14 Das „Handbuch politische Bildung“ (Hrsg. Wolfgang Sandner, Schwalbach 2014 – vertrieben von der Bundeszentrale für Politische Bildung, Bonn 2015) endet mit außerschulischer Jugendbildung und Erwachsenenbildung. Es gibt kein Praxisfeld Altenbildung und keine politische Bildung dieses Lebensabschnitts.

15 Jule Specht, Persönlichkeitsentwicklung im hohen Alter – https://www.programm-altersbilder.de/aktionen/persoenlichkeitsentwicklung-im-hohen-alter-interview-mit-juniorprofessorin-jule-specht.html

Langzeitredner bestimmt, Hörer, die Wissen passiv notieren, müssen sich ändern, sie werden Teilnehmer des gemeinsam interessierenden Forschens über „Politische Bildung im Alter."

Den Forschungsalltag prägen Feststellungen der Psychologin Jule Specht: „Mit am Wichtigsten ist es, Leidenschaft zu vermitteln", und, tröstlich wie störend: „Das Tolle an Wissenschaft ist, dass man nie fertig wird." Max Webers Vortrag zu Wissenschaft als Beruf (1919) liest sich wie eine klassische Vorlage für diese Erfahrungen – klar, Weber arbeitet mehr die schmerzlichen Akzente dieser Entzauberung, zuletzt sogar „der Wissenschaft", heraus. Specht dagegen macht mehr Mut und stiftet Neugier.

Kapitel 1

Forschendes Lernen an der Universität des Dritten Lebensalters in Frankfurt/M.

Wesentlich spielt das Projekt im Rahmen der Universität des Dritten Lebensalters (U3L) an der Goethe-Universität Frankfurt/M.: Dort lernen sich die Autorinnen und Autoren kennen, dort konstituiert sich die Arbeitsgruppe, dort entsteht die Idee zum Projekt „Politische Bildung im Alter", dort gewinnt die Forschung von Methoden und Design, von der Durchführung und Auswertung bis zur gemeinsamen Diskussion der Ergebnisse und Texte ihre Gestalt, dort – am Rande historischer Orte der Studentenbewegung um 1968 – finden die Gruppensitzungen statt.

Die Universität des Dritten Lebensalters (U3L) ist als Verein an der Frankfurter Goethe-Universität organisiert, ihr Trägerverein zählt rund 900 Mitglieder. Nach einem Planungsvorlauf seit 1979 beginnt die U3L im Wintersemester 1982/83 mit 150 Studierenden die Arbeit. Start ist eine Vorlesung über „Veränderungen im Alter". Einzelveranstaltungen und Kompaktkurse werden nicht angeboten. Die U3L bietet ihre Themen im weiten Bogen von dreizehn Studiengebieten im Vorlesungsrhythmus und in Veranstaltungsformen einer Universität (vor allen Bologna-Reformen!) an; wöchentlich abgehaltene Seminare und Vorlesungen überwiegen als Veranstaltungsform. Es gibt kein Curriculum, die Veranstaltungen schließen mit keiner Prüfung ab. Seit dem Winter 2005/06 sind Veranstaltungen der U3L viermal evaluiert worden. Jedes Semester erscheint ein Semesterprogramm, das die Veranstaltungen kurz kommentiert.

Die Universität des Dritten Lebensalters ist unter ihrem Kürzel U3L im Raum Frankfurt ein anerkannter Bildungstreffpunkt geworden. Der Zugang ist für alle, für jedes Alter ohne formale Bildungsvoraussetzung und ohne eine Hochschulzulassung (Abitur) offen. (Die Semestergebühr beläuft sich 2016 auf 110 €.) Erwartet wird die von den Studierenden selbst einzuschätzende Bereitschaft und Fähigkeit, sich mit akademischen Methoden vertraut zu machen und regelmäßig an Veranstaltungen mit universitärem Anspruch teilzunehmen. Ziel ist – neben der Reflexivität über das Alter im Gebiet der Sozialen Gerontologie – die Beteiligung älterer Menschen an universitärer Wissensvermittlung und Bildung; ältere Menschen sollen mit neuen Resultaten verschiedener Wissenschaften vertraut gemacht werden. Mit einem Schuss Pathos: Der U3L geht es um Aufklärung. Ziele sind Immanuel Kants „Ausgang … aus … selbstverschuldete[r] Unmündigkeit“ und sein „sapere aude!“, der Mut, sich öffentlich „des eigenen Verstandes zu bedienen“, um nach der eigenen Bildung an Aufklärung im Gemeinwesen mitzuwirken.

Derartige Überlegungen aufzugreifen und auszugestalten ist Sache jedes Dozenten und jeder Veranstaltung. Je Semester werden gut 100 Veranstaltungen von knapp 100 Dozentinnen und Dozenten angeboten. Ein Drittel der Dozenten sind im Ruhestand befindliche Professoren. Als Instanz mit besonderer „Lehr- und Lernkultur“ versteht sich die U3L nicht. Für „Studieren an der U3L“ wird auf Weite und Breite des „wissenschaftlichen Dialogs“, auf „akademische Methoden“ und das offene Angebot hingewiesen: „Die Teilnahme ist in jedem Alter und ohne formale Bildungsvoraussetzungen möglich.“

Im Winter 2014/15 verzeichnet die U3L 3.500 Studierende (im Sommer sind rund 500 weniger immatrikuliert). Je 40 % sind im Alter von 61 bis 70 Jahren und 71 bis 80 Jahren.[16] 60 % der Studierenden sind Frauen. Sie verfügen über ein überdurchschnittlich hohes Ausbildungsniveau (etwa die Hälfte hat ein Studium abgeschlossen), während in der Gesamtbevölkerung (60+) 20 % der Männer und 15 % der Frauen über die Hochschulreife sowie 18 % der Männer und 10 % der Frauen über einen Hochschulabschluss verfügen.[17] Ältere im Vergleich zu Jüngeren (≤ 59 Jahren) sind 2014 in der Bundesrepublik deutlich weniger gebildet. Ein Drittel der Jüngeren gegenüber einem Fünftel der Älteren besitzt die Hochschulreife.[18] Die Studierenden der U3L verfügen dagegen im Schnitt über ein auffällig hohes Ausbildungsniveau.

Das Angebot der U3L versteht sich akademisch, abstrakt, reflexiv, „sine ira et studio.“ Es überwiegen Veranstaltungen mit 20 bis 60 Teilnehmern. Am größten ist die Nachfrage nach Sprach- und Kulturwissenschaften vor Geschichte und Theologie. Im Winter 2014/15 besuchen 220 Studierende Veranstaltungen der Gesellschafts- und Erziehungswissenschaften. Vom Sommer 2014 bis zum Sommer 2016 werden in diesem Themenfeld 46 Veranstaltungen angeboten (minimal vier, maximal 12 im Semester).

---

16 Vgl. den Überblick: http://www.uni-frankfurt.de/43322605/statistik

17 Vgl. http://www.gesis.org/allbus/studienprofile/2014/. Allbus (Allgemeine Bevölkerungsumfrage der Sozialwissenschaften) dient seit 1980 alle zwei Jahre der Erhebung von Daten zu Einstellungen, Verhaltensweisen und Sozialstruktur der Bevölkerung in der Bundesrepublik Deutschland. 2014 wird ein repräsentativer Querschnitt von 3471 Befragten von März bis September interviewt, Allbus 2014 wird hier zum Vergleich herangezogen.

18 Der Zusammenhang zwischen Bildung, Älteren und Jüngeren ist signifikant (CV = .31).

Politikwissenschaftliche Schwerpunkte sind neben Streitfragen zur Zeitgeschichte die Bereiche politische Theorien und Demokratie. Ein Drittel aller Veranstaltungen entfällt zu gleichen Teilen auf diese drei Bereiche. Einen weiteren Akzent setzen, aktuellen Geschehnissen folgend, Veranstaltungen zu Migration. Implizit folgt das Angebot so dem Ziel, aktuelle politische Ereignisse demokratietheoretisch zu reflektieren. Die Studienevaluationen zu den Wintersemestern 2011/12 und 2015/16 unterstreichen den Wunsch der Studierenden nach dialogischer Vertiefung des Stoffs, geäußert wird auch der Wunsch nach selbständigen Lernaktivitäten unter Beteiligung von Kommilitonen. Solch eine Bereitschaft zu eigenen Aktivitäten und zur Arbeit in einer Gruppe steht am Beginn dieses Projekts, in einer Vorlesung artikuliert sich dies. Anschließende Seminare können eine verbindliche Organisation, einen entsprechenden „Seminarvertrag" zum Thema und zur Arbeitsform finden und verbindlich wie verlässlich unter den Teilnehmern verankern. Der Rahmen für forschendes Lernen über politische Bildung im Alter ist gefunden worden. Die vordem getrennten Rollen des Dozenten und der Hörer nähern sich in gemeinsamer Arbeit an einem gemeinsam interessierenden Forschungsgegenstand an. Die Interviews, deren Protokollierung, die Auswertung von den Fallgeschichten bis zur Typologie, die Abfassung des Berichts zur Darstellung der Forschungsergebnisse: all dies geschieht in der sich so tatsächlich konstituierenden Gruppe und in dieser Kooperation am gemeinsamen Thema.

Mit der Vorlesung „Demokratie: Zwischen Ort und Bürgerschaft sowie Globus und Menschheit" beginnt im Sommersemester 2014 das hier vorzustellende Forschungsvorhaben. Jede Universität, also auch die U3L, hat den Vorteil, dass sie über Fragen der Gesellschaft vergleichsweise „einfach" forschen kann. Die Lehre geht in forschendes Lernen über. Interesse und Motivation, Interaktion, wechselseitige Kooperation vorausgesetzt, kann sich ein Wechsel von passiver Betrachtung zu Anwendung, vom Lehren und Lernen zur Erforschung der fraglichen Phänomene ergeben. Für die U3L versteht es sich, dass Fragen der Lebenswelt, der Einstellungen und des individuellen, sozialen wie politischen Verhaltens älterer Menschen im Vordergrund stehen. Als besondere Möglichkeit der U3L wird genutzt, dass „barrierefrei" (und somit „einfacher") gleichaltrige Studierende einander interviewen. So wird die Universität, methodisch angeleitet (was für eine nötige Distanz zum Alltag sorgt), interaktiv als Wissenspool, als Gemeinschaft von Forschern und Informanten erfahrbar. Forschendes Lernen heißt für Studenten, sich der Doppelrolle als Lernende und als Teilnehmer in einem Forschungsteam zu stellen. Für Dozenten heißt es, am Forschungsalltag, der neuen gemeinsamen Erfahrung, aktiv und gleich teilzunehmen[19] und beim Anwenden Methodologie und Methoden vermitteln. Die neue, interaktive Rolle beachtet die Distanz, die Eigenlogik von Wissenschaft, Analyse und Alltag. („Laien" werden aktiv, aber das Thema soll analytisch, wissenschaftlichen Regeln folgend, dargestellt, für Verstehen und Kritik geöffnet werden.) Die Zusammenarbeit erfordert Änderungen im Rollenverständnis von Dozenten und Hörern. Die neue Kooperation nährt sich aus dem gemeinsamen Forschungsinteresse und aus der sich in solchem Forschungsalltag herstellenden Näherung kooperierender Mit-Arbeiter. Am Anfang steht für Lehrende und Lernende ein leidenschaftliches Interesse am Forschungsthema; im Arbeitsprozess muss diese Leidenschaft ausreichen, um „Durststecken" und Konflikte zu überstehen, ferner gilt es, hermetische „Intellektualisierung" mit „künstlichen Abstraktionen" (M. Weber) zu vermeiden. An diesem Punkt spielen die „Grundierungen" der Hörer eine Rolle, um die Reichweite von Aussagen an die Ausgangsdaten, nämlich an die Aussagen der Interviewten zu binden. In diesem Sinne wird eine Veranstaltung der U3L „Mutter" des Unterfangens, über „Politische Bildung im Alter" zu forschen.

Im Sommersemester 2014 wird die Demokratie-Vorlesung ein Anfang mit Neugier, Arbeit, Geduld und Lernbereitschaft. Neue Formen der Interaktion sind zu lernen. Neben zwei Referaten zur Zukunftsfähigkeit und zum Leitbild einer Taunusgemeinde wird in dieser Veranstaltung am 26. Mai von Studierenden eine Nachwahlbefragung zur Europawahl 2014 mit einem standardisierten Fragebogen durchgeführt. Fünf teils große, teils kleinere Veranstaltungen der U3L werden am Tag nach der Europawahl besucht. Das Vorhaben wird erläutert, Fragebögen werden verteilt, ausgefüllt und eingesammelt. 349 Studierende der U3L über 60 Jahre antworten, das sind 13 % der Studierenden, nur ein Fragebogen wird aus Protest durchgestrichen. Am 3. Juli 2014 werden die Ergebnisse vorgestellt.[20] Die U3L stellt die Präsentation ins Netz.[21] Dies und der damit verbundene erste Eindruck der Dynamik, des Wandels im Alter leiten über zum Forschungsprojekt.

19 Die Forderung ist bei Max Weber (Wissenschaft als Beruf/Politik als Beruf, Tübingen 1994, S. 6) nachzulesen: Selbst auf die alten Tage sollte sich kein Soziologe zu schade sein für triviale Rechenexempel, es geht nicht, „das auf mechanische Hilfskräfte ganz und gar abzuwälzen."

20 Für Fragebogen und Vorstellung wird von der Bundeszentrale für politische Bildung das Programm GrafStat4 verwendet.

21 http://www.uni-frankfurt.de/51274935/Nachbefragung-zur-Europawahl-2014.pdf

Im Sommer 2014 findet sich eine Gruppe von Studierenden, die im Anschluss an die Nachwahlbefragung in einem Seminar die Vertiefung der Umfrage vorbereitet. Mitglieder des Forschungsteams sind Ökonomen, Lehrer, Soziologen, ein Politologe, eine Germanistin. Im Winter 2014/15 werden in einem Seminar Fragen qualitativer Sozialforschung, besonders Probleme induktiven Forschens, der Hermeneutik und Fragen einer Typologie behandelt. Modelle wie der „Entscheidungstrichter" der Wahlforschung und die „Theorie des überzeugten Handelns" werden vorgestellt. Ein Frageleitfaden wird erarbeitet, 12 Pretests werden Ende 2014 durchgeführt und führen zu acht Versionen des Frageleitfadens.

Von Dezember 2014 bis Ende des Wintersemesters Mitte Februar 2015 werden 28 Leitfadeninterviews unter Studierenden der U3L und mit Personen, die – vor allem mit Blick auf Bildung, Teilnahme und Gesprächsvermögen – als mögliche U3L-Teilnehmer eingeschätzt werden, durchgeführt. Alle Befragten sind 60 Jahre und älter. Im Sommersemester 2015 stellt sich ein forschungsbezogenes Seminar den Aufgaben, die transkribierten Interviews als persönliche Fallberichte und thematische Querschnitte darzustellen und schließlich in Form einer Typologie zum Thema „Politische Bildung im Alter" zu interpretieren. Die Arbeit erfolgt einzeln und in Themengruppen, im Plenum wird kritisch-gemeinschaftlich der Bericht erarbeitet.

Am Ende zeichnen neun Autorinnen und Autoren für die Ausarbeitung. Die „Spezialisierung" im Winter 2014/15 und Krankheiten haben den Arbeitskreis verkleinert. Die „Verbliebenen" danken früheren Mitstreitern. Albert Hilbrink sei gedankt für die Mitarbeit am Pretest, für das Durchführen von Interviews und das Erstellen von Fallberichten.

Wir bedanken uns bei den Interviewpartnern. Ihre Geduld und Bereitschaft, ja, ihre Ermunterungen, die Studie durchzuführen, ihre Nachfragen haben viel geholfen. Am „grünen Tisch" haben wir uns Anbahnung und Durchführung der Interviews schwerer vorgestellt. So konnten wir uns auf die Mühen der Auswertung konzentrieren.

Die Vorstellung der Typen und der Folgerungen im März 2016 vor dem Sozialverband Deutschland in Nordrhein-Westfalen hat die Endphase der Arbeiten am Bericht unterstützt. Wir sind uns der Besonderheit der Befragten, „unserer Auswahl" und der Bedeutung im pluralistischen Spektrum alter Menschen von „prekär" bis „aktiv" ebenso bewusster geworden wie dem Pluralismus der Alten-Politiken von Fürsorge, Coaching, Subsidiarität bis Selbstbestimmung; Vortrag, Diskussionen, Begegnungen in Düsseldorf haben geholfen. Vom Konzert, aus der Polyphonie werden eine Gruppe und eine Melodielinie vorgestellt. Alter ist variantenreich, daher sollte es variantenreich erforscht und dargestellt sowie Thema vielfältiger Politiken werden.

Seitens der U3L danken wir Dr. Elisabeth Wagner, Professor Günter Böhme[22] und Professor Christian Winter. Sie haben, wenn nötig, das Projekt unterstützt. Günter Böhme ist am 8. August 2016 verstorben. Seine Begeisterung für Bildung hat ansteckend gewirkt.

Wann immer wir einen Besprechungsraum benötigt haben, im Semester oder in den Ferien, Martina Wünschmann hat uns geholfen.

22 Böhmes Blick auf Bildung im Alter hat die Studie beeinflusst, vgl. seinen Beitrag (Der Sinn von Bildung im Alter) in: Hochschule und Weiterbildung 2/2006 (Zeitschrift der Deutschen Gesellschaft für wissenschaftliche Weiterbildung und Fernstudium); Günther Böhme, Frank-Olaf Brauerhoch, Silvia Dabo-Cruz (Hrsg.), Lust an der Bildung, Idstein 2010. – Böhme unterscheidet im Dritten Lebensalter normativ ältere, alternde und alte Menschen und weist ihnen Rationalisierung, Reflexion und Kontemplation als jeweilige Bildungsphase zu.

Kapitel 2

Die Befragung zur Europawahl vom 25. Mai 2014

„Es herrscht lange die Annahme vor, dass sich die Persönlichkeit im Laufe des Lebens stabilisiert." (Jule Specht[23])

Schon im Semesterfahrplan der Vorlesung „Demokratie: Zwischen Ort und Bürgerschaft sowie Globus und Menschheit" (Sommer-Semester 2014) wird auf die Europawahl am 25. Mai und auf die Möglichkeit einer eigenen Befragung hingewiesen. Veranstaltungen soll(t)en Gelegenheiten der Konkretisierung und Realitätsanbindung nutzen, um Differenz wie Bezug von Alltag und Wissenschaft zu thematisieren. Aus der Hörerschaft wird dies aufgegriffen. Die Fragen, ob alte Männer in besonderem Maße jene neue, im Wahlkampf „rechtspopulistisch und EU-kritisch" auftretende Partei[24], die AfD, wählen, ob und wie dies unter U3L'ern vertreten ist, wirkt sich durchaus befruchtend aus. Ein Fragebogen wird erarbeitet.[25] Mit der Befragung in fünf thematisch und seitens der Teilnehmer unterschiedlichen Veranstaltungen (die Themenspanne reicht vom Alten Rom bis zum amerikanischen Bürgerkrieg, die Teilnehmerzahl schwankt von 27 bis 214) beginnt am Tag nach der Wahl zum achten Europaparlament die Wende zum forschenden Lernen. An der Befragung beteiligen sich 349 Studierende, 13 % der eingeschriebenen U3L-Stundenten im Sommer 2014.

In der Vorlesung sind bereits Annahmen bezüglich der Differenzierung des Alters aufgetaucht. Skepsis gegenüber dem Theorem der stabilen Persönlichkeit im Alter war schon geweckt. Die repräsentative Wählerstatistik der Bundestagswahl 2013, die erstmals die Alten in Gruppen von 60 bis 69 Jahre und die über 70-Jährigen unterteilt, ist schon angesprochen worden. Es zeichnet sich ab: Bezüglich Alter gibt es Differenzen, unter Alten gibt es Differenzen der Geschlechter und der Altersgruppen hinsichtlich der Parteipräferenzen und

23 Jule Specht, Persönlichkeitsentwicklung im hohen Alter – http://www.programm-altersbilder.de/aktionen/persoenlichkeitsentwicklung-im-hohen-alter-interview-mit-juniorprofessorin-jule-specht.html

24 FAZ, 227. 5. 2014, S. 34 („Alte Männer wählen AfD"); Forschungsgruppe Wahlen, Europawahl. Eine Analyse der Wahl vom 25. Mai 2014 = Berichte Nr. 156, Mannheim, Juni 2014, S. 15. Tatsächlich wählen ältere Männer die AfD weniger. Bei Arbeitslosen, Wählern ohne Religionsbindung, bei unter 35-Jährigen mit niedriger Bildung schneidet die AFD im Bundesschnitt besser ab (Bericht 156, S. 48-58, 61 f.).

25 Vgl. den Anhang.

der Wahlnorm. Die Nachwahlbefragung dient der Prüfung: Bildet die U3L eine „abstrakte Gruppe“ (G. Simmel), die es folglich auszudifferenzieren gilt?

Zunächst wird die U3L fassbarer: Sie ist – bei Binnendifferenzen – gegenüber dem Bevölkerungsschnitt weiblicher und höher gebildet, bezüglich ihrer religiösen Bindungen gibt es etwas mehr nicht eingebundene Personen, eher aber ist hier das Bild unauffällig. Ins Auge springen die höheren Frauenanteile und vor allem die große Zahl an Hochschulabsolventen.

Tabelle 1: Demographische Angaben über Studierende der U3L

U3L-Studierende (26.5.2014) und Ältere (60 ≥ Jahre, Allbus 2014)					
		60 – 70 Jahre (% von 197)	71 Jahre u. ä. (% von 152)	U3L-Befragte (% von 349)	Allbus14 ≥ 60 Jahre (% von 1050)
Geschlecht	männlich	43	47	45	53
	weiblich	55	51	55	47
Bildung	Hauptschule	2	3	2	49
	Realschule	22	25	24	27
	Abitur/ Fachabitur	18	17	18	23
	Studium	56	46	52	14
Religion	Keine	41	40	40	36
	Evangelisch	32	41	35	35
	Katholisch	26	18	22	25
	Jüdisch	0,5			0,1
	Muslimisch	0,5			0,4

Vergleicht man das Europawahl-Ergebnis der Bevölkerung mit der Rückerinnerung der U3L-Studierenden am Tag nach der Wahl, zeigt sich, „die“ U3L wählt weniger (- 10,4 Prozentpunkte) die CDU; SPD (+ 3,4 Prozentpunkte), AfD (+ 2,7 Prozentpunkte) und FDP (+ 4,6 Prozentpunkte) erhalten mehr Stimmen. Die Dynamik wird deutlicher, wenn diese allgemeinen Hinweise nach Alter und den Städten Frankfurt und Wiesbaden – in Frankfurt wohnt der Großteil der Interviewpartner – ausdifferenziert werden. Vor allem innerhalb der U3L und zwischen den Städten fallen Unterschiede auf – gerade hinsichtlich der AfD. Dynamische Muster des Alters und im Alter scheinen auf: Es gibt offensichtlich mehr Änderungen in den Altersklassen und innerhalb der älteren Wähler beider Städte, als es Erklärungen (und Forschungsinteresse) gibt.

Tabelle 2: Die Europawahl 2014: Rückerinnerung der U3L und die repräsentative Wahlstatistik für Hessen, Frankfurt und Wiesbaden (in % der gültigen Stimmen und der Parteinennungen)[26]

	Hessen		Frankfurt		Wiesbaden		U3L	
	60-69	70 u. ä.	60-69	70 u. ä.	60-69	70 u. ä.	60-70	71 u. ä.
CDU	29,0	44,3	21,4	40,4	25,7	46,5	22,3	28,3
SPD	37,5	35,3	34,3	35,3	38,8	33,5	35,0	25,0
Grüne	9,3	3,1	15,7	5,4	11,2	3,5	9,1	7,9
FDP	4,0	4,4	3,5	3,7	4,2	4,3	5,1	11,8
Linke	5,8	2,3	12,1	4,2	5,7	2,4	7,6	4,6
AfD	10,2	8,0	8,5	8,4	11,3	7,6	8,6	11,2

Die Unterschiede der beiden Großstädte gegenüber dem Landesschnitt, das unterschiedliche Wahlverhalten der älteren U3L-Befragten bezüglich der beiden Großparteien, die ausgeprägte Neigung wiederum gerade der älteren Befragten, kleine Parteien, FDP und AfD, zu wählen, bekräftigen die Annahme, dass sich mit dem Alter durchaus Wechsel vertragen. Selbst eine öffentlich umstrittene neue Partei, die AfD, wird von Alten gewählt. Bei den U3L-Befragten fallen so gerade die Älteren auf, in Wiesbaden und Frankfurt weichen mehr die jüngeren Alten vom Landesschnitt ab. Die Stimmabgabe als Indikator politischer Bildung deutet auf erheblichere Umorientierungen im Alter hin.

Es zeigt sich: Alter ist bedeutend, es passiert etwas. Was? Warum? Wie? Gibt es überindividuelle Muster solcher Varianzen? In welcher Beziehung stehen Prägungen und Neuerungen? Alter zeigt eine vielfältige Ausgestaltung. Es ist keine in sich einheitliche Bestimmungsgröße. Darauf deuten die Differenzen der Altersgruppen hin. Im Alter gibt es Bewegungen, es gibt eine Spannweite des Alterns (J. Specht), was die Suche nach Erklärungen rechtfertigt.

Es gibt mehr Änderungen im Alter, als es Erklärungen gibt: Das sei wiederholt, um mittels der Nachwahlbefragung einen besonderen Widerspruch der politischen Bildung im Alter anzudeuten. Ohne Bruch verbindet sich sozial und psychologisch unter den Alten allgemeine Zufriedenheit, eine hohe Wahlnorm, politisches Interesse mit Parteien- wie Politikerkritik.

26 Der Bundeswahlleiter, Wahl der Abgeordneten des Europäischen Parlaments aus der Bundesrepublik Deutschland vom 25. Mai 2014, Wiesbaden, Sept. 2014, S. 51; Frankfurter Bürgeramt, Statistik und Wahlen, Frankfurter Wahlanalysen 62. Europawahl 2014 in Frankfurt/M., Frankfurt, 26. 5. 2014, S. 14 (für Übermittlung der AfD-Werte danken wir Herrn P. Gebhardt vom Frankfurter Bürgeramt Statistik); Ergebnisse der repräsentativen Wahlstatistik in Wiesbaden, 5. 6. 2014: http://www.wiesbaden.de/medien/rathausnachrichten/PM_Zielseite.php?showpm=true&pmurl=http://www.wiesbaden.de/guiapplications/newsdesk/publications/Landeshauptstadt_Wiesbaden/141010100000192748.php.

Ihr politisches Interesse bezeichnen 74 % der U3L-Studierenden als stark oder sehr stark. Es überwiegt (52 %) ein starkes Interesse.[27] Die U3l'er bleiben damit unter dem Schnitt ihrer Altersgenossen (86 %). Ihre eigene wirtschaftliche Lage bewerten 74 % der U3L-Befragten als gut, nur 2 % betrachten die Lage als schlecht. Im Vergleich sind dies 60 % bzw. 5 % der über 60-Jährigen. Fast die Hälfte der Befragten ist trotz dieser guten Lage mit Parteien nicht zufrieden. Dieser Parteienverdruss kennt keine Geschlechterdifferenz, er nimmt aber mit dem Alter und der Bildung zu. Studierte U3L'er äußern diesen Verdruss besonders häufig. Es ist eine Europawahl: Europa wird skeptisch betrachtet. Beispielsweise betonen 58 % die Wichtigkeit von Zuwanderungsregelungen, lediglich 4 % sprechen sich für eine Erweiterung der EU aus. Überwiegend hält man Maßnahmen gegen die Jugendarbeitslosigkeit, für die Umwelt und für die Stabilität des Euro für vorrangige Aufgaben der EU.

94 bzw. 95 % der beiden U3L-Altersgruppen haben sich an der Europawahl beteiligt, 79 % betrachten den Gang zur Wahlurne ausdrücklich als Pflicht.[28] Aber es gibt irritierende Töne. „Parteien sollten sich nicht wundern, wenn sie bald keiner mehr wählt“: Diesen Meinungssatz stufen in der U3L 47 % als überwiegend zutreffend ein, 41 % lehnen die Feststellung ab. Vergleichbar zeigt Allbus 2014, ein Drittel derer ab 60 bejaht, dass Politiker nur ihre Vorteile wollen. Eine Polarisierung, gewichtigere Unterschiede jedenfalls deuten sich an.

Allbus 2014 hilft bei der Hypothesenbildung. Neun Bürgereigenschaften bilden unter den Alten 60+ zwei Faktoren, zwei Meinungsklassen aus: „Staatsbürger“ (sie bejahen Wählen, Steuern, Gesetze, verfolgen die Regierungspolitik) stehen neben „Zivilgesellschaftlern“ (sie bejahen Vereinsaktivität, verstehen Andersdenkende, sind kritische Konsumenten, helfen Schwachen im In- wie im Ausland).[29]

Hier mündete die Nachwahlbefragung in das Forschungsprojekt:

Spielen Eigenschaften, wie sie die beiden Faktoren prägen, eine Rolle und verändern unter dem Eindruck von Ereignissen und Erfahrungen politische Einstellungen und Verhaltensweisen? Wie differenziert ist sie, wie differenziert sich politische Bildung im Alter?

---

27 Unklar ist, ob dies mit dem großen Anteil der stärker von Frauen besuchten kunstgeschichtlicher Veranstaltungen zusammenhängt.

28 Vergleichbar fragt Allbus 2014 danach, ob gute Bürger immer zur Wahl gehen. Im Tenor stimmen 80 %, entschieden stimmen 53 % der Alten 60+ zu. Der Unterschied zu den Jüngeren ist signifikant (CV = .15), nur 38 % der Jüngeren stimmen dieser Eigenschaft guter Bürger uneingeschränkt zu.

29 Diese Faktorenanalyse (Hauptkomponentenanalyse, Varimax-Rotation, Eigenwert 1) erklärt 62 % der Varianz, eingeschlossen werden die Allbus-Variablen V732 bis V740. (Die Faktorbezeichnungen „Staatsbürger“ – „Zivilgesellschaftler“ sind subjektiv gewählt, um die Akzente zu verdeutlichen.)

Kapitel 3

Von Einzelfällen zu einer Typologie der politischen Bildung im Alter

Das Untersuchungsdesign der Studie geht zuerst von der bisherigen Einsicht aus: Alte, Altern sind keine feste, einmal definierte, für den Rest der Tage festgeschriebene, bis zum Tod fortzuschreibende Größe. Keinesfalls z. B. folgen „alle älteren Frauen" dem Muster ritualisierter Partizipation oder dem Ehemann und Partner (5). Biographische Brüche, als wichtig eingestufte Ereignisse und Erfordernisse nehmen Einfluss auf die Beurteilung von Politik, vielleicht sogar auf politisches Handeln.[30]

Ziel der Untersuchung ist es, bezogen auf eine Gruppe älterer Menschen 60+ Informationen zur politischen Bildung und zum Umgang mit Politik und Gesellschaft zu sammeln, zu interpretieren und letztlich als Muster des Umgangs dieser Älteren mit Politik darzustellen. Wählen wird als eingespielter Indikator für Politik angesehen, weshalb sich das Untersuchungsmodell von Annahmen, wie die Wahlforschung den Gang der Wahlentscheidung modelliert, leiten lässt. Leitende Fragen sind: Wie entsteht, wie ändert sich länger-, mittel- und kurzfristig politische Bildung? Besonderes Gewicht liegt darauf, wie die Befragten als politische gebildete Personen solche Prozesse mit eigenen Worten und Akzenten darstellen.

3.1 Politische Bildung im Alter

Fragen nach Politik verbinden im Sinne James Colemans die Makroebene der Strukturen und Institutionen über eine Mesoebene der Vermittlungen, der Mitwirkung an Willensbildung durch Kommunikation mit Mikrodimensionen der Individuen, die von Eindruck, Wissen und Beurteilung zum organisierten Handeln voranschreiten und möglicherweisen Strukturen ändern.[31] Politik als Gegenstand von Information, Urteil, Motivation mündet in Entscheidungen[32] und Handeln zur Einflussnahme auf „Staat und Gesellschaft."

30 Solche Wandlungen zeigt Ulf Thöle, Wahlverhalten älterer Frauen, Kassel, Diss. rer. pol. 2011, S. 246 ff.

31 James S. Coleman, Grundlagen der Sozialtheorie, 3 Bde, München 1991, zum Mikro-Makro Schema vgl. Bd 1, S. 10 f.; ders., Microfoundations and Macrosocial Behavior, in: Jeffrey Alexander u. a. (Hrsg.), The Micro-Macro Link, Berkeley u. a. 1987, S. 153 ff.

32 Keine Entscheidung zu treffen, nicht zu handeln: Das sind auch Formen von Entscheidung und Handlung.

Dies geschieht zugleich passiv als Wissenserwerb und Reflexion wie aktiv als Abwägen, Entscheiden, Handeln. Politische Bildung wird hier bevorzugt nicht aktiv, nicht als Bilden, nicht bezüglich der Wirkung von Angeboten, sondern als Bildung, als im Alter gewachsene Voraussetzung für Wertungen, Einstellungen und Verhaltensweisen betrachtet.

Politische Bildung wird weit gefasst und umfasst Wissen, Beurteilen und Handeln. Was der Erziehung, der Bildung und dem Verhalten eines freien Menschen dient und diesen mit Gemeinschaft und Welt verbindet, bildet das Thema. Das „Grundmuster der Mündigkeit“[33] umfasst Kompetenzen von Wissen und Beurteilen und öffnet sich einem handlungstheoretischen Verständnis von Politik als Praxis (nicht nur als System und Reflexivität). So steht Politische Bildung orientierend der Unübersichtlichkeit und dem Getrieben- wie Ausgeliefertsein gegenüber. Ein Interviewpartner (3), eine zufriedene Staatsbürgerin, sieht dies klar und unterstreicht zuvörderst den Wert des sicheren Lebens. Politische Bildung umfasst diesbezügliche Aussagen zu Institutionen und Regeln als Rahmung („Polity“), über Konflikte, Interessen und Prozesse („Politics“) sowie über Aufgaben, Probleme, Handlungsfelder und Ziele („Policy“). Sie ist derjenige Bereich von Bildung, ein archimedischer Punkt, von dem aus der Einzelne, individuell oder organisiert, der Gestalt und Gestaltung des Gemeinwesens vor dem Horizont immer neuer, immer weniger begrenzt werdender Herausforderungen gegenübertritt. Nachgefragt wird dies als ein Syndrom an Einstellungen, Verhaltensweisen und Wertungen. Im Falle älterer Menschen ist politische Bildung bereits ausgebildet, evaluiert über Erfahrungen, sie kann sich wegen sachlicher wie persönlicher „Einschnitte“ aber auch ändern. – Auf politische Veranstaltungen, auf Angebote zur Entwicklung politischer Bildung wird hier nur soweit eingegangen, wie dies die Interviewten erwähnen. Inwieweit ein politisches Bildungsangebot die Funktion von Verstärkung, von Impulsen (etwa zu einem Engagement) und von neuen Perspektiven haben kann, das wäre der Akzent einer eigenen Untersuchung.

Die Bedeutung allgemein von Politik ist unter den Befragten groß. 75 % aller Befragten interessieren sich sehr stark und stark für Politik (unter den U3L-Interviewpartnern sind dies sogar 93 %). Entscheidend für die Differenzierung sachlich nach Mustern und sachlich wie persönlich nach Typen sind Unterschiede politischen Handelns. Sie variieren von der Verabschiedung von Politik bis zur politischen Gestaltung.[34] Wahlbeteiligung als Mittel zur

---

33 Dazu Wolfgang Sander (Hrsg.), Handbuch politische Bildung, Schwalbach 2014^4, bes. S. 29, 113, 118; vgl. Paul Massing, Die vier Dimensionen der Politikkompetenz, in: Aus Politik und Zeitgeschichte, 46–47/2012, S. 23–29.

34 Zur Vielfalt von Engagement vgl. den 6. Altenbericht; Adalbert Evers u. a., Die Vielfalt des Engagements, in: Aus Politik und Zeitgeschichte, 14-15/2015,S.3–9.

Beeinflussung des Gemeinwesens vertreten alle Interviewpartnern als Handlungsminimum. Nur ein Interviewpartner (7) spricht im Ansatz apathisch-aggressiv über das politische System, vor der Konsequenz des Nicht-Wählens erschreckt er regelrecht, kognitiv möchte er die Erzählung seiner Entfremdung zurücknehmen. Dieses Ringen um eine zivile Präsentation ist typisch; das unterscheidet die kritischen Töne der Befragten von Ressentiments in der Gesellschaft.

Das leitende Interesse, Informationen über Änderungen der politischen Bildung Älterer zu erhalten, erledigt sich nicht durch den Blick in die Alters- und Wahlforschung[35] oder in die Altenberichte des Bundesministeriums für Familie, Senioren, Frauen und Jugend. Es gibt zwar eine „Vielfalt gegenwärtiger wissenschaftlicher Debatten ums Alter(n)“[36], aber Eigendarstellungen der Alten werden entweder kaum beachtet oder uminterpretiert zu Themen für Beratung oder Coaching durch das politische System. Es versteht sich angesichts der Pluralisierung der Alten und im Alter: Hilfe, Hilfe zur Selbständigkeit ist notwendig (4). Die hier interviewten älteren Menschen zeigen aber zugleich (11), solche Fürsorge kann nicht die bevorzugte – oder gar dominierende – Perspektive sein. Politischer Paternalismus trägt, wie dies Befragte demonstrieren (5, 6, 8, 19, 27, 28), zur Politikerkritik bei.

Vorrangig werden Analysen befragt nach „Handlungsbedarf für die Politik“[37]: Wie hat Politik auszusehen, die die Alten nicht vernachlässigt?[38] Weniger nach Alten als Subjekten, vielmehr nach Alten als Objekten wird gefragt: Was kann Politik tun, um eine „Kultur des humanen Alterns“[39] mit zukunftsfähigen Gemeinschaften, z. B. im altersgerechten Quartier zu befördern? Politische Vorstellungen älterer Menschen selbst[40], deren Handeln,

---

35 Dieses Urteil bedürfte eines ausführlichen Forschungsberichts. Hier wird verwiesen für die Wahlforschung auf Jürgen Falter, Harald Schoen (Hrsg.), Handbuch Wahlforschung, Wiesbaden 2005 und auf Darstellungen der letzten Bundestagswahlen: Hans Rattinger u. a., Zwischen Langeweile und Extremen: Die Bundestagswahl 2009, Baden-Baden 2011; Rüdiger Schmitt-Beck u. a., Zwischen Fragmentierung und Konzentration: Die Bundestagswahl 2013, Baden-Baden 2014. – Zur Bildung vgl. Rudolf Tippelt u. a., Bildung Älterer, Bielefeld 2009; ders. (Hrsg.), Handbuch Bildungsforschung, Wiesbaden 2009³.

36 Stefanie Graefe, Alter(n) im sozialen Wandel, in: Soziologische Revue 37 (2014), S. 445–457.

37 Vgl. den sechsten Altenbericht, bes. S. 129 ff., 146 ff., 429 ff., 461 ff. – Auch der siebte Bericht (2015) fragt nach Beiträgen aus der Politik, um die Teilhabe Älterer zu ermöglichen. https://www.siebter-altenbericht.de/

38 Harald Wilkoszewski, Die verdrängte Generation, Marburg 2003.

39 Sechster Bericht zur Lage der älteren Generation in der Bundesrepublik Deutschland: Altersbilder in der Gesellschaft, Sachverständigenbericht, Berlin 2010, S. 108 ff.

40 Vgl. dazu u. a. Jürgen Falter, Uwe W. Gehring, Alter – ein neues Cleavage, in: Max Kaase, Hand-Dieter Klingemann (Hrsg.), Wahlen und Wähler, Wiesbaden 1998, S. 463 – 503;

deren Pläne, deren politische Semantik sind nicht das Thema.[41] Der Wandel des Engagements von verstetigten, von traditionellen zu „situations- und projektbezogenen Formen" wird zwar wahrgenommen, ins Zentrum rücken aber nicht Eigeninitiativen und Selbstdarstellungen der Älteren. Phänomenologisch wird erwähnt, dass „Sport, Freizeit und Geselligkeit" (28 %), „Kirche und Religion" sowie „Sozialer Bereich, Gesundheit und Pflege" (jeweils mit 25 %) Engagementbereiche der Generation 55 + sind – Bereiche, die „Politik und Interessenvertretung" (10 %), deutlich übertrumpfen.[42] Wie die Älteren selbst ihr Engagement für „Leben" vor „Politik" darstellen[43], das wird deutlich weniger thematisiert.

Dieser Perspektivwechsel von Folgen des Alterns für politische Akteure hin zur Selbstäußerung älterer Menschen zu ihrer politischen Bildung prägt diese Untersuchung. Politisch gebildete Personen und deren Beschreibung der politischen Seite ihrer Identität sind Gegenstand:

Wie gestaltet sich politische Orientierung im Alter? Wie fügt sich Wandel in ältere Prägungen (z.B. bezüglich der Parteibindung), in biographische Änderungen (z.B. durch Gesundheit und Mobilität), in mittelfristige Schwellen um herausragende Ereignisse (z.B. 1989 und 2001) und in ständig zu treffende kurzfristige Entscheidungen (z.B. bei der Beurteilung von Kompetenz, Sachaussagen und Kandidaten bei jedem Wahlvorgang)?

3.2 Das Forschungsdesign

Das Forschungsdesign wird durch die Entscheidung für forschendes Lernen und eine Exploration zum Themenfeld „Politische Bildung im Alter" bestimmt. Ort der Forschung ist die U3L, befragt werden Studierende der U3L von Mit-Studierenden und einem ihrer Dozenten. Gewählt wird ein induktiver, erkenntnisoffener Zugriff.

Das Forschungsinstrument im engeren Sinn lehnt sich an theoretische Konzepte der Wahlforschung an. Das leitende Modell der Interviews und der Auswertung bezieht sich auf Faktoren, die Wahlforscher berücksichtigen, wenn sie Wählen als eine temporäre Entscheidung am „Ende" vielfältiger

---

Achim Goerres, Das Wahlverhalten älterer Menschen, in: Zeitschrift für Parlamentsfragen 41 (2010), S. 102–120; Sabine Pokorny, Mit 60 fängt das Wählen an, St. Augustin/Berlin 2013.

41 Vgl. für die Altersgruppe 70 + Ulman v. Lindenberger (Hrsg.), Die Berliner Altersstudie, Berlin 2009[3].

42 Vgl. den sechsten Altenbericht, S. 129–133.

43 Dazu Jan W. van Deth, Das Leben, nicht die Politik ist wichtig, in: Oskar Niedermayer, Bettina Westle (Hrsg.), Demokratie und Partizipation, Wiesbaden 2000, S. 115–135.

politischer Einflüsse betrachten. Entsprechend wird ein themenzentrierter Frageleitfaden konzipiert, um Informationen zu sammeln und Erzählungen zum Verstehen politischer Bildung zu generieren. Der Frageleitfaden enthält neben offenen Gesprächsimpulsen auch geschlossene Fragen, die repräsentativen Umfragen entnommen werden. Das ermöglicht es, im Vergleich mit der bundesrepublikanischen Bevölkerung ein Portrait der Befragten vorzustellen. Besonderheiten der Auswahl, der Interpretation und der Folgerungen werden so erkenntlich.

Politik als Handeln zu begreifen, betont die Entscheidungen, die zu verschiedenen Formen und Abstufungen politischer Praxis führen. Die Typen drücken dies aus. Hieraus ergibt sich die Präferenz für eine Wahlforschung, die von einem zeitlich und dimensional abgestuften Modell der Wahlentscheidung ausgeht. Die Metapher des Kausalitätstrichters, allgemeiner des Entscheidungstrichters („funnel of decision"), d.h. das Zusammenwirken von sozialstrukturellen Faktoren, von Makrodimensionen mit Mikrostrukturen sozialpsychologischer Prägungen wie aktuellen Einflüssen, Abwägungen und rationalen Entscheidungen gibt den Gang von Einstellungen hin zum Verhalten, zum Abwägen, Entscheiden und Handeln wieder.[44] Am Anfang stehen strukturell beeinflusste, früh – z. B. in der Tradition einer politischen Familie oder Wertgemeinschaft – vermittelte langfristige Prägungen, am Ende erfolgen rationale bis zögerliche, situative Abwägungen über Themen und Kandidaten.

Die hier bevorzugt herangezogene Wahlforschung betrachtet die Wahlentwicklung der letzten fünfzehn Jahre über zwei große, polare Tendenzen. Einmal wird gefragt, ob Wähler in Bewegung sind („on the move"), ob und wie sie neue Konstellationen bilden („Realignment"). Andererseits (was ältere Wähler wegen ihrer bestehenden hohen Wahlbereitschaft weniger betrifft) wird untersucht, ob sich Wähler auf der Flucht befinden („on the run"), ob sie nicht mehr wählen und sich vom politischen System mit Wahlen und Legitimation verabschieden (zumeist nicht aus Protest, sondern privatisierend). „Strukturierte Heterogenität"[45] lautet die Formel für die Änderungen im Wahlverhalten und verweist auf die sich abschwächende Parteiidentifi-

44 Die Überlegungen gehen auf das sozialpsychologische Modell der Wahlentscheidung – erweitert um „rational choice"-Überlegungen – zurück. Das Bild des Trichters findet sich bei Russell J. Dalton (1988). Vgl. Falter/Schoen, Handbuch Wahlforschung, S. 187 ff., bes. S. 192–197; Kai Arzheimer, Die Wähler der extremen Rechten 1980–2002; Wiesbaden 1998, S. 64–78. Als Darstellung, die auch rationale Entscheidungen zum größtmöglichen Nutzen bei geringstmöglichen Kosten einschließt, vgl. Bernhard Weßels u. a., Voters on the Move or on the Run, Oxford 2014, S. 10.

45 Weßels, Voters on the move, S. 315 f.

kation, den Verlust der Bindung an Großparteien, die zunehmende Zahl an Nicht-, Gelegenheits- und Wechselwählern, die kurzfristige und gesplittete Stimmabgabe, die schwindende Bedeutung struktureller Bestimmungen politischer Einstellungen. Vordem stabile Milieus, die Kultur und Struktur, Stil und Lage verbinden, verlieren an Wirkung. Nurmehr 10 bis 15 Prozent der Wählerschaft folgen alten „Cleavages", den formierenden und organisierenden Konflikt- und Trennungslinien der Religion (des Katholizismus) und der ökonomischen Stellung auf dem Arbeitsmarkt (als Arbeiter).[46] Wählen nach Schicht (man wählt, was man ist) und nach Gewohnheit (man wählt, wie man eingestellt ist) verliert gegenüber unsicheren, offeneren Ad-hoc-Entscheidungen an Bedeutung (man wählt, wie man gerade abwägt).[47] Von „Dealignment", von Dekomposition, und von „Realignment", von Ausbildung neuer Muster beim Abwägen, ist die Rede.

Alter spielt für diese Analysen keine bedeutende Rolle. Alter per se definiert keinen besonderen Faktor.[48] Politische Information und Kommunikation werden als wesentliche Bestimmungsfaktoren angesprochen. Wählerschaften differenzieren sich über Wissen, die Nutzung politischer Informationen und den Grad der Unterstützung von Organisationen.[49] Folgt man diesem Gedanken, liegen die Besonderheiten der Alten im Informations- und Kommunikationsverhalten. Deutlich unterscheidet dies die Alten 60+ von den Jüngeren (≤ 59). Der Unterschied betrifft die Internetnutzung und vor allem die Netzwerk-Politisierung als neue Form der sozialen Kommunikation. Je nach dem Alter gibt es heute ausgeprägte „generationsspezifische Kommunikationskulturen"[50], alle betonen den Nutzen, aber zu Sicherheit und Präsentation persönlicher Daten, Überwachung, Abhängigkeit, ständiger Erreichbarkeit bilden sich wachsende und tiefe Trennlinien.

46 Ebenda, S. 177, 317; vgl. Eike Hennig, Robert Lohde-Reiff, Die Wahlabsicht im Wandel von 1980 bis 1998, in: Frank Brettschneider u. a. (Hrsg.) Das Ende der politisierten Sozialstruktur? Opladen 2002, S. 109–126.

47 Dies sind die Kernfragen der soziologischen, sozialpsychologischen und neuen-ökonomischen Wahlforschungsansätze. Vgl. Jürgen W. Falter, Harald Schoen (Hrsg.), Handbuch Wahlforschung, Wiesbaden 2005, S. 135 ff., zur Abwägung vgl. S. 305 ff., dies mündet in ein Modell überlegten Handelns (S. 321 ff.).

48 Dazu Pokorny.

49 Voters on the Move, S. 316 f.

50 Renate Köcher, Schöne neue Welt, in: FAZ, 16. 4. 2015, S. 8.

Tabelle 3: Internetnutzung und Chatten in der Freizeit (% der Jüngeren und Älteren)[51]

	In der Freizeit: Das Internet nutzen	
	täglich	nie
Ältere (N = 1048)	29	50
Jüngere (N = 2418)	75	8
	CV = .51	
	In der Freizeit: Chatten, soziale Netzwerke im Internet nutzen	
	täglich	nie
Ältere	3	88
Jüngere	33	39
	CV = .46	

Die interviewten Älteren partizipieren zwar am Internet[52] (58 % der Männer und 43 % der Frauen ab 60 Jahren suchen im Internet Politiknachrichten), aber ihre Nutzung beschränkt sich auf ein traditionelles Informationsverhalten, um ihr großes Informationsbedürfnis[53] zu befriedigen. Den Schritt zur „network politicization", zur Verbindung von Informieren und Kommunizieren durch den politischen Gebrauch „privat-öffentlicher" Netzwerke (wie Twitter, Facebook, Blogs) unterlassen Ältere. An politischen Netzwerken partizipieren sie kaum.[54] Äußern sich Interviewpartner dazu, lehnen sie all dies entschieden ab.

3.3 Die Interviewschwerpunkte

Das Befragungsdesign setzt an der Metapher des Entscheidungstrichters an.[55] Einflüsse von außen, Medien, Kommunikation, Ereignisse, Kampagnen, werden durch Vorprägungen gefiltert. Dies mündet früher in stabiles Verhal-

51 Angaben nach Allbus 2014. In der Bevölkerung unterscheiden sich Alt und Jung beim Bucherlesen (CV = .05) und dem Besuch von Konzert und Theater (CV = .10) kaum. Spiele, Computerspiele (CV = .27) und Gesellschaftsspiele in der Familie (CV = .25), unterscheiden dagegen deutlicher Ältere von Jüngeren.

52 Vgl. den Querschnitt zum Informationsverhalten und zur Internetnutzung.

53 Davon redet schon die SINUS-Studie: Die Älteren, Bonn 1991, S. 62.

54 Dazu Sigrid Roßteutscher ua., Network Politicization and Political Integration: Cleavages to Private Networt Structures, in: Voters on the Move, S. 167 ff., 180 ff; Sascha Hölllig, Uwe Hasebrink, Nachrichtennutzung im Wandel, in: Media Perspektiven 11/2014, S. 530 – 538. – Skeptisch vgl. Winfried Schulz, Folgen „neuer Medien" für demokratische Prozesse, in: Mediaperspektiven 4/2015, S. 210–214.

55 Angus Campbell u. a., The American Voter, New York 1960 (Reprint Chicago 1980). Das Schema wird zitiert nach: http://de.wikipedia.org/wiki/Angus_Campbell; vgl. die vereinfachte Darstellung in Falter/Schoen, Handbuch Wahlforschung, S. 195.

ten (wie die Stammwähler mit fester Parteibindung), jetzt werden Abwägen und Zögern, unsichere, wenig intentionale Ad-Hoc-Voten hervorgehoben, am Ende steht eine Entscheidung mit unterschiedlicher Qualität aus fester Bindung, sicherer Abwägung oder ganz im Augenblick.

Abbildung 1: Der Entscheidungstrichter: Vom Status zur Entscheidung

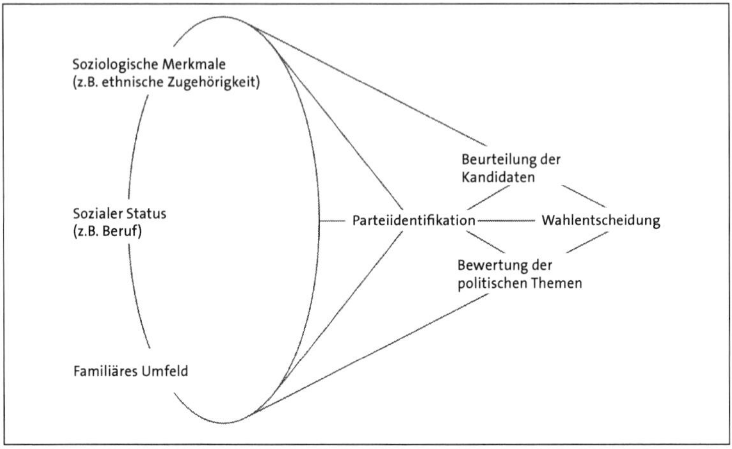

Die lang- bis mittelfristig wirkenden sozialpsychologischen Entscheidungsfaktoren (Parteiidentifikation) mit Betonung von Vorprägungen (Struktur, Milieu) und mittelfristigen Effekten im jeweiligen Wahlvorgang (Kampagne, Themen, Kandidat, Kompetenz) werden um kurzfristig wirkende Faktoren der Kommunikation und der rationalen Abwägung erweitert. Die Ausweitung des Entscheidungstrichters erfolgt mit dem Abwägungsmodell von Ajzen und Fishbein (1980[56]). Neben die Zielstrebigkeit, neben erfahrungsgesättigtes Evaluieren treten Änderungen, Zögern, zieloffene Prüfungen. Auch retro- und prospektive Beurteilungen von Kandidaten und Parteien sowie strategische Ansprüche an Koalitionen spielen eine Rolle und erweitern das Trichtermodell um Zeit, Kontingenz, Unsicherheiten.

Überblickhaft lassen sich solche Überlegungen mit Generationsmerkmalen der Befragten verbinden. Verläuft die politische Sozialisation der von uns Befragten traditionell, wird sie 1968 im Alter um 25 Jahre mit ersten Formen „unkonventioneller" Partizipation beendet. Im Alter um 35 Jahre erleben sie die „partizipative Revolution" mit Bürgerinitiativen und sozia-

56 Icek Ajzen, Martin Fishbein, Understanding Attitudes and Predicting Social Behavior, Englewood Cliffs 1980.

len Bewegungen gegen Parteien und Staat. Im Gefolge des Wertewandels werden postmaterielle Einstellungen um Ökologie, Selbstbestimmung und Partizipation wichtiger. Die letzten 15 Jahre der Fragmentierung, des De- und Realignments der Wählermärkte beobachten sie, ihr hohes Lied der Wahlnorm kann als Reaktion auf die Zunahme der Wähler beim Weglaufen („on the run") verstanden werden.

Die Liste vielfach dramatischer Ereignisse, die diese Altersgruppe erlebt hat, ist lang. Vom Ende des Zweiten Weltkriegs, dem Kalten Krieg, dem Wegfall der Blöcke (1989/90) spannt sich der Bogen bis zur Globalisierung, zum Wandel der Staatlichkeit durch Internationalisierung, zum Aufbau, zum Ausbau der Europäischen Union. Der Beginn des „Ruhestandes" um 2005 trifft zusammen mit der Unruhe der Finanzmärkte und Europas (2008, 2009/10). Welche Ereignisse werden wahrgenommen? Welche Strategie entwickeln Ältere, um sich in dieser Turbulenz zu verorten? Was ändert sich, was wird bewahrt, weil es als bewährt gilt?

Abbildung 2: Zur Ausbilduwng des politischen Verhaltens der Interviewpartner

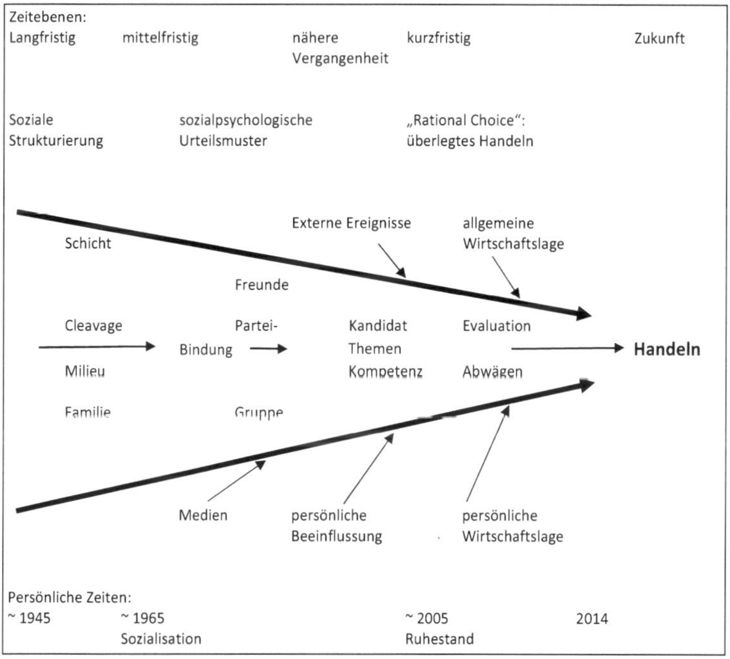

Aus solchen Überlegungen über das Zusammenspiel von Person mit Gesellschaft, Wandlungen und Politik ergibt sich das Konzept der im engeren Sinne nicht nur politischen Dimensionen des Frageleitfadens.

Tabelle 4: Akzente des Frageleitfadens

Person, Altern	Gesellschaft	Politik, Wählen
Persönliche Lage (aktuell, letzte 15 Jahre) Eigene wirtschaftliche Lage (aktuell, in einem Jahr) Gesundheit Mobilität Auf-/Abstieg seit der Kindheit Persönlichkeitsdimensionen Einschätzung der eigenen Kompetenz, an Politik teilzuhaben	Soziale Mobilität Kulturkonsum Partizipation Anomie allgemeine wirtschaftliche Lage (aktuell und in einem Jahr) Informieren (heute, früher) Internet Schichtzuordnung (heute, früher)	Einschätzung des Engagements der Politiker Anomie, Entfremdung politisches Interesse politische Ereignisse mit Auswirkung auf die Person Partizipation Besuch politischer Veranstaltungen Wahlverhalten, Änderungen Wählen auf verschiedenen Ebenen (Gemeinde, Land, Bund) Nichtwählen Zu-/Abneigung zu Parteien (heute, früher)

3.4 Zur Auswertung und Darstellung der Interviews

Am Anfang steht Staunen. Es ist das Erstaunen über die Vielfalt politischer Äußerungen und politischer Wandlungen im Alter. Staunen geht in Neugier über und landet bei der Suche nach Antworten. Das ergibt bei aller Erkenntnisoffenheit ein komplexes Bündel an Induktion bei gleichzeitiger (Vor)Strukturierung und theoriegeleiteter Konzeption wie Interpretation.[57] Am Ende des Gangs zu den Daten und durch die Daten steht eine empirisch begründete Typenbildung. Die Typik benennt Bedeutung, Akzentuierung und Praxisgehalt politischer Bildung für die Interviewgruppe. Treffend spricht Siegfried Lamnek vom „Dilemma von Identifikation und Distanz"[58], um die

57 Vgl. die Darstellung des Forschungsgangs bei Uwe Flick, Qualitative Forschung, Reinbek b. Hamburg 1995, S. 64; als breiten Überblick zum kontroversen Diskussionsstand vgl. Jutta Ecarius, Bernhard Schäffer (Hrsg.), Typenbildung und Theoriegenerierung, Opladen u. a. 2009; knapp vgl. Udo Kelle, Susann Kluge, Vom Einzelfall zum Typus, Wiesbaden 2010, S. 18 ff.

58 Siegfried Lamnek, Qualitative Sozialforschung, Weinheim/Basel 2005, S. 632 ff.

Problematik solch einer qualitativen, d.h. offen und reaktiv auf Unterschiede im Untersuchungsfeld eingehenden Forschung zu bezeichnen. „Identifikation und Distanz“ betrifft die Haltung des Forschers und das Verbinden verallgemeinernder und fallisolierender, kontrastierender und klassifizierender Forschungsschritte auf dem Weg „vom Einzelfall zum Typus“[59] oder „von der Fallanalyse zur Typik“[60].

Abbildung 3: Das Datenmaterial und die Interpretationsschritte

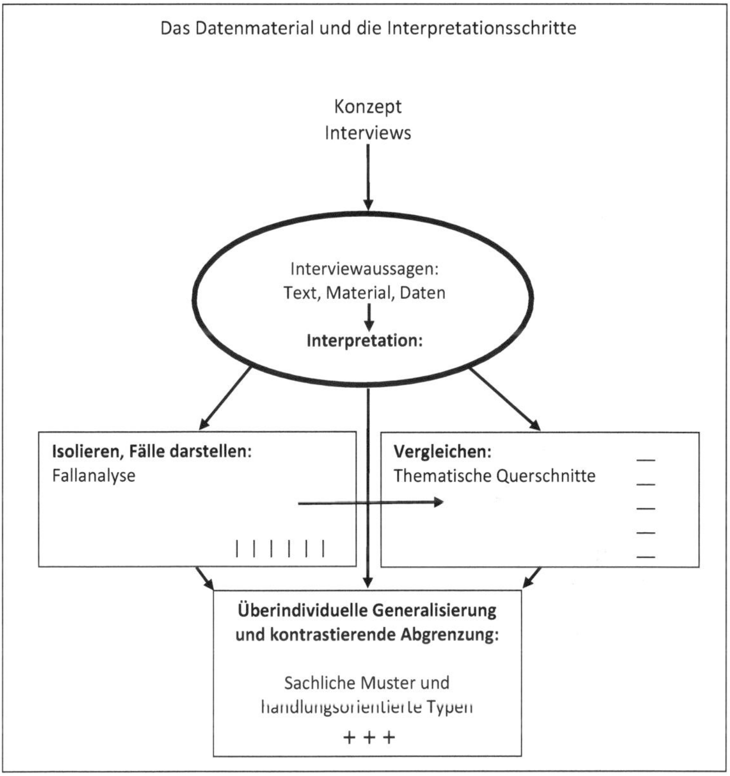

Zunächst werden die 28 Interviews, jedes für sich, vorgestellt, um den Interviewten als besonderen Fall zu zeigen. (Auf diese Fallberichte zu den Interviewpartnern 5.1 bis 5.28 beziehen sich die Verweise auf Interviews und

59 Kelle/Kluge, bes. S. 56 ff., 83 ff.

60 Jan Kruse, Qualitative Interviewforschung, Weinheim/Basel 2014, S. 628 ff. – Vgl. Flick, S. 40, 255 f.; Lamnek, S. 230 ff.

die Interviewzitate von 1 bis 28.) Der Besonderheit jedes Interviewpartners wird Rechnung getragen, bevor auf Verallgemeinerung und überindividuelle Muster geachtet wird. Die Falldarstellungen bilden für alle weiteren Schritte, nämlich die thematischen Querschnitte und die sachlich wie persönlich, von Variationen politischer Praxis geleitete Typologie, Ausgang und Rückbezug.

Auf die Darstellung der Einzelinterviews folgen komparative Querschnitte. Als Querschnitt wird ein thematischer Vergleich bezeichnet, der alle Interviews einbezieht. Es wird z. B. dargestellt, wie die Thematik der Gesundheit, des Informierens, der Wahlen und Wahlentscheidung in allen Interviews behandelt wird. Dieser Vergleich verfolgt Gesichtspunkte des überindividuellen Gemeinsamen (z.B. alle Befragten kritisieren Nicht-Wählen und rechte Parteien), bezeichnet werden aber auch Kontraste (wenn z. B. der älteste Interviewte (7) ob seines Ressentiments beim Schildern von Nichtwählern gegen Politik[er] und „Reiche" erschrickt und sich selbst wieder zum Wählen verpflichtet; wenn in einem knappen Interview (21) ein liberal eingestellter Gesprächspartner, unvermittelt den Begriff „faschistisch" verwendet, um sich nach rechts abzugrenzen). Mit der Betonung von Differenzen beim Verallgemeinern und Vergleichen bereiten die Querschnitte die Frage nach Mustern vor. Diese Perspektive lässt die Unterschiede zwischen beiden Interviewgruppen unter U3L-Studierenden und unter Personen, denen die Teilnahme am U3L-Studienangebot zugetraut wird, zurücktreten. Ein besonderer Effekt der U3L lässt sich beim Vergleich nicht finden.

3.5 Zur Typenbildung[61]

Die Fallanalysen und Querschnitte leiten über zu folgenden Fragen, die um die Frage nach dem Allgemeinen zur politischen Bildung der Interviewten als einer besonderen Gruppe älterer Menschen kreisen: Welches sind überindividuelle sachliche Muster, thematischen Querschnitte z. B. zum Wahl- und Informationsverhalten, zur Gesundheit? Welches sind auf Handlungskonzepte sich beziehende Typen (die die Muster und Fälle auf praktische Folgerungen aus politischer Bildung betrachten)?[62]

Es geht um eine Klassifizierung und Konzentration der Interviews und der Gesprächspartner nach Fällen, Merkmalen und Schilderungen politischer Deutungen wie politischer Praxis. Typen sind Syndrome, die in der Realität

61 Zum Vorgehen vgl. Kelle/Kluge, S. 91 ff.

62 Ein Einzelfall kann über sich hinaus eine überindividuelle Bedeutung haben und einen Typ veranschaulichen. Begründet ist dies im Zusammenspiel von empirischem Nachvollzug und theoretischer Verallgemeinerung.

schwerlich „rein" auftauchen. Sie unterstreichen und verbinden aus der Fülle realer Merkmale wesentlich erscheinende Bündel von Einstellungs- und Verhaltensmerkmalen, die mit graduellen Unterschieden überindividuell vertreten sind. Typen folgen dem Kriterium, maximaler interner Ähnlichkeit (in einzelnen Fällen wird daher auf Untertypen, auf generalisierbare Variationen in einem Typ hingewiesen) bei deutlicher Abgrenzung, im Kontrast gegenüber den anderen Typen.[63] In sich homogene, untereinander heterogene Kombinationen wesentlich erscheinender Merkmale machen Typen aus, wobei sich hier über politische Praktiken besondere Differenzen und Abgrenzungen zwischen den Typen ergeben. So ergibt sich eine Typologie politischer Bildung im Alter von 60+, die von der Absage an Politik (gerade an politische Praxis) bis zur starken Betonung politischer Praxis für die Gemeinde, die Beziehung der Generationen und eine Welt mit mehr sozialer Gerechtigkeit reicht. Vom Nachdenken über Politik, von Eigeninitiativen bis zur traditionell über Vereine und in Parteien organisierten politischen Gestaltung der Lebenswelt reicht die Spannweite. Kritisches Engagement und Selbstverwirklichung mit Politik sind ebenfalls überindividuell generalisierbare Typen beim praktischen Umgang mit politischer Bildung. Typologie und Folgerungen schließen die Interpretation des Interviewmaterials ab.

3.6 Die Interviews und die Auswahl der Interviewpartner

Die Dimensionen des Frageleitfadens (Person, Gesellschaft, Politik) ergeben sich aus den vorgestellten Überlegungen zu Wandlungen im Alter im Zusammenspiel länger angelegter Prägungen (Typ, Parteibindung) mit kurzfristigen Faktoren (Themen, mediale Präsentation, Kandidaten). Grundsätzlich folgt die Arbeit mit dem Frageleitfaden den Überlegungen zu qualitativen Interviews[64], so wie sich diese Überlegungen im Rahmen einer nicht mit standardisierten Daten arbeitenden qualitativen, verstehenden Sozialforschung[65] ergeben.

63 Quantitativ (mit intervallskalierten Daten, nicht nur mit nominaler Ja/Nein und ordinaler sehr stark bis überhaupt nicht Qualität) sind es die Verfahren der Cluster-, Diskriminanz- und Faktorenanalysen, die ebenso wie die qualitative Typologie latente Gruppen nach Kriterien interner Ähnlichkeiten z. B. von Korrelationen oder Standardabweichungen finden, um voneinander abgegrenzte, manifest nicht messbare Gruppen, Cluster, Faktoren auszuweisen.

64 Jan Kruse, Qualitative Interviewforschung, Weinheim/Basel 2014. – Diese Studie liefert vor allem im Praktischen für die Konzeption und die Interviews wesentliche Orientierungen.

65 Dazu Uwe Flick, Qualitative Forschung, Reinbek b. Hamburg 1995; Siegfried Lamnek, Qualitative Sozialforschung, Weinheim/Basel 2005.

Die Erarbeitung des Frageleitfadens mündet im Oktober 2014 in den Test des Instruments. Elf Pretests führen schließlich zur achten Fassung des Leitfadens.[66] Die Probeinterviews betreffen narrative Impulse; auch die Fragenreihenfolge, die Präzisierung und Erprobung von Fragestellungen ist Gegenstand von Pretests. In der Regel haben die Interviewpartner „mehr“ akzeptiert, als zunächst bedacht worden ist. In einem Fall haben die Aufzeichnung des Interviews und die Fragen zur Persönlichkeit, zu den „Big Five“ im Pretest zur Verweigerung geführt. Es hat keine Zustimmung zur Audioaufzeichnung gegeben (daraus entstand die schriftliche Vereinbarung[67]). Die Persönlichkeitsfragen, vor allem die Frage nach Geselligkeit, haben bei diesem Testpartner, einem ehemaligen Wirtschaftsprüfer, kritische Erinnerungen an Einstellungsgespräche geweckt. In allen anderen Fällen erfolgt keine Absage. Die Tests zeigen auch, dass der Wechsel von offenen zu geschlossenen Fragen kein Problem aufwirft. Ebenso wird die im Team zunächst umstrittene Frage zur Einordnung als Gewinner oder Verlierer in keinem Interview zurückgewiesen. Es wirkt sich offensichtlich positiv aus, dass Interviewte und Interviewer sich gemeinsam auf dieselbe Lebenspassage beziehen. Die Interviews werden mehrheitlich als Chance zur Mitteilung, auch als Impuls zur Selbstreflexion aufgefasst (4, 9, 10). Alle Interviews finden in spannungsfreier Atmosphäre statt.

Die 28 Interviews finden vom 1. Dezember 2014 bis zum 10. Februar 2015 statt. Interviewt werden 13 Studierende der U3L und 15 einer Vergleichsgruppe, je 14 Interviewpartner sind 60 bis 69 Jahre alt sowie 70 Jahre und älter. 12 haben einen Bildungsabschluss bis einschließlich Realschule (B), 16 haben Abitur oder einen Hochschulabschluss (B +). Alle 28 Interviews umfassen knapp 18 Stunden. Im Schnitt beansprucht ein Interview 38 Minuten. Das kürzeste dauert 14 Minuten (14), das längste 1 Stunde und 15 Minuten (13). Gut 350 Seiten umfassen die Transkripte. Dabei variieren die Interviews hinsichtlich narrativer Passagen. Elf Interviews (1, 8, 14, 16, 17, 18, 20, 21, 23, 24, 25) enthalten wesentlich problemzentrierte Antworten; in sieben Fällen (3, 9, 10, 15, 19, 27, 28) finden sich Erzählpassagen, die im Interviewverlauf gezielt eingebracht werden; zehn Interviews (2, 4, 5, 6, 7, 11, 12, 13, 22, 26) enthalten zu jeweils unterschiedlichen Themenbereichen ausführliche Narrationen. Nur in wenigen Fällen erfolgen im Interview oder bei der Auswertung themenbezogene Rückfragen. Die Schwerpunkte, die Ausführlichkeit, Sprache und Art ihrer Erzählung, mehr biographisch und persönlich oder eher sachlich, allgemeiner, bestimmen die Interviewten.

---

66 Vgl. Anhang: S. 156ff.

67 Vgl. im Anhang die Erklärung, die den Umgang im und mit dem Interviewmaterial zwischen Interviewten und Forschergruppe regelt.

Alle Interviewten sollen mindestens 60 Jahre alt sein. Die jüngste Befragte ist 60 Jahre alt (3), die älteste Interviewpartnerin ist 79 (23), der älteste Befragte ist 81 Jahre alt (7). Geleitet wird die Auswahl der Interviewpartner von einem Schlüssel, der sich bezüglich Geschlecht und Bildung an der Studentenstatistik der U3L und an der Demographie der eigenen Nachwahlbefragung orientiert. Bezogen auf die Demographie der U3L, woran auch die Vergleichsgruppe gemessen wird, fehlen Frauen, vor allem höher gebildete Frauen unter den Interviewpartnern. Ein Nachsampling fragt im Januar 2015 über den Internetadressenpool der U3L-Verwaltung nach Nicht- und Wechselwählern und nach Studierenden, die ihre wirtschaftliche Lage schlecht einordnen. Es ergeben sich neun gehaltvolle Interviews, die aber nichts am Interviewschlüssel ändern. Und: Für die Repräsentativität aller Alten 60+ ist der Schlüssel nicht gedacht.

Ferner wird eine Hälfte der Befragten unter Personen aus dem Bekanntenkreis der Interviewer ausgesucht. Die zweite Gruppe wird als Vergleichsgruppe bezeichnet (methodisch ist es keine Kontrollgruppe). Sie definiert sich über die Annahme, diese Personen könnten hinsichtlich ihrer Bildung, ihres Interesses an öffentlichen Angelegenheiten und Bildungsangeboten, ihrer Mobilität und ihres Kommunikationsvermögens Studierende der U3L sein. Dieses Vorgehen erweitert das Spektrum älterer, gebildeter, sozial abgesicherter Menschen über den Kreis der U3L hinaus. Hinsichtlich der Muster ergeben sich kaum Unterschiede zwischen beiden Gruppen. Differenzen bestehen ohne Folgen für Querschnitte und Typen hinsichtlich des politischen Interesses (unter U3L-Studierenden ist es ausgeprägter) und der Schichtzuordnung (die Vergleichsgruppe tendiert noch mehr zur oberen Mitte).

Die Frage, was das U3L-Studium direkt oder mittelbar bewirkt, ob es zur Differenzierungen bezüglich der politischen Bildung im Alter führt, lässt sich nicht beantworten. In mehreren Interviews wird allerdings die Bedeutung der Teilnahme an U3L-Veranstaltungen betont (9, 11). Eine Evaluation unter Studierenden der U3L[68] betont Wissenszuwachs, Interesse am Thema und an Vertiefung als Gründe für den Besuch von Veranstaltungen.

Tabelle 5: Die Interviewpartner nach Geschlecht und Bildung (B)

	U3L		Vergleichsgruppe		
	B	B +	B	B +	
Männer	4	3	3	5	15
Frauen	5	2	4	2	13
Σ	9	5	7	7	28

68 Befragt werden im Winter-Semester 2005/06 395 U3L-Studierende: http://www.uni-frankfurt.de/43328903/Eva.pdf.

Kapitel 4

Wer sind die Interviewpartner im Vergleich zur Bevölkerung?

Die vergleichbar standardisierten Fragen nach dem politischen Interesse, nach politischer Kompetenz und Einflussnahme („Political Efficacy“[69]), nach der Wirtschaftslage und nach Persönlichkeitseigenschaften („Big Five“[70]) erlauben es, ein Gruppenportrait der Interviewpartner zu zeichnen. Dieses Bild kann mit einer repräsentativen Auswahl der Älteren verglichen werden. Dafür werden an repräsentativen Umfragen Allbus 2014[71], die Politbarometer[72] vom Jahreswechsel 2014/15 und Referenzangaben von GESIS[73] herangezogen. Die soziale und psychologische Besonderheit der Interviewpartner als eine besondere hoch gebildete, sozial gesicherte, offene Gruppe älterer Menschen wird durch dieses komparative Portrait ersichtlich.

4.1 Das Meinungsklima im Interviewzeitraum

Die Interviews fallen in bewegte Zeitläufte. Debattiert wird über Griechenlands Schuldenkrise, den Konflikt in der Ukraine und den sogenannten Islamischen Staat. Turbulente Zeiten. Dennoch: Mehrheitlich ist die Bevölkerung mit der Leistung der Bundesregierung zufrieden. Es herrscht die Ansicht vor, die Regierung mache ihre Arbeit gut.

---

69 Die Political Efficacy Kurzskala (PEKS) erfasst die Selbstbeurteilung individueller politischer Kompetenz und Einflusserwartungen: http://www.gesis.org/kurzskalen-psychologischer-merkmale/kurzskalen/political-efficacy/

70 Big Five bezeichnet die fünf Hauptdimensionen der Persönlichkeit. Zur Erfassung wird eine Kurzskala (BFI – 10) verwendet.

71 Die Daten werden von März bis September 2014 erhoben. Erfragt werden 861 Variablen unter 3471 Befragten. Die Befragten repräsentieren die vor dem 1. Januar 1996 geborene Bevölkerung der Bundesrepublik.

72 Mit repräsentativen Umfragen unter rund 1300 Personen ermitteln die Politbarometer der Forschungsgruppe Wahlen (FGW) im Auftrag des ZDF zweimal im Monat Einstellungen zur politischen Agenda und Parteipolitik.

73 GESIS ist das Leibniz-Institut für Sozialwissenschaften (= Gesellschaft Sozialwissenschaftlicher Infrastruktureinrichtungen). 1986 gegründet, fasst es seit 2007 die Zentren für sozialwissenschaftlichen Informationen (IZ), für Methoden und Umfragen (ZUMA) sowie das Datenarchiv (ZA) zusammen. GESIS bietet u. a. Informationen und Referenzdaten zu Skalen an. Die Angaben zu „Big Five“ und „Political Efficacy“ beziehen sich darauf.

Der längerfristige Trend der das Meinungsklima, die Stimmung, bestimmenden sozialen und ökonomischen Themen zeigt eine Pluralisierung der Themenfelder. Das lange Zeit allein wichtige Thema Arbeitslosigkeit verliert seine Dominanz. Renten, Bildung, Eurokrise, Integration/Migration differenzieren das Themenspektrum. Die Lage wird damit eher undurchsichtiger. Aber man fühlt sich hinreichend wohl, den Interviewpartnern machen die wirtschaftlichen Fragen noch weniger zu schaffen. Ältere bewerten die eigene Lage besser als Jüngere. Vergleicht man Ende 2014 die Beurteilung der eigenen und der allgemeinen Wirtschaftslage, so halten die Interviewpartner, verglichen mit dem Schnitt, die eigene Lage für besser. Das Empfinden einer guten Wirtschaftslage korreliert mit einem zufriedenstellenden Gesundheitsgefühl.

4.2 Schichteinstufung und Beurteilung der eigenen wirtschaftlichen Lage

Befragt nach ihrer sozialen Zuordnung tendieren die Befragten zur oberen Mitte. Signifikant ist die geringe Zuordnung zur Unterschicht. Ältere betonen die Parallele zu ihrer wirtschaftlichen Lage und tendieren auf einer Oben-Unten-Skala zur oberen Mitte. Dies entspricht der Schichteinordnung der Interviewpartner.

Tabelle 6: Schichteinstufung der Alten (≥60 Jahre): Allbus 2014 und Interviewpartner (in %)

	Allbus 2014 < 59 Jahre (N = 2379	Allbus 2014 > 60 Jahre (N = 1039)	U3L (N = 12)	Vergleichsgruppe (N = 14)
Unterschicht	3	1		
Arbeiterschicht	25	28		
Mittelschicht	58	60	58	43
Obere Mittelschicht	11	9	42	50
Oberschicht		1		7

Verglichen mit ihrer Kindheit betonen nur zwei Befragte, nichts habe sich geändert. Dagegen unterstreichen zwölf Befragte ihren sozialen Aufstieg. Er sei „massiv“ (10), die Lage sei „um hundert Prozent besser geworden“ (13). Die Eltern hätten „gar nichts“ gehabt, „Existenzängste“ hätten die Kindheit bestimmt (1, 4). Mehrheitlich werden für den Aufstieg eigene Anstrengungen (keine Teilhabe an einem allgemeineren Aufschwung [13, 15, 17, 19]) angeführt: „Ich hab' das geschafft“ (27). Die Verbesserungen betreffen alle

Lebensbereiche: „Deswegen geht es mir heute eigentlich sehr gut im Verhältnis zu damals. Ich kann essen regelmäßig, ich hab' eine Wohnung, ein Dach überm Kopf und kann essen, was ich will, und kann mir das auch leisten. In der Beziehung hat sich das zum Positiven gewandelt, auf jeden Fall" (4).

Die Befragten stufen ihre eigene wirtschaftliche Lage aktuell besser ein als die Bevölkerung (gut: 93 % zu 69 %), während sie der allgemeinen Lage in naher Zukunft schlechte Aussichten bescheinigen (schlechter: 39 % zu 24 %). In der Beurteilung der eigenen Lage in einem Jahr und bei der Prognose der allgemeinen Lage (gut: 65 % zu 60 %) unterscheiden sich die Interviewpartner wenig vom Bevölkerungsschnitt.

In der bewegten Gegenwart, die als „Abstiegsgesellschaft", als Gesellschaft in Angst mit einer „enthemmten Mitte" dargestellt wird[74], mag dies den günstigen, optimistischer-offenen Ausgangspunkt der Interviewpartner bezeichnen. Betrachtet man grundlegende politische Einstellungen, dann zeigt sich, den guten materiellen Voraussetzungen entspricht kein positiver Blick auf Gesellschaft und Politik. Vielmehr taucht jener Gegensatz auf, der die Nachwahlbefragung der U3L'er bestimmt. Neben der materiellen Sicherheit und der eigenen Kompetenz gibt es Entfremdung und Skepsis vor allem gegenüber Politikern.

4.3 Politisches Interesse und das eigene wie systemische politische Vermögen

Das Interesse für Politik ist in der Gruppe der Befragten – vor allem unter den U3L-Interviewten – stärker als unter der älteren Bevölkerung. Allgemein gibt es ein größeres Politikinteresse unter Älteren als Jüngeren. Dieser Zusammenhang verstärkt sich, wenn Alter und höhere Bildung zusammentreffen.

Tabelle 7: Wie stark interessieren Sie sich für Politik?

Politisches Interesse (in %)	stark	mittel	wenig
Allbus 2014 < 59 Jahre	33	43	24
Allbus 2014 ≥60 Jahre	38	36	4
Alle Interviewten	75	21	4
U3L (N = 13)	93	7	0
Vergleichsgruppe (N = 14)	57	36	7

74 Vgl. Heinz Bude, Gesellschaft der Angst, Hamburg 2014; Oliver Nachtwey, Die Abstiegsgesellschaft, Berlin 2016; Oliver Decker u. a. (Hrsg.), Die enthemmte Mitte, Giessen 2016.

Die Interviewten sind der Ansicht (61 %), für „einfache Leute" entwickele es sich hin zum Schlechteren. (Diese allgemeine Zukunftsperspektive unterscheidet sich strikt von ihrer eigenen Zuversicht.) Die Zustände sind jedoch nicht so schlecht, dass man keine Kinder mehr zur Welt bringen solle. Politiker allerdings bewirken keine Besserung dieser Lage. Die Hälfte der Befragten ist der Ansicht, die meisten Politiker interessierten sich wenig für die Probleme der einfachen Leute. Betrachtet man die Äußerungen zum eigenen politischen Vermögen (zur internen „Political Efficacy", IPE) und zum Engagement der Politiker für „einfache Leute" (zur externen „Political Efficacy", EPE)[75], vertieft sich der Eindruck von Fremdheit und Distanz zu Politikern. Für die Hälfte haben Politiker kein Interesse an „einfachen Leuten"; ihnen gegenüber bemühen sich Politiker nicht um Kontakte und Verstehen (das meint ein Drittel der Interviewten). Von der eigenen Kompetenz, wichtige Fragen einzuschätzen, politische Gespräche führen zu können, sind aber alle zumindest ziemlich überzeugt. Wissen, die Fähigkeit, eigene Kompetenzen einzuschätzen und zu entwickeln, entscheidet darüber, ob man sich eine Rolle zubilligt, oder ob man sich ohne Einfluss fühlt.[76] Unter den Interviewpartnern dokumentieren zwei Männer, die Befragten 7 und 12, die Gegensätze, wie man sich zu einer schwer überschaubaren und immer komplexer werdenden Welt (27) verhalten kann, nämlich entweder ausgeliefert hinnehmend oder bildungsbewusst begreifend und gestaltend.

Mit Pathos und Geschichtsbezug gesprochen: Die „strukturierte Heterogenität" der Wahlforschung, deren Spannung zwischen Flucht in Privatisierung oder Bewegung wie Beweglichkeit im politischen System liegt, erinnert an Kants Verständnis von Wissen als Kenntnis und Bildung, damit sich die Bürger politisch (bewegt und institutionell) versammeln, um aktiv gebildet Politik in der Gesellschaft zu organisieren. Die interviewte Gruppe älterer Menschen findet dafür ihre Formen politischer Bildung (wie dies in den Kapitel zur Typologie und den Folgerungen aufgegriffen und dargestellt wird).

Die U3L-Interviewten sind besonders distanziert. Auffällig ist ihre Politikerschelte. In der Vergleichsgruppe urteilen Befragte mit höherem Bildungsabschluss weniger skeptisch. Befragte der U3L äußern hohes Vertrauen in ihre politische Kompetenz des Verstehens und Mitredens. Ausgeprägt ist ihr Misstrauen gegenüber Politikern, zwei Drittel hegen Skepsis. Hohes Vertrauen in persönliche Fähigkeiten haben auch U3L-Befragte mit niedrigerem Bildungsniveau. In der Absage an Kompetenz und Engagement der Politiker übertreffen die U3L-Interviewten die Vergleichsgruppe.

75 Zu dieser Skala vgl. den Anhang.

76 Vgl. Allbus 2014 Variablen V768 bis V771, die zwei Faktoren ergeben, „Mündige" vs. „Unmündige."

4.4 Persönlichkeitsdimensionen

Die fünf Persönlichkeitsdimensionen[77] Neurotizismus (emotionale Stabilität, Verletzlichkeit, Impulsivität), Extraversion (Tatendrang), Offenheit (Einfallsreichtum, Abwechslung, Toleranz – Wahl mitte-links), Verträglichkeit (Nachgiebigkeit, Anerkennung, Altruismus) und Gewissenhaftigkeit (Methodik, Selbstdisziplin, Strebsamkeit – Wahl konservativ) werden mittels einer Kurzskala mit zehn Items erhoben. Das Instrument liefert – außer im Pretest – keinen Anlass zu Kritik oder gar Verweigerung. „Sie haben da aber komische Fragen", wendet zwar eine Befragte ein, eine Medizinerin und Psychologin, aber auch sie macht ihre Kreuze. Lediglich zwei Charaktereigenschaften, die Fragen nach Kritik und Faulheit, werden maximal zweimal nicht beantwortet.

Über Referenzwerte kann die Interviewgruppe mit Werten einer repräsentativen Auswahl älterer Befragter verglichen werden. Es fällt auf, dass alle Interviewpartner sich als offener bezeichnen und so Kreativität und Interesse unterstreichen. Für Interviewte der U3L gilt dies in besonderer Weise. Verträglichkeit und Gewissenhaftigkeit stufen alle Befragten niedriger ein. Neugier und Kritik sind somit unter den Befragten intensiver, „Pedanterie" ist geringer ausgeprägt. (Dies klingt nach „wishful thinking", mehr nach sozial erwünschten Antworten als nach Realität, aber das Instrument genießt wissenschaftlich hohe Anerkennung.)

77 Beatrice Rammstedt u. a., Eine kurze Skala zur Messung der fünf Dimensionen der Persönlichkeit = GESIS Working Papers 2012/23, Köln 2012; dies., Welche Vorhersagekraft hat die individuelle Persönlichkeit für inhaltliche sozialwissenschaftliche Variablen? GESIS-ZUMA Arbeitsbericht 2007/01; David Johann u. a., Persönlichkeit, politische Involvierung und politische Partizipation in Deutschland und Österreich, Politische Vierteljahresschrift Sonderheft 50/2015, S. 65–90. – Zur Skala „Big Five" vgl. den Anhang.

Tabelle 8: Persönlichkeitsdimensionen der Interviewpartner[78]

				Grad des Zutreffens (%)				
Dimension	Item Nr. und Stichwort	Mittelwert	N	1	2	3	4	5
				Überhaupt nicht	Eher nicht	Weder noch	Eher zutreffend	Voll und ganz
Neurotizismus		2,84						
ng 5-1	4 Entspannt		28	11	29	21	29	11
1-5	9 Unsicher		28	11	57	14	14	4
Extraversion		3,63						
ng	1 Zurückhaltend		28	18	36	18	29	
	6 Gesellig		28		14	7	64	14
Offenheit		4,13						
ng	5 Wenig künstlerisch interessiert		28	46	43		11	
	10 Fantasievoll		28	7	14	4	46	29
Verträglichkeit		3,25						
	2 Glaube an Gutes		28	11	11	18	57	4
ng	7 Kritik Neigung		27	7	41	15	37	
Gewissenhaftigkeit		4,05						
ng	3 Faulheit		26	42	23	15	15	4
	8 Gründlichkeit		28	4		7	43	46

Zusammenfassung

Alle Interviewpartner gehören zu einem Segment der älteren Bevölkerung, das als hoch gebildet, mobil, „gesund“, offen und neugierig, politisch hoch interessiert, ständig auf der Suche nach Informationen zur Welt sowie stark beteiligt an Kultur und Kunst charakterisiert werden kann. Die Interviewten stufen sich sozial überdurchschnittlich in der Mitte, mit Tendenz nach oben ein. Überwiegend empfinden sie ihre wirtschaftliche Lage als gut. Sie sind

78 ng = Diese Eigenschaft wird negativ gepolt erfragt. – Vgl. Anhang.

sicher, dass sich das in absehbarer Zukunft für sie nicht ändert. Die allgemeine Entwicklung betrachten sie – als Ruhepol in einer bewegten Welt – etwas skeptisch. (Möglicherweise kommen die Zeichen von Entfremdung daher, dass man sich der Eigendynamik der Weltläufte und der Autopoiesis der Systeme bei allen Kompetenzen und Möglichkeiten doch auch ausgeliefert fühlt.) Neben diesen Gemeinsamkeiten, die die Interviewpartner vom Durchschnitt der älteren Bevölkerung qua Bildung, Sicherung und Offenheit unterscheiden, gibt es Differenzen zwischen den Interviewten der U3L und der Vergleichsgruppe.

Tabelle 9: Politische und persönliche Charakteristika der Interviewpartner und der älteren Bevölkerung

	Ältere 60+ (Allbus 2014, GESIS)	U3L	Vergleichsgruppe
Schichtzuordnung	Mitte (60 %)	Obere Mitte	stärkere Tendenz zur oberen Mitte
Eigene wirtschaftliche Lage	Gleichbleibend gut (64 %)	Gut, in einem Jahr gleichbleibend	Gut, ausgeglichen – etwas geringere Zuversicht in die Zukunft
Politisches Interesse	Mittel bis stark (75 %)	sehr stark	mittel bis stark
Persönliches Vermögen, Politik zu verstehen	Ziemlich ausgeprägt	Ziemlich ausgeprägt bis voll und ganz vorhanden	Ziemlich ausgeprägt
Bereitschaft von Politikern, sich für „einfache Leute" einzusetzen	Wenig vorhanden	nicht vorhanden	Wenig vorhanden
Persönlichkeitsdimension	Verträglich und gewissenhaft	Offenheit vor Gewissenhaftigkeit	Offenheit und Gewissenhaftigkeit

Kapitel 5

Die Interviewpartner: Fallberichte

Nach den Angaben zur Intention, Organisation und Interpretation der Darstellung findet ein Schnitt statt. In Form der Fallberichte werden nun die Interviewpartner und die Interviews vorgestellt.

Fallbeschreibungen sind Längsschnitte durch die Interwies um die Besonderheiten der Interviewpartner und die thematischen Akzente der Interviews vorzustellen. Es soll ein Gesamteindruck des Interviews und des Interviewpartners vermittelt werden.

Die Namen der Interviewpartner sind anonymisiert worden. Werden Titel, Berufe, Alter, Orte etc. angegeben, so entspricht dies der Realität. Immer aber wird darauf geachtet, die Anonymität der Gesprächspartner zu bewahren.

Die Nummerierung des Fallberichts verweist auf Zitate. Wird beispielsweise ein Zitat im Text mit 3 ausgewiesen, so bedeutet dies, das Zitat entstammt dem dritten Interview und verweist auf Fallbericht 5.3.

5.1 Zwischen Freier Marktwirtschaft und überbordendem Sozialstaat

Hannelore Neumann ist Rentnerin, 66 Jahre, in zweiter Ehe verheiratet und wohnt mit ihrem Mann im Frankfurter Nordend. Nach dem Abschluss der Realschule hat sie eine Ausbildung zur Bankkauffrau absolviert und danach als Angestellte in einer Bank, später bis zum Renteneintritt in einem Technologiekonzern gearbeitet. Sie zählt sich zur Mittelschicht. Ihre wirtschaftliche Lage bewertet sie als gut. Diese positive Sicht besteht auch für die nahe Zukunft, gleiches gilt für die Bundesrepublik. Sie bezeichnet sich als einen sehr geselligen Menschen und betont, dass es ihr wichtig sei, Aufgaben gründlich zu erledigen. Ihr Menschenbild ist eher kritisch.

Sie sieht die Entwicklung ihrer sozialen Lage gegenüber ihrer Kindheit deutlich positiv: „Wir sind Flüchtlinge und dementsprechend hatten wir eigentlich gar nichts nach Ende des Krieges.“ In der Folge dann hat sie sich mit ihrem Mann ein solides wirtschaftliches Fundament aufgebaut und sagt: „Ich habe immer Arbeit gehabt, war nie arbeitslos.“ In ihrer bisherigen Lebensbilanz sieht sie sich auf der Gewinnerseite und begründet dies damit, dass es ihr heute wirtschaftlich gut gehe, sie eine stabile Familie habe und mit ihrem gesundheitlichen Gesamtzustand – trotz anhaltender Rückenprobleme – „ganz gut" leben könne.

Ihr Interesse an politischen Themen ist stark ausgeprägt. Die Informationen hierfür holt sie sich aus Zeitungen und den Nachrichtensendungen und politischen Journalen des Fernsehens, wobei sie Zeitungen wegen ihrer ausführlicheren Informationen bevorzugt.

Schaut man sich die Entwicklung ihrer parteipolitischen Präferenzen an, stellt man fest: Sie beginnt strikt als SPD-Stammwählerin: „Viele Jahre damals habe ich immer SPD gewählt, ja, und Schröder habe ich auch gewählt, am Anfang auch mit Begeisterung." Später wendet sie sich jedoch von dieser Partei ab mit der Begründung: „viel zu viele Sozialausgaben, immer mehr, immer mehr" und „ immer weniger Leute, die arbeiten, und es wird immer mehr verteilt." Sie vollzieht eine Kehrtwende hin zur CDU und begründet sie damit: „Wenn man jung ist, dann denkt man revoluzzermäßig, und wenn man älter wird, denkt man mehr an den Besitzstand." Dass dieser aus ihrer Sicht heute in Gefahr sein könnte, führt dazu, dass sie bei der Europawahl 2014 die AfD wählt. Sie wählt diese Partei aus Protest gegen die völlig unübersichtliche Entwicklung in der EU, weil „die etablierten Parteien die Ängste der Leute eigentlich nicht ernstnehmen". Gleichzeitig bringt sie zum Ausdruck, dass sie sich der AfD keineswegs verbunden fühle.

Befragt, welche politischen Ereignisse der vergangenen Jahrzehnte einen entscheidenden Einfluss auf ihre persönliche Lage genommen haben, weist sie wiederholt hin auf das Spannungsfeld zwischen dem Sozialstaat mit „viel zu viel Sozialausgaben" und der von ihr favorisierten „freien Marktwirtschaft mit dem freien Spiel der Kräfte". Nach ihrer Auffassung hätten aber alle Parteien, vor allem auch die etablierten, irgendwann ihren Zenit überschritten und dann solle ein Wechsel der regierenden Parteien stattfinden, denn „neue Besen kehren gut." Aber: Diese Wechsel sollten möglichst nur „in der bürgerlichen Mitte" passieren.

5.2 Das Wahlverhalten folgt der Familientradition

Renate Kaiser ist 71 Jahre alt, Rentnerin, geschieden, sie hat eine erwachsene Tochter und Enkelkinder und lebt in einer Kleinstadt in der Nähe von Frankfurt.

Ihr Vater war Angestellter, „Gewerkschafter-Vater, SPD-Vater". Frau Kaiser hat bis zur Pensionierung als Grundschullehrerin gearbeitet. In ihrem Beruf war sie sehr engagiert, mit engen Kontakten zu Schülern, Eltern und

Kollegen. Auch im Alter übernimmt sie noch Aufgaben in der Grundschule ihrer Gemeinde.

Frau Kaiser zieht eine positive Bilanz ihres Lebens. Sie sieht sich klar auf der Gewinnerseite, denn sie hat ein „Grundgefühl von Zufriedenheit". „Ich wohne schön, … ich kann mit Genuss kochen, ich kann mit Genuss essen."

Mit ihrem Gesundheitszustand ist sie zufrieden: „Eigentlich, wenn ich mich umgucke, geht's vielen schlechter als mir". Ihre physische Mobilität ist etwas eingeschränkt. „Da kann ich gut mit leben", denn „ich hab eine fitte Putzfrau."

Ihre Gedächtnisleistungen empfindet sie als deutlich schlechter als früher. Sie bedauert auch, dass „diese Eloquenz", die sie einmal hatte, nicht mehr so gut funktioniert. Manchmal findet sie nicht das richtige Wort. Aber, „was sicher nicht schlechter ist, ist so eine Kombinatorik, so [das] Zusammenfassen von irgendwas. Auch mir draufschaffen irgendwas." Das zeigt sich in vielen Arbeits- und Gesprächssituationen. Als Beispiel schildert sie in diesem Zusammenhang ihren fördernden Einfluss auf einen Frauenkreis, an dem sie regelmäßig teilnimmt.

Sozial fühlt sie sich „gut vernetzt". Wichtig sind ihr Kontakte aus der Berufszeit zu früheren Schülern, Eltern und Kollegen, zu Freunden und Freundinnen und zur Nachbarschaft. Sie ist viel bei ihrer Tochter und den Enkeln. Frau Kaiser sieht sich selbst als recht offen, gesellig, sie vertraut den Menschen, ist selbst ein kritischer Mensch.

Sie attestiert sich eine aktive Vorstellungskraft und nennt vielfältige künstlerische Interessen: Lektüre, Oper, Ballett, Kino, Schauspiel. Sie ist aktives Mitglied in einem Square-Dance-Klub. Sie ist dankbar dafür, dass sie den Weg nach Frankfurt zu den vielen Veranstaltungen, die sie interessieren, noch mit dem Auto zurücklegen kann. Insgesamt bewertet sie ihre Mobilität als „beinahe sehr gut." Dass sie keinen Internetanschluss, nur ein selten geladenes Handy und einen Anrufbeantworter, der „eiert", hat, bedauert Frau Kaiser nicht. „Trotzdem hab' ich Leute um mich".

Ohne zu zögern ordnet sie sich dem Mittelstand zu. Ihre soziale Lage hat sich seit der Kindheit deutlich verbessert: Sie ist „als Frau sehr viel selbstbewusster". Anders als ihre Mutter hat sie einen Beruf, einen Führerschein, ein gutes Einkommen, ein eigenes Haus. In ihrer Kindheit war alles „viel knapper." Ihre heutige wirtschaftliche Lage bezeichnet Frau Kaiser, ebenso wie die allgemeine wirtschaftliche Lage in Deutschland, als gut, sie glaubt, dass das so bleiben wird.

Ihr Interesse für Politik bezeichnet Frau Kaiser als „stark" bis „mittel". Sie vertraut darauf, politische Fragen gut verstehen und einschätzen zu können und beteiligt sich selbstbewusst an politischen Gesprächen. Politikern steht sie deutlich skeptisch gegenüber: „Die Politiker, die kümmern sich wohl drum, aber aus Eigeninteresse ..., weil sie wiedergewählt werden wollen." Sie kennt aber auch Ausnahmen, wie z. B. einen Landtagsabgeordneten der Linken: „Das ist ein absolut glaubwürdiger, engagierter, für die wirklich armen Schweine in der Gesellschaft eintretender Mensch."

Frau Kaiser verschafft sich einen Überblick über aktuelle politische Entwicklungen durch Tageszeitungen, Radio- und Fernsehnachrichten. Besonders wichtig sind ihr Gespräche: „Der Input von Nachrichten ... das ist eine Sache. Aber dann, [um] so wirklich zu einer Entscheidung zu kommen, das sind dann doch die Gespräche mit den Freunden". Ebenso wichtig ist ihr die Bindung an ihre familiäre SPD- und Gewerkschaftstradition: „Von vorneweg glaub ich einem, der in der CDU ist, erstmal weniger als einem, der in der SPD ist. Und einem Gewerkschafter glaub ich dann schon mehr als einem Unternehmer." Diese Tradition hat ihre Kindheit und Jugend stark geprägt. Sie hat sich in Diskussionen mit ihrem gewerkschaftlich organisierten Vater aber auch kritisch damit auseinandergesetzt. Über die Nazi-Vergangenheit konnte sie mit ihrem Vater und in ihrer Familie nicht diskutieren. Während des Studiums habe sie viele politische Zusammenhänge zunächst nicht „durchschaut", „bis ich in die GEW eingetreten bin." Von 68 hat sie die „Nachwehen" erlebt und dann „diese 68er Geschichten auch mit verfolgt und mit getragen". Sie hat geheiratet, ein Kind bekommen, ist deshalb aus dem Beruf ausgestiegen. „Und als ich dann richtig loslegte beruflich, da war 68 vorbei." Sie engagierte sich zusammen mit ihrem Mann in einer Friedensgruppe und beteiligte sich an den Auseinandersetzungen um die Startbahn-West. Schließlich löste sich die Friedensgruppe (und die ganze Bewegung) auf: „Wir waren alles Ältere und der Nachwuchs blieb weg."

Wichtig sind Frau Kaiser ihr aktives, konkretes politisches Engagement und der Bezug der Politik zu ihrem Leben. „Großpolitische" Ereignisse, wie etwa 9/11 oder die RAF-Anschläge hatten auf ihre persönliche Entwicklung und ihr politisches Verhalten wenig Einfluss. In der jüngeren Vergangenheit gingen und gehen ihr besonders die Kriege (z.B. in Jugoslawien, Irak, Iran) persönlich nahe.

Frau Kaiser hat – anknüpfend an die starke Familientradition – ihr Leben lang SPD gewählt, „nicht gerade tiefrot SPD, aber dann doch SPD. Und das war mir wichtig, dass es linke Leute in der SPD gibt." „Irgendwo schlägt dann die Tradition das aktuelle Bild." Für Frau Kaiser ist die SPD eine Partei, die steht für „das hoffentlich Eintreten für die in der Gesellschaft, die es nicht so dicke haben", für Themen wie Frauenquote, Mindestlohn, Arbeitssicherung, Rente mit 63, „ die Bereitschaft, Schulden zu machen, um soziale Geschichten zu finanzieren." Sie hat nie andere Parteien aus dem linken Spektrum gewählt, selbst wenn die Kandidaten, wie der erwähnte Landtagsabgeordnete der Linken, persönlich überzeugend waren, weil „dann immer noch taktische Sachen 'ne Rolle spielen." Die Grünen sind aktuell für sie nicht wählbar, wegen der Koalition mit der CDU in Hessen.

Renate Kaiser distanziert sich von der FDP und von den Piraten. Sie grenzt sich explizit ab gegen die NPD, Republikaner und AfD sowie vom „täglichen Stammtischfaschismus."

Nichtwählen lehnt sie für sich ab: „Das ist meine Pflicht." Nichtwählern begegnet sie mit der Forderung: „Wir müssen wählen", denn „anderswo lassen sich die Leute dafür einsperren und sogar totschlagen." Gewählt hat sie immer außer einmal, als sie in Urlaub war.

Als Wählerin folgt sie immer ihrer SPD-Tradition, egal ob es sich um Wahlen zum Bundestag, zum Landtag oder zur Gemeindevertretung handelt. In beiden vergangenen Eurowahlen hat sie die SPD gewählt. Sie hat aber „kaum Einblick" in die Europapolitik und findet Beschlüsse zu „Topflappenpflicht" und „diese Geschichte mit den Glühlampen ... absurd." Zur aktuellen Europapolitik (Griechenland, Südeuropa) hat sie keine Meinung. „In der Europapolitik? Da habe ich keine Entscheidungen. Die kann ich nicht ernst nehmen."

5.3 Kritisch im Alter, aber konstant in der politischen Meinung

Frau Chantal Mercier ist verheiratet. Sie ist 60 Jahre alt und wohnt in einer hessischen Großstadt. Mit ihrer Eheschließung hat sie die französische Staatsangehörigkeit angenommen. Sie hat nach dem Abitur Germanistik studiert und ist als Dr. phil. promoviert worden. Derzeit arbeitet Frau Dr. Mercier als Dozentin für deutsche Sprache an mehreren Universitäten im Rhein Main Gebiet. Sie gehört weder einer Glaubensgemeinschaft noch einer Gewerkschaft, einem Verein oder einer Partei an. Frau Dr. Mercier engagiert sich „noch nicht" ehrenamtlich. Sie ordnet sich der oberen Mittelschicht zu.

Im Rückblick auf ihr Leben sieht sich Frau Dr. Mercier „eindeutig" auf der Gewinnerseite. Sie führt dies darauf zurück, dass es ihr gesundheitlich gut geht, sie keine großen finanziellen Sorgen hat. Sie und ihr Mann haben einen Beruf, der sie ausfüllt, sie können arbeiten und ihren Lebensunterhalt verdienen. Ihre zukünftigen Rentenaussichten sind nicht „supertoll" aber so, dass man einigermaßen in Zukunft leben kann. Weiterhin führt sie aus, dass sie eine gesunde Tochter mit einem „tollen" beruflichen Abschluss hat, eine Wohnung, in der sie und ihr Mann sich wohlfühlen. Sie haben Freunde und eine Familie. Sie freut sich schon, nicht mehr lange arbeiten zu müssen.

Wichtig ist ihr auch, dass sie in einem vergleichsweise sichereren, demokratischen Land lebt, keine Angst zu haben braucht und „sozial gut aufgefangen“ ist. Ihren Gesundheitszustand beurteilt Frau Dr. Mercier insgesamt als zufriedenstellend. Ihre Mobilität beurteilt sie als sehr gut.

Sie verfügt über einen Internetanschluss. Das Internet nutzt Sie zum Einholen von Informationen privater wie beruflicher Art sowie zur Kommunikation. Frau Dr. Mercier geht gern ins Kino und hat außerdem im letzten halben Jahr Theater und Konzerte besucht. An politischen Veranstaltungen hat sie nicht teilgenommen.

Frau Dr. Mercier ist an Politik nur mittelmäßig interessiert. Sie traut sich zu, politische Fragestellungen zu verstehen, zu beurteilen und sich an politischen Gesprächen zu beteiligen. Sie weiß nicht, ob sich die Politiker dafür interessieren, was die einfachen Leute denken, sie glaubt nicht, dass den meisten Menschen ihre Mitbürger eher gleichgültig sind. Dem Satz, dass die Situation der einfachen Leute schlechter ist, stimmt sie nicht zu; es sei zu verantworten, auch in Zukunft Kinder zu haben.

Sie sieht sich als fantasievoll, künstlerisch interessiert, zurückhaltend und reserviert, aber gesellig und vertrauensselig an. Frau Dr. Mercier findet, dass sie fleißig und gründlich und nicht aus der Ruhe zu bringen ist. Sie neigt weniger dazu, andere zu kritisieren.

Ihre wirtschaftliche Lage beurteilt Frau Dr. Mercier als gut. Sie meint, dass dies auch zukünftig so bleiben wird. Die derzeitige wirtschaftliche Lage in Deutschland schätzt sie als gut ein, meint aber, dass sie in einem Jahr etwas schlechter sein wird.

Frau Dr. Mercier nimmt intensiv und aufmerksam am politischen Geschehen teil. Sie hört regelmäßig Nachrichten im Radio und im Fernsehen, um über aktuelle Entwicklungen informiert zu sein. Sie liest regionale und gelegentlich überregionale Zeitungen und nutzt das Internet zur Information über politische Zusammenhänge. Ihre politische Meinungsbildung wird dadurch beeinflusst, dass Nachrichten nicht kontinuierlich und konstant vermittelt werden und von wirtschaftlichen und politischen Interessen abhängen, die sie nicht so ganz durchschaut. Nachrichten verschwinden, wenn sie nicht mehr interessant sind, schnell von der Bildfläche. Deswegen ist es für sie schwierig, sich eine Meinung zu bilden. Sie fühlt sich eigentlich nur stückweise informiert.

Wenn sie an ihre Jugend und Berufszeit zurückdenkt, hat sich ihre politische Urteilsbildung erheblich verändert. Sie ist wesentlich kritischer geworden und war immer davon überzeugt, dass die durch die öffentlich-rechtlichen Sender vermittelten Informationen auf Fakten beruhen. Heute ist sie sich dessen nicht mehr sicher und fühlt sich teilweise manipuliert.

Ihre Wahlentscheidungen und ihre politischen Ansichten haben sich in den letzten 30 Jahren nicht geändert. Sie wählt noch immer wie früher, ihre Sympathien, ihr Glaube an bestimmte Parteien und deren Programme sind konstant geblieben. Vor Wahlen liest sie sich kritisch die jeweiligen Wahlprogramme durch.

Bei den Europawahlen 2014 hat sie die Grünen gewählt, ohne dass sie 100prozentig hinter allem steht, „was die entscheiden". Zum Entschluss, die Grünen zu wählen, kam sie, weil sie nach wie vor der Meinung ist, es sei wichtig ist, dass die Grünen „irgendwie an der Regierung mitwirken". Sie ist der Überzeugung, die Grünen haben dazu beigetragen, dass die anderen Parteien sich auch ein grünes Profil gegeben haben.

Bei der Europawahl 2009 hat sie SPD gewählt, weiß aber nicht mehr, wie sie zu der Entscheidung kam. Wenn sie länger nachdenke und sich die damalige Situation vergegenwärtige, kann sie es nicht erklären, warum sie von ihrem „Schema" abgewichen ist. Schließlich habe sich ihr Wahlverhalten in den vergangenen Jahrzehnten nicht verändert. Sie weiß aber definitiv, dass sie die SPD gewählt hat. Als französische Staatsangehörige könne sie an den Bundes- und Landtagwahlen nicht teilnehmen. Sie findet es bei den Kommunalwahlen schwieriger, sich für eine Partei zu entscheiden, weil sie weniger über die Kandidaten und deren Programm informiert ist. Deshalb wähle sie hier wie bei den „größeren Wahlen" für die Partei, die sie sonst wählt. Kommunalpolitik betrachtet sie als nicht interessant.

Frau Dr. Mercier distanziert sich eindeutig von allen rechts- und linksextremen Parteien, d.h. von denjenigen Parteien, die „rechter als die CDU" und „linker als die SPD" sind. Sie ordnet den Rechtsextremismus als gefährlich, als verfassungsfeindlich ein. Sie begründet dies mit „dem Fanatismus, der Einseitigkeit und der Menschenverachtung, die dahintersteht".

Frau Dr. Mercier findet es schade, wenn man sein Wahlrecht, „das größte Mitspracherecht das wir Bürger überhaupt haben", nicht wahrnimmt. Den Nichtwählern sei nicht klar, dass ihre Stimme dann eventuell für die falsche Partei zählt. Sie kann sich nicht daran erinnern, einmal nicht gewählt zu haben.

Als politisches Ereignis, das ihr Leben entscheidend geprägt hat, führt sie die Annahme der deutschen Staatsangehörigkeit ihrer Tochter an, was sie als richtig empfunden hat. An weitere prägende Ereignisse politischer Art erinnert sie sich nicht.

Auf die Frage, ob ihr noch etwas wichtig erscheint zu dem Thema politische Bildung im Alter, antwortet sie, sie sei der Meinung, dass ältere Menschen im Vergleich zu den Jüngeren viel zu wenig Beachtung in der Gesellschaft finden. Sie ist der Auffassung, dass der Einfluss der älteren Menschen sich stärker bemerkbar machen wird und deshalb sei es notwendig, weitere Themen dieser Art zu behandeln. Es gäbe noch viel Raum, um die älteren Menschen mit in das gesellschaftliche Leben einzubeziehen und sie nicht an den Rand der Gesellschaft abzuschieben.

5.4 Die Politik nimmt die Alten nicht wahr

Dietmar Mannsfeld ist 71 Jahre alt, Rentner, geschieden. Er hat zwei erwachsene Söhne und wohnt in Frankfurt/M.. Er hat die Schule mit der mittleren Reife verlassen und eine Ausbildung als Bankkaufmann abgeschlossen. Zuletzt hat er bis zur Verrentung als Programmierer gearbeitet. Er verbrachte seine Kindheit und Jugend im ländlichen Raum in eher ärmlichen Verhältnissen, sein frühes Berufsleben in Berlin, bis er nach Frankfurt kam. Er ist weder Mitglied eines Vereins, noch einer Gewerkschaft, Partei oder Glaubensgemeinschaft. Ehrenamtlich ist er tätig in der Telefonseelsorge, er hilft einmal in der Woche in einer Küche für Wohnsitzlose und organisiert federführend einen Wanderverein.

In seiner Selbstbeurteilung neigt Herr Mannsfeld nicht zu Extremen: Er sieht sich selbst eher als einen selbstbewussten Menschen, der sich selten nervös oder unsicher fühlt, sich weder für besonders stressanfällig noch für völlig stressfrei hält. Er vertraut seinen Mitmenschen und zeigt sich gesellig. Seine Aufgaben erledigt er meistens gründlich. Er neigt kaum zur Bequemlichkeit, aber auch nicht zu extremem Fleiß, schätzt sich als fantasievoll ein jedoch wenig mit künstlerischem Interesse. Er hält sich weder für sehr kritisch noch für unkritisch.

Rückblickend auf sein Leben zählt Herr Mannsfeld sich eindeutig zu den Gewinnern. Er begründet diese Einschätzung mit seiner sozial und wirtschaftlich abgesicherten Lage, vor allem auf dem Hintergrund seiner ungesicherten Kindheit, die von Hunger und Existenzängsten bestimmt war: „Mir geht es heute viel besser." – „Heute kann ich mir alles leisten, was ich brauche".

Seinen momentanen Gesundheitszustand beurteilt er als positiv, mit kleinen „altersbedingten Wehwehchen", die ihn aber nicht einschränken. Mit seiner sozialen und kommunikativen Mobilität ist er sehr zufrieden: Er hat einen stabilen verlässlichen Freundeskreis, hat viele Freunde in aller Welt, mit denen er über Internet in intensivem Austausch ist, die er besucht, von denen er besucht wird. Diese Kontakte und sein ehrenamtliches Engagement in der Telefonseelsorge, der Obdachlosenküche und dem Wanderverein helfen ihm, flexibel zu bleiben.

Herr Mannsfeld ordnet sich klar der Mittelschicht zu. Seine eigene wirtschaftliche Lage beurteilt er als sehr gut, die allgemeine wirtschaftliche Lage in Deutschland als gut. Er glaubt, dass sich in beiden Fällen in naher Zukunft daran nichts ändern wird.

Sein politisches Interesse schätzt er als „mittel“ ein. Von anfänglichem Desinteresse an der Politik in seiner Kindheit und Jugend („Ich habe mir keine Gedanken gemacht.“) hat er sich im frühen Erwachsenenalter gelöst: In Berlin sei seine politische Bildung quasi automatisch gekommen, wegen der besonderen Situation der Stadt. Er meint, sein Verstehen und seine Einschätzung wichtiger politischer Fragen sowie das Zutrauen in seine Kompetenz in politischen Diskussionen sei zwar vorhanden, aber nur schwach ausgeprägt. Er zeigt Politikern gegenüber ein grundlegendes Misstrauen und glaubt, sie bemühten sich nicht um Kontakte mit der „einfachen“ Bevölkerung. Die Situation der einfachen Leute werde daher nicht besser, sondern schlechter. Besonders beklagt er sich über Nichtwahrnehmung und Nichtberücksichtigung älterer Menschen und ihrer Probleme durch die Politik. Der Ansicht: „So wie die Zukunft aussieht, kann man es kaum noch verantworten, Kinder auf die Welt zu bringen“, kann er sich nicht anschließen. Praktisches politisches Engagement wie Teilnahme an Demonstrationen, die Mitarbeit in einer Partei und den Besuch politischer Veranstaltungen schließt er explizit aus: Das ist „alles nur Blabla.“

Über Politik informiert er sich täglich im Internet, zunächst bei Google-News, dann vertiefend mithilfe der Online-Seiten von Spiegel, Focus, Stern und Frankfurter Rundschau. Er liest keine Tageszeitung, schaut sich aber Politmagazine im Fernsehen an.

Politische Ereignisse, die seine persönliche Lage einschneidend beeinflusst haben, finden sich vor allem in seiner Kindheit und Jugend und stehen vor allem wegen vieler freundschaftlicher Kontakte in die DDR im Zusammenhang mit der deutschen Teilung (der Aufstand von 1953, der Mauerbau, Willy Brandts Kniefall, die Öffnung der Mauer werden genannt). In der jüngeren Vergangenheit fand er zunächst keine solchen einschneidenden Ereignisse, dann nennt er die Euro-Einführung und die Reiseerleichterungen für die Länder des Ostens.

In seiner Jugend zeigte Herr Mannsfeld kein politisches Interesse und wählte immer CDU „ohne mir Gedanken zu machen“. Mit der Politisierung in Berlin begann er, SPD zu wählen, weil er sie, „für uns Arbeitnehmer“, für sozialer, „für Gleichstellung“ eingestellt hielt und weil ihn Willy Brandt als politische Persönlichkeit überzeugt hat. Für Willy Brandt hat er sich damals direkt und aktiv eingesetzt bei Demonstrationen aus Anlass des Misstrauensvotums. Seit ihrem Aufkommen wählt er die Grünen wegen ihrer Umwelt- und Friedenspolitik, auch bei den jüngsten Wahlen hält er, trotz einiger kritischer Einwände, an den Grünen fest, das sei eine „Grundsatzentscheidung“: „Ist vielleicht nicht richtig, ich mach es mir zu einfach." Er grenzt sich klar ab von NPD und Republikanern. Er „kann nicht verstehen, wie man die wählen kann." In jüngster Zeit distanziert er sich von der AfD, denn die „bläst ins gleiche Horn wie die NPD".

Er lehnt es für sich ab, sich nicht an einer Wahl zu beteiligen, das ist die „einzige Einflussmöglichkeit, die wir haben." Er hat immer gewählt, kann Nichtwählen bei anderen allerdings verstehen, weil Politik manchmal haarsträubend sei. Dabei denkt er an die Verbindung zwischen Politik und Industrie und nennt Gerhard Schröder als Beispiel. In Europawahlen sieht er wenig Sinn. Der Einfluss der Wähler auf die Europapolitik sei zu gering.

Neben seiner Grundsatzentscheidung für die Grünen, denen er auch bei den beiden letzten Europawahlen seine Stimme gegeben hat, bestimmt vor allem die Persönlichkeit der Kandidaten seine Wahlentscheidung. Das ist bei Kommunalwahlen stärker als bei Landtags-, Bundestags- und Europawahlen. So konnte er sich bei der Oberbürgermeister-Wahl in Frankfurt im Zweiten Wahlgang für keinen der Kandidaten entscheiden, weil er sie als Persönlichkeiten ablehnte.

5.5 Vom unpolitischen Menschen zur politisch interessierten Rentnerin

Jutta Nierendorf ist 67 Jahre alt, verheiratet und wohnt mit ihrem Mann in einer Kleinstadt im Taunus. Sie ist Rentnerin und bezeichnet ihre wirtschaftliche Lage als gut. Nach Abschluss der Realschule hat sie den Beruf der Kindergärtnerin gewählt und diesen bis zum regulären Renten-Eintritt ohne Unterbrechung ausgeübt. Mit ihrem heutigen Gesundheitszustand ist sie sehr zufrieden. Die Frage nach der Mobilität beantwortet sie: „Ich bin in allen Bereichen gut aufgestellt." Sie setzt einen Schwerpunkt auf die soziale Kommunikation und darauf, „dass man sich etwas vornimmt, was einen nochmal fordert". Sie glaubt an das Gute im Menschen, ist fantasievoll und künstlerisch sehr interessiert. Sie ist gern unter Menschen und Mitglied in einem Diskussions- und Vortragszirkel sowie einem Sportverein. Das Internet nutzt sie für die Klärung von unverständlichen Begriffen sowie für den E-Mail-Austausch mit Freunden und Bekannten.

Ihre heutige soziale Lage sieht sie deutlich verbessert gegenüber ihrer Kindheit, die sie mit drei Geschwistern und den Eltern „sehr sparsam und einfach, deswegen aber nicht unglücklich" verbracht hat. Im Verlauf ihres aktiven Berufslebens hat sie sich mit ihrem Mann gemeinsam einen finanziellen Wohlstand erarbeitet und konnte sich dadurch „ viele Dinge leisten, was man sich als Kind nicht leisten konnte." Obwohl sie die eigene wirtschaftliche Situation sowie die der Bundesrepublik als bleibend gut bezeichnet, betont sie wiederholt eine generelle persönliche Unsicherheit in der heutigen Zeit mit der Aussage: „Da habe ich manchmal schon ein mulmiges Gefühl." Stichworte hierfür sind „Inflation, Stabilität der Altersversorgung, Einwanderung, generell Störungen im heutigen Lebenszuschnitt".

Ihre politische Wahlpräferenz ist eindeutig: „Ich habe immer die CDU gewählt, die christlich-demokratische Union, weil ich mich da am besten aufgehoben gefühlt habe, weil ich eine gute christliche Grundbasis habe und in dieser Partei ja auch christliche Werte vermittelt werden." Sie begründet weiter, dass sie sich keine Sorgen machen musste um die Altersversorgung und ein gutes Gesundheitswesen. Sie habe sich als Bürgerin „eigentlich immer sicher gefühlt." In den letzten Jahren ist ihr dieses Vertrauen verloren gegangen. Zu widersprüchlich und vor allem unübersichtlich sind die Programme und medialen Aussagen der Parteien, dies gilt insbesondere für das Thema Euro-Krise.

Ihr politisches Interesse bewertet sie mit „mittel". Ihr Zutrauen in ihre Fähigkeit, politische Probleme einzuschätzen und politische Themen mit anderen zu diskutieren, sei eher gering. In ihrer Jugend hat sie sich kaum für politische Themen interessiert und begründet das mit dem dominierenden Vater, der „seine strenge Meinung zur Politik hatte, die damals für einen jungen Menschen nicht vernünftig war": „Eine freie liberale Meinung wurde da nicht akzeptiert". Dieses Erlebnis hat zu dem später anhaltenden politischen Desinteresse geführt. Eine Änderung hin zu einem verstärkten Interesse für Politik kommt erst mit dem Renteneintritt, „weil ich jetzt einfach mehr Zeit habe, mich mit bestimmten politischen Themen zu beschäftigen". Seitdem gehören das tägliche Lesen der FAZ und das Verfolgen politischer TV-Sendungen zum Alltag. Für das sachliche Verständnis helfen ihr sehr die häufig mit ihrem Mann geführten Diskussionen zu den politischen Artikeln oder Sendungen. Wichtig ist ihr, hierzu eine eigene Meinung herauszubilden, was ihr aber wegen fehlenden politischen Hintergrundwissens oft schwer fällt.

Nach dem sie in der Vergangenheit CDU-Stammwählerin gewesen ist, hat sie bei den letzten Wahlen die AfD gewählt. Dieser Wechsel ist ein Ergebnis der Diskussionen mit ihrem Mann, besonders zum Thema Euro und „Erhalt des Geldwertes". Diese Gespräche führten Frau Nierendorf zu der Meinung, dass es nun eine Partei gebe, die sich darum kümmert und „den anderen großen Parteien mal Kopfzerbrechen macht". Auch wenn sie ein gewisses Verständnis für Nichtwähler hat, für sie selbst ist der Gang zur Wahlurne wichtig, „auch wenn die Politik enttäuscht".

Trotz ihrer skeptischen Äußerungen sieht sich die Befragte in ihrer Lebensbilanz auf der Gewinnerseite. Sie begründet diese positive Einschätzung mit dem sozialen Aufstieg von einem kinderreichen Haushalt mit wenig Einkommen zu einem gemeinsam mit ihrem Mann erarbeiteten Wohlstand. Beide leben heute in einem finanziell abgesicherten Ruhestand. Positiv sind auch die gute Gesundheit und das Wohnen in einem ruhigen und entspannten Umfeld.

5.6 Persönliche Freiheit gegen Bevormundung durch Parteien

Dr. Ludwig Beier ist 63 Jahre alt, verheiratet und kinderlos. Er wohnt mit seiner Frau in einem Eigenheim in einem kleinen Taunusstädtchen. Nach dem Abitur hat er Pharmazie studiert und in diesem Fach promoviert. Nach einer anschließenden Apothekerlehre ist er in einem pharmazeutischen Fachverlag tätig, dessen Leitung er später übernommen hat. Aus eigener Entscheidung ist er bereits im Alter von 57 Jahren in den Ruhestand getreten. Er ist finanziell unabhängig und befasst sich intensiv mit Kunst und Kultur (Konzerte, Opern). Mit seiner Frau unternimmt er häufig Studienreisen nach Asien und in den Orient.

Er ordnet sich als eher zurückhaltender Mensch ein und begegnet anderen eher vertrauensvoll. Er hat insgesamt ein positives Menschenbild und bezeichnet sich als sehr entspannt. Es ist ihm sehr wichtig, Aufgaben äußerst gründlich zu erledigen. Seinen Gesundheitszustand und seine Mobilität bezeichnet er als sehr gut.

Seinem Lebenslauf zufolge sieht er sich eindeutig auf der Gewinnerseite und begründet dies mit den Stichworten „glückliche Kindheit, sehr gute Schulzeit, interessantes Studium, interessante Arbeit, glückliche Ehe". Er schränkt diese positive Bilanz ein: „einziger Schatten, dass wir keine Kinder haben – mit meiner Frau." Als Argument für die Gewinnerseite dient die Beschreibung seines sozialen Aufstiegs. Aufgewachsen in einem Beamtenhaushalt in einem kleinen Hunsrück-Städtchen mit materiell bescheidenen Möglichkeiten („Damals hatten wir alle nicht so viel Geld"), absolvierte er ein Apotheker-Praktikum in einem „reichen" Ort im Taunus und konnte sich „ damals überhaupt nicht vorstellen, wie man so viel Geld haben kann, [um] sich solche Häuser zu bauen". „Wenn ich mir heute vorstelle, dass ich selber in einem solchen Haus lebe, ist das schon ein steiler sozialer Aufstieg." Entsprechend ordnet er sich der oberen Mittelschicht zu.

Er ist an Politik stark interessiert und sieht sich gut gerüstet für politische Diskussionen. Den Überblick über das Geschehen und seine Bewertung verschafft er sich mit der FAZ und den politischen Sendungen in ARD/ZDF. Er besucht auch Wahlveranstaltungen. Den Politikern und der Politik steht er eher kritisch gegenüber. Leitlinie seines politischen Profils ist „die persönliche Freiheit". Er distanziert sich daher von Parteien, „die mir sehr viel vorschreiben, wie ich mich zu verhalten habe". Die Frage nach einer festen Verbundenheit mit einer bestimmten Partei verneint er und sagt, „dass ich heute im größeren Konflikt bin, eine Partei besonders gut zu finden als früher". Generell nicht wählbar sind für ihn die Parteien am linken und rechten Rand des Spektrums.

Sein politisches Interesse und Urteil haben nahestehende Bezugspersonen nicht unwesentlich geprägt. So wird in ihm bereits früh während der Schulzeit durch „einen sehr charismatischen Lehrer, der politisch stark engagiert war in der SPD", der Sinn für Politik geweckt. Dies führt zu einer SPD-Orientierung, die auch während des Studiums Bestand hat. Dann erfolgt ein Richtungswechsel „nach rechts" bei Eintritt in die Ehe durch „Einfluss meines Schwiegervaters", eines selbständigen Kaufmanns. Von ihm lernt er, „wie man wirtschaftlich und politisch agiert". Daraus entwickelt sich letztlich ein eigenständiges politisches Bild, das für den Interviewten, kurz gefasst, in „zu viel Staat und zu wenig Eigenverantwortung" besteht. So sagt er, dass ihm die CDU „zu sozialdemokratisch und im Prinzip eine rechte SPD geworden ist, mit einer Allseits-Fürsorge-Mentalität", die ihm überhaupt nicht gefällt. Daher bedauert er es sehr, dass sich die FDP zurzeit in keiner wählbaren Verfassung befindet.

Entschieden wendet er sich gegen Nichtwähler und weist auf die Reisen ins ferne Ausland hin, „wo die Leute zum Teil mit dem Einsatz ihres Lebens um ihr Wahlrecht kämpfen", er spricht sich für die Einführung einer Wahlpflicht aus.

Der Interviewte verneint die Frage, ob es in seinem Lebenslauf politische Ereignisse gegeben habe, die Einfluss auf seine persönliche Lage genommen haben. Er sieht in der durch Willy Brandt betriebenen Öffnung nach Osten ein wichtiges Ereignis, das aber ohne Konsequenzen für ihn selbst geblieben ist, weil „ich vorher keine persönlichen Beziehungen in die DDR hatte": „Vielleicht war es mit meiner Generation so, dass mir die DDR ferner war als Frankreich oder Italien".

5.7 Früher war die Welt noch in Ordnung, heute ist alles unübersichtlich

Gerhard Taubner ist 81 Jahre alt, verheiratet und kinderlos. Er wohnt mit seiner Frau in einer Eigentumswohnung in einem kleinen Taunusstädtchen.

Die Schulzeit hat er mit der mittleren Reife abgeschlossen, anschließend hat er sich zum Speditionskaufmann ausbilden lassen und hat diesen Beruf bis zum Eintritt in die Rente ausgeübt. Seine wirtschaftliche Lage, wie auch die der Bundesrepublik, hält er für gut, für die Zukunft sieht er keine Veränderung dieses positiven Zustands. Dagegen aber meint er, dass die Situation der einfachen Leute nicht besser, sondern schlechter werde und dass sich Politiker hierfür nicht interessieren.

Mit seinem Gesundheitszustand ist er „eigentlich ganz zufrieden", auch wenn es da „ein paar Sachen mit dem Rücken gibt". Nach seiner Mobilität befragt, antwortet er: „Ja, ich fühl mich im Großen und Ganzen da noch in Ordnung." Er weist einschränkend auf das nachlassende Erinnerungsvermögen und Gedächtnislücken hin und meint mit einem Lachen: „Manchmal sucht man etwas verzweifelt, und es fällt einem dann wieder ein, wenn man es gar nicht mehr braucht." Dadurch würden aber seine „Lebensumstände nicht irgendwie gravierend betroffen".

Seine politischen Informationen bezieht er aus Zeitungen und Fernsehen. Einen Internetanschluss besitzt er nicht.

Er ordnet sich als gesellig ein und begegnet seinen Mitmenschen mit Vertrauen. Großen Wert legt er auf seine Gründlichkeit bei zu erledigenden Aufgaben. Er fühlt sich entspannt und lässt sich nicht aus der Ruhe bringen.

Seine heutige soziale Lage schätzt er im Vergleich zu seiner Kindheit als besser ein. Die Kindheit während der Hitlerzeit und die anschließende Jugendzeit in den Nachkriegsjahren waren „ anders wie heute, aber nicht schlechter", obwohl es für seinen Vater Phasen der Arbeitslosigkeit gegeben hat. Aber es könne sich heute jeder mehr leisten als früher, es sei vieles besser geworden, das Einkommen, die Freizeitgestaltung, der Urlaub und das generell größere Angebot. Er zählt sich zur Mittelschicht und antwortet auf die Frage, ob er sich in seiner Lebensbilanz als Gewinner oder Verlierer sehe: „Eher auf der Gewinnerseite, ich bin zufrieden und das muss man ja dann auf der Gewinnerseite sehen".

Er gibt an, ein mittleres Interesse für Politik zu haben. In seiner Jugend hat er sich kaum für Politik interessiert, denn „damals war das alles einfacher, jeder Staat für sich, es war alles geregelter wie heute und war nicht so vielfältig." Das Interesse an politischen Themen ist erst in der späteren Phase seines Lebens entstanden. Die politische Aufmerksamkeit erwächst aus dem neuen Europa mit der Gründung der EU und der späteren Einführung der Euro-Zone. Diese Entwicklung ist für ihn unübersichtlicher, vielfältiger und damit schwieriger, als sie es früher war. Dazu sagt er: „Heute ist die Entwicklung doch sehr verschieden und kann sich kurzfristig wieder ändern", was Verunsicherung über seine Lebensumstände hervorruft. Dem begegnet er mit dem Hinweis, wenn es komplizierter werde, müsse man sich mehr damit politisch beschäftigen.

Bei der Europawahl 2014 hat er die AfD gewählt, „das war eigentlich so ein bisschen Protestwahl". Gründe sind für ihn ein Präsidentschaftskandidat, Juncker, der ein Land, Luxemburg, vertritt, in dem Großkonzerne „ihre Steuersachen erledigt haben und so gut wie keine Steuern bezahlen", sowie die Überdehnung der EU mit 28 Staaten. Ferner spricht er die nicht-repräsentative Gewichtung der Stimmrechte sowie die Deutschlands Bedeutung nicht entsprechende Besetzung der Kommissare für Finanzen und Wirtschaft an. Er betont gleichzeitig, dass er die AfD skeptisch betrachtet, weil „partei-intern gibt es immer so Querelen". Überhaupt steht er dem politischen System äußerst skeptisch gegenüber und fühlt sich keiner Partei verbunden: „Die Parteien haben zwar ein Programm, aber wenn gewählt ist, dann nutzt das ganze Programm nichts mehr, dann gibt es so ein Geklüngel bei der Mehrheitensuche." Das negative Bild von Politikern macht er an den Fällen Röttgen und Rhein fest, die nur halbherzig und mit „Rückfahrkarten" versehen in den Wahlkampf gegangen sind: „Und wenn es nicht klappt, dann bleib ich ja Minister." Er leitet daraus die Forderung ab: „Da muss mal einer sagen: Ich mach das jetzt und aus vollem Herzen und voller Überzeugung, und wenn ich halt jetzt nicht drankomme, dann geh ich auch mal in die Opposition, aber nicht mehr zurück auf meinen guten Posten".

Seine Skepsis gegenüber den Politikern scheint beim Thema Nichtwähler durch. Er kann sie „zum Teil" verstehen, weil „die Masse des Volkes" im Gegensatz zu der „Industrie" und den „Reichen" immer wieder durch die politischen Richtlinien und Maßnahmen benachteiligt und damit enttäuscht werde.

5.8 Keiner Partei verbunden

Ferdinand Ritter ist verwitwet und wieder verheiratet. Er ist 69 Jahre alt und wohnt in Frankfurt. Nach dem Abitur hat er in Frankfurt Wirtschaft studiert und ein Diplom erworben. Danach hat er als Selbständiger, als Geschäftsführer eines Frankfurter Möbelhauses, gearbeitet. Herr Ritter gehört weder einer Religionsgemeinschaft, einer Partei noch einer Gewerkschaft an. Er arbeitet aktiv im Verein Pro Altstadt, in einem Historischen Verein und im archäologischen Verein mit. Bis vor Kurzem hat Herr Ritter die ehrenamtliche Funktion eines Handelsrichters in Frankfurt ausgeübt.

Herr Ritter sieht sich im Rückblick auf sein Leben weder als Gewinner noch als Verlierer. Er ist der Auffassung, in der falschen, einer „absterbenden" Branche gearbeitet zu haben. „Insofern sei dies schwierig, da auf der Gewinnerseite zu sein." Es gehe ihm aber nicht schlecht. Er ordnet sich der oberen Mittelschicht zu. Seine soziale Lage hat sich seit seiner Kindheit stark verbessert. Alle männlichen Mitglieder seiner Familie sind im Krieg „umgebracht“ worden, die Eltern sind geschieden gewesen, die Familie hat nur von den „Almosen“ seines Vaters gelebt.

Seinen Gesundheitszustand beurteilt Herr Ritter als „relativ gut, aber mit ’nen paar Dauerproblemen“. Seine Mobilität schätzt Herr Ritter als sehr gut ein.

Herr Ritter interessiert sich stark für Politik. Er traut sich uneingeschränkt zu, politische Fragestellungen zu verstehen und zu beurteilen und sich an politischen Gesprächen zu beteiligen. Er geht nicht davon aus, dass sich die Politiker nicht dafür interessieren, was einfache Leute denken. Er ist der Auffassung, dass sich Politiker um einen engen Kontakt zur Bevölkerung bemühen, so wie sich die meisten Menschen darum kümmern, was mit ihren Mitbürgern passiert. Herr Ritter glaubt, die Situation der einfachen Leute werde schlechter. Er ist der Auffassung, dass es auch zukünftig zu verantworten ist, Kinder auf die Welt zu bringen.

Er sieht sich als fantasievoll, künstlerisch interessiert, zurückhaltend und reserviert aber gesellig, und vertrauensselig an. Herr Ritter findet, er ist sehr fleißig und akribisch und nicht aus der Ruhe zu bringen. Er neigt dazu, andere zu kritisieren.

Seine wirtschaftliche Lage beurteilt Herr Ritter gut und meint, dass dies auch zukünftig so bleiben wird. Die gleiche Einschätzung hat er auch für die allgemeine wirtschaftliche Lage. Herr Ritter nimmt interessiert am politischen Geschehen teil und informiert sich in erster Linie über die Zeitung, speziell die FAZ, die sein politisches Meinungsbild besonders beeinflusst, und das Internet. In seiner politischen Meinungsbildung ist er im Vergleich zu seiner Jugendzeit „etwas konservativer geworden“. Seine Wahlentscheidung wird maßgeblich von den Kandidaten geprägt. Bei Landtagswahlen schaut er sich auch die Wahlprogramme an, ausschlaggebend sind aber auch hier die Kandidatinnen und Kandidaten. Bei der Europawahl 2014 hat er die CDU gewählt. Er hat sie gewählt, weil die SPD zu sehr „zum Geld ausgeben neigt“, die FDP sich selbst liquidiert hat, die Grünen ihm nicht ausreichend kompetent erscheinen. Bei der Europawahl 2009 könnte er die SPD gewählt haben, meint dann aber, sich nicht mehr erinnern zu können. Sein Wahlverhalten hat sich in den vergangenen Jahrzenten erheblich verändert – weg von der SPD zu den Grünen, zur FDP und schließlich zur CDU. Es gab und gibt keine Partei, der er sich positiv verbunden fühlt. Früher war ihm das soziale Engagement der SPD wichtig, heute sind ihm Machbarkeit und der Realitätssinn der Parteien wichtig. Er distanziert sich klar von der Linken, die ihm als „bewegtem 68iger“ unrealistisch vorkommt. Weiterhin distanziert er sich von der AfD, Gestrige, die er als europafeindlich einstuft.

Seine Wahlentscheidungen trifft er nach den Kandidaten und dem Realitätssinn der Parteien. Als Kriterium wird z. B. eine solide Haushaltspolitik im Bund genannt. Bei den letzten Kommunalwahlen hat er die SPD gewählt, da ihm der Gegenkandidat nicht gefiel. Bei den Landtagswahlen hat er den Hessischen Ministerpräsidenten früher als „Kröte" angesehen. Heute mache er aber einen „ganz guten Job", weshalb er ihn wieder wählen werde.

Herr Ritter betrachtet Nichtwählen als „üble Sache". Aus seiner Sicht sollte es eine Wahlpflicht geben. Er hat immer gewählt und spricht sich gegen die Direktwahl des Bundespräsidenten und von Bürgermeistern aus.

Als ein Ereignis, das sein Leben entscheidend geprägt habe, spricht er die extremen Zinssenkungen der EZB an, wovon sein Einkommen abhänge. Wichtige politische Ereignisse für ihn waren die Wiedervereinigung und, früher, der Kampf um die Notstandsgesetze. Er hat damals an den großen Sternmärschen in Bonn teilgenommen. Die Agenda 2010 von Schröder sieht er als wichtiges Ereignis an, weil sie Deutschland vom „kranken Mann" zu einem stabilen Wirtschaftssystem geführt hat.

Herr Ritter verfügt über einen Internetanschluss, den er zur Korrespondenz („ich schreibe wieder Briefe"), zu allgemeinen und speziellen Information über den Kapitalmarkt, historische Ereignissen und die „Bankabwicklungen" nutzt.

Im letzten halben Jahr war er sowohl im Kino als auch im Theater, in der Oper und im Konzert. Er hat eine politische Veranstaltung, den Genossenschaftstag, besucht und sich dabei „den Gabriel" angehört.

Auf die Frage, ob ihm noch etwas wichtig erscheint, antwortet er, dass die wenigsten Menschen begreifen, wie der Staatsapparat funktioniert. Auch die Journalisten begriffen nur sehr eingeschränkt, wie Parlament und Föderalismus miteinander verzahnt sind, wie sie funktionieren. Deswegen kämen sie auch auf Vorschläge, wie den Präsidenten direkt zu wählen.

5.9 Politisch wandelbar durch ergänzende politische- und historische Bildung

Josef Haller ist verheiratet, er ist 70 Jahre alt. Er hat einen Realschulabschluss und einen Meisterbrief als Reproduktionstechniker. Er hat als Selbständiger, als Geschäftsführer eines grafischen Betriebes, gearbeitet. Er gehört weder einer Glaubensgemeinschaft, noch einer Gewerkschaft, einem Verein oder einer Partei an und übt kein Ehrenamt aus.

Im Rückblick auf sein Leben sieht sich Herr Haller „eindeutig" auf der Gewinnerseite. Er führt dies zurück auf sein erfülltes Berufs- und Geschäftsleben, seinen guten Gesundheitszustand und darauf, dass er jetzt endlich machen könne, was er schon immer wollte, sich an der U3L mit Geschichte zu befassen. Weiterhin führt er aus, dass er erst spät, mit 54 Jahren, geheiratet hat; mit 57 wurde er Vater und führt ein erfülltes, glückliches Familienleben.

Her Haller ordnet sich der Mittelschicht zu. Seine soziale Lage hat sich gegenüber seiner Kindheit erheblich verändert. Durch sein erfolgreiches Berufs- und Geschäftsleben konnte er Erträge erwirtschaften, von denen er heute profitiert. In seiner Jugendzeit, die er im Zonenrandgebiet verbrachte, war alles viel einfacher, aber „nicht schlecht".

Seinen Gesundheitszustand beurteilt Herr Haller „hervorragend". Seine Mobilität sei gut.

Er verfügt über einen Internetanschluss. Das Internet nutzt er intensiv zum Einholen von Informationen für seine Studien an der U3L und zur Kommunikation.

Herr Haller geht nicht gern ins Kino, er schaut lieber fern und DVDs. Im letzten Jahr war er aber einmal im Kino. Er war auch einmal im Konzert, um seiner Frau einen Gefallen zu tun. Das Theater und eine politische Veranstaltung hat er nicht besucht.

Herr Haller ist stark an Politik interessiert. Er traut sich zu, politische Fragestellungen zu verstehen, zu beurteilen und sich an politischen Gesprächen zu beteiligen. Er geht davon aus, dass sich die Politiker wenig dafür interessieren, was die einfachen Leute denken. Er ist der Auffassung, dass sich Politiker um einen engen Kontakt zur Bevölkerung bemühen und auch der Meinung, dass sich die meisten Menschen darum kümmern, was mit ihren Mitmenschen passiert. Herr Haller glaubt nicht, dass die Situation der einfachen Leute schlechter wird. Er ist der Auffassung, dass es auch zukünftig zu verantworten ist, Kinder auf die Welt zu bringen.

Er sieht sich als fantasievoll, künstlerisch interessiert, nicht zurückhaltend und reserviert, gesellig, aber nicht vertrauensselig an. Herr Haller findet, dass er fleißig und gründlich ist, er lässt sich schon mal aus der Ruhe bringen. Er neigt dazu, andere zu kritisieren.

Seine wirtschaftliche Lage beurteilt Herr Haller als sehr gut. Er meint, dass dies auch zukünftig so bleiben wird. Die derzeitige wirtschaftliche Lage in Deutschland schätzt er als gut ein und meint, dass dies auch im kommenden Jahr so ist.

Herr Haller nimmt intensiv und aufmerksam am politischen Geschehen teil. Er liest regelmäßig die Tageszeitung und schaut sich abends die Tagesschau an. Sollte es zeitlich einmal nicht klappen, schaut er auch die „anderen konträren Nachrichten" im ZDF. Er nutzt auch das Internet zur Information über politische Zusammenhänge. Seine politische Meinungsbildung

„ist zunächst einmal vorhanden", diese ergänzt er durch seine historischen Kenntnisse. Wenn er an seine Jugend und Berufszeit zurückdenkt, hat sich seine politische Urteilsbildung durch sein Studium an der U3L erheblich vertieft. Zusammenhänge sind ihm klarer geworden.

Seine Wahlentscheidungen sind geprägt von seiner politischen Tradition und Orientierung. Er ist aber der Auffassung, dass der demokratische Bürger nicht immer auf eine Partei festgelegt sein sollte. Er sollte die Programme und Stellungnahmen der Parteien vor den Wahlen mit seiner eigenen politischen Orientierung abwägen.

Bei den Europawahlen 2014 und 2009 hat er die CDU gewählt, dies sei seit den 80igern für ihn Tradition. Sein Wahlverhalten hat sich in den vergangenen Jahrzenten erheblich verändert. Er stammt aus einem sozialdemokratischen Elternhaus, dies sowie seine schulische und weltanschauliche Erziehung führten ihn zur SPD. Mit seiner beruflichen Entscheidung zur Selbständigkeit hat er sich von dem „sozial, sozialistischen, sozialdemokratischen Weltbild" etwas entfernt zu der „eher konservativen" CDU. Heute sind ihm die Machbarkeit und der Realitätssinn der Parteien wichtig.

Herr Haller distanziert sich grundsätzlich von allen radikalen Parteien auf dem linken wie auf dem rechten Spektrum. Er distanziert sich eindeutig von der AfD, deren Europabild er als europafeindlich einordnet. Sein Wahlverhalten zum Bundestag begründet er mit seiner politischen Tradition. Bei Landtagswahlen trifft er seine Entscheidungen unter Umständen nach den sich möglicherweise bildenden Koalitionen. Bei Kommunalwahlen favorisiert er auch Freie Wählergemeinschaften.

Herr Haller sieht das Wahlrecht als Bürgerpflicht an. Durch die Briefwahl hätte jeder die Möglichkeit, seine Wahlentscheidung zu treffen. Wer nicht wählt, habe auch kein Recht zur Kritik. Er ist der Auffassung, wenn man die Politik kritisiert, „müsste man sich als Kandidat" zur Wahl stellen. Er Haller hat bewusst an allen ihm möglichen Wahlen teilgenommen. Es kann allerdings sein, dass er 1965 einmal nicht an einer Wahl teilgenommen hat.

An politischen Ereignissen, die sein Leben entschieden geprägt haben, spricht er den Zusammenbruch des Ostblocks und der Sowjetunion an, dadurch wurde die Wiedervereinigung möglich. Die gesamtwirtschaftliche Lage in den 90igern nahm, durch die Einführung der Computertechnik und die Medienrevolution, erheblich Einfluss auf seinen Betrieb. Dies hat „sehr viele persönliche Einstellungen und dann auch letzten Endes in der Folge Opfer verlangt".

Auf die Frage, ob ihm noch etwas wichtig erscheint, antwortet er, es sei notwendig, politische Bildung in jeder Altersstufe zu betreiben, zum Wohlergehen der Gesellschaft in Gegenwart und Zukunft.

5.10 Demokratiefähigkeit und Persönlichkeit: Junge Kunst und neue soziale Fragen

Eva Sandig ist 71 Jahre und lebt in einem geschlossenen, historischen und naturnahen Stadtteil am Rand von Offenbach. Sie ist verheiratet, lebt getrennt, ihre Ehe bezeichnet sie als „nicht harmonisch". Ihrer Heirat verdankt sie den „gesellschaftlichen Wechsel" vom Land, von Norddeutschland in die im Umbruch befindliche „Arbeitergroßstadt". Dort nimmt die Arbeiterschaft ab, „andere soziale Fragen" bedürfen der politischen Bearbeitung. Hier sieht Frau Sandig ihre Aufgaben und setzt auf Bildung, Kunst, Kommunalpolitik und politische Persönlichkeiten.

Frau Sandig wird auf dem Dorf und in der Kleinstadt groß. Der Vater baut dort ein Geschäft auf. Vater, Mutter und die vier Geschwister sind in den „Laden" eingespannt. Sie empfindet sich ihren Geschwistern gegenüber als kreative „Außenseiterin" (was der Vater „toll" gefunden hat), als einzige macht sie Abitur. Sie will zunächst Medizin studieren, lernt in London ihren Mann kennen und folgt ihm nach Offenbach. In Frankfurt studiert sie Lehramt, das Studium schließt sie mit zwei Staatsexamen ab (von der Bildung zählt sie sich zur oberen Mittelschicht), sie wird Lehrerin. Als Mutter ist ihr Zeitplan zunächst „sehr erfüllt" und lässt keine Zeit für „Aktionen." Die Stadt, die Schule, wo sie Projekte für die pädagogische Arbeit mit Minderheiten (Sinti und Roma, Griechen) entwickelt, der Unterricht, die Gespräche mit den Eltern ihrer Schüler: Das sind für Frau Sandig wichtige Erfahrungsbereiche. Ihr Weg mündet in eine vom Ort, von Lokalpolitik und personalisierter Politik bestimmte Weltsicht.

Ihre wirtschaftliche Lage bezeichnet Eva Sandig als sehr gut. Sie rechnet damit, dass dies so bleiben wird. Sie rechnet sich zur Mittelschicht. „Massiv" durch Kultur und Bildung unterscheidet sich ihr Lebensweg vom Elternhaus. Pflicht, Leistung, Kunstinteresse und Fantasie sind Eigenschaften, die Frau Sandig als zutreffend ansieht, um sich zu beschreiben. Sie sieht sich auf der Gewinnerseite, „an den Aufgaben" ihres Lebensweges ist sie „persönlich gewachsen": „Dass ich die … verschiedenen Schichten, Menschen verschiedener Gruppierungen erlebt habe … das war für mich ganz kostbar und sinnvoll … in meinem Leben." Stadt und Schule sind eine „Chance", Studium, Berufswahl, Freundeskreis empfindet sie, wie sie mehrfach betont, als „Bereicherung." Gesundheitszustand und Mobilität werden akut von einem „schweren Eingriff" bestimmt, aber sie glaubt, „dass ich es schaffe." Ihre Mobilität mag sie nicht aus der momentanen „Krankheitsphase" betrachten. In allen Bereichen bezeichnet sie ihren Status quo ante als „brillant". Solange sie geistig „fit" ist und begreift, „wie kostbar und kraftvoll eine Idee sein kann", bleibt sie „dynamisch", setzt auf die Zukunft.

Eva Sandig ist aktives Mitglied in karitativen und der Kunstförderung gewidmeten Vereinen sowie in der örtlichen Kirchengemeinde. Außer dem Kino („Ich bin keine, die ins Kino rennt") besucht sie Konzerte und Theater „auf jeden Fall."

Frau Sandig interessiert sich stark für Politik und besucht politische Veranstaltungen. Sie vertraut ihrer politischen Kompetenz und dem Eintreten von Politikern für einfache Leute, obwohl sie die allgemeine Entwicklung und mitmenschliche Empathie eher skeptisch ansieht. Ihren Weg zur Politik verbindet Eva Sandig mit dem Wechsel vom Land in die Stadt sowie mit dem Lehrerberuf. Sie wird Mitglied der SPD und blickt auf eine „bald 20-jährige Erfahrung" im Gemeindeparlament. Der unpolitische Start und anfängliches Nicht-Wählen könnten, so vermutet sie, „Abstand" zur politischen Aktivität des Vaters ausdrücken.

Distanz betont sie gegenüber der NPD sowie inhaltlich zur Linken und den uneingeschränkt „koalitionsfähig" gewordenen, ihrer Gründungsideologie absagenden Grünen. Mit Blick auf Koalition und Personen wählt sie immer. Je „schwieriger" sich ihr die Wahlentscheidung darstellt, desto stärker fühlt sie sich als Wählerin gefordert. Für Nichtwähler, enttäuschte „normale Wähler" hat sie Verständnis, vom vorherrschenden Politikstil werden sie nicht angesprochen. Zumeist wählt sie die SPD, als Mitglied dieser Partei, sie betont aber Kontakte zu Politikerpersönlichkeiten anderer Parteien (wobei sie CDU und Grüne nennt): „Ich wähle auch aus anderen Parteien Persönlichkeiten, die ich von ihrem Engagement und von den Inhalten, die sie vertreten, auch unterstützen möchte." Ihre Wahlentscheidung wird von der Gemeinde bis zur Europawahl bevorzugt von Kandidaten bestimmt, die als Persönlichkeit „für etwas [eintreten] und präsent" sind. Wählbar sind für sie Personen, deren Wahlkampfaussagen und Aktivitäten stimmig zu „verbinden" sind. Ihr Informationsverhalten stützt Frau Sandig auf kommunale Politik und Politikerpersönlichkeiten. Sonst gewinnt sie Informationen aus Zeitungen, genannt werden FAZ, FR und Offenbach Post, und durch Gespräche. Der jungen Generation dankt sie die Nutzung des Internets, das sie nur für Emails nutzt („manchmal" für eigene Sendungen).

In der kommunalen Politik (er)findet Eva Sandig einen eigenen Bereich für junge Kunst und „die neue Generation". In Projekten, die in Kooperation von Kunsthochschulen der Region durchgeführt werden, sieht Frau Sandig ihre gesellschaftliche Aufgabe. Sie ist für die neue Generation „immer noch aktiv" und nimmt an, „sonst hätte [sie sich] schon zurückgezogen."

Eva Sandig wird während der Genesung nach einer schweren Erkrankung, befragt. Dies verleiht ihren Aussagen die besondere Bedeutung einer Bilanzierung, die aus den politischen und biographischen Erfahrungen, mit Blick in die Zukunft vorgestellt wird:

„Demokratiefähigkeit" hängt an Politikern, die nicht nur „in irgendeiner Einrichtung" als „Typen", nur als Vertreter ihrer Partei „funktionieren." Politiker sollen Persönlichkeiten mit „Lebenserfahrung" und „Engagement" sein. Sie eignen sich ihr Thema „ernsthaft" an, überschreiten Partei- und Interessengrenzen, sprechen mit Personen anderer Parteien, erreichen „normale Wähler." „Qualifizierte Politik" hängt von solch einem „anderen Blick" auf Bundesrepublik und Europa ab, den es „lautstark [zu] präsentieren" gilt. Diesbezüglich weist Eva Sandig auf „geistig fitte, aktive Alte" hin. Sie könnten solche Abwägungen treffen, da sie frei von Tagesinteressen („was kostet 'n Auto") sind.

5.11 „Man sollte sich bemühen, solang es geht, wach zu bleiben und was zu tun, irgendwas, auch für sich."

Oskar Ulmen ist 67 Jahre alt, verheiratet, Rentner und „Student auf dem Vierten Bildungsweg an der U3L". Er ist gelernter Industriekaufmann, hat sein Abitur auf dem Dritten Bildungsweg gemacht und war nach seinem Studium bis zur Rente als Sozioökonom in der Entwicklungszusammenarbeit tätig. Er ist weder Mitglied in einem Verein noch in einer Partei oder Gewerkschaft, bekleidet kein Ehrenamt und ist „aus politischen Gründen" aus der Kirche ausgetreten.

Oskar Ulmen sieht sich selbst als einen geselligen Menschen, der anderen vertrauensvoll begegnet. Gelegentlich ist er, seiner Meinung nach, anfällig für Stress und Nervosität und in seinem Selbstbewusstsein nicht immer unerschütterlich. Er ist fantasievoll und hat ein starkes künstlerisches Interesse. Das zeigt sich in einer „ziemlichen Bandbreite" an kulturellen Aktivitäten wie Opern-, Theater-, Kino- und Konzertbesuchen.

Auf sein bisheriges Leben zurückblickend, zieht Herr Ulmen eine positive Bilanz: „Summa summarum stehe ich auf der Seite, die praktisch das Leben genutzt hat." Den Begriff „Gewinner" problematisiert er: „Ja, Verlierer bin ich nicht. Aber was ist das eigentlich – ein Gewinner?" Das Leben mit seiner Frau war ihm „Stabilisierung" und „emotionaler Gewinn". Sozial sei er schon ein Gewinner, sozioökonomisch nicht unbedingt („Ich habe keine großen Profite akkumuliert."). Die Familiengeschichte zeigt einen Aufstieg, denn er stammt aus der „Arbeiterklasse" im Ruhrgebiet, seine Großeltern waren arm. Auch er hat als Kind noch Armut erlebt, obwohl sein Vater Beamter war und seine Mutter Sekretärin.

Seinen Gesundheitszustand erlebt Herr Ulmen als „altersspezifisch – im Prinzip positiv." Er stellt aber inzwischen fest, dass er langsamer wird und schneller ermüdet, sei es beim Joggen, sei es beim Lesen. An den „wahnsinnigen Schnellleser Habermas“ oder an seine Frau („Die liest auch schneller.“) reicht er, zu seinem Bedauern, bei weitem nicht (mehr) heran. Alte Freunde bleiben, neue Freundschaften werden seltener, gute Freunde sterben. „Der unbefangene, leichtsinnige Umgang mit Freunden“ in der Jugend ist bei vielen seiner Altersgenossen einer Zurückhaltung und einem Rückzug ins Private gewichen. Dem setzt Oskar Ulmen entgegen:

„Man sollte sich bemühen, solang es geht, wach zu bleiben und was zu tun, irgendwas, auch für sich.“

Herr Ulmen ordnet sich der Mittelschicht zu. Seine gegenwärtige wirtschaftliche Lage ist gut, er glaubt, das bleibt in den nächsten Jahren. Die allgemeine wirtschaftliche Lage in Deutschland sieht er etwas pessimistischer. Er interessiert sich stark für Politik und nimmt, voll Zutrauen in seine Kompetenz und Urteilsfähigkeit in politischen Fragen, selbstbewusst an politischen Gesprächen teil. Berufspolitikern steht er skeptisch gegenüber. Er glaubt, dass sie weder am Kontakt zu einfachen Menschen noch an deren Problemen wirklich interessiert seien.

Die Anfänge seines politischen Werdegangs und die seiner gesamten Generation – er bezeichnet sich als 68er – sieht Herr Ulmen in der Zeit der sozial-liberalen Koalition Willy Brandts. Er wurde politisiert über progressive liberale Presse und die Studentenbewegung. Ihm bedeuteten diese Jahre unter anderem „Modernisierung“, „einen enormen Aufschwung“ und neue Bildungschancen, für ihn konkret „die Möglichkeiten, über den dritten Bildungsweg finanziell unterstützt Abitur nachzumachen, zu studieren“. Bis zum Aufkommen der Grünen war er daher überzeugter SPD-Wähler. Das neue Umweltbewusstsein, angestoßen u. a. durch die Katastrophe von Tschernobyl, und seine Nähe zur Sponti-Bewegung begründeten seine Sympathie für die neue Grüne Partei, von der er sich inzwischen abgewandt hat wegen ihrer „zunehmenden Verbürgerlichung“ („Öko-FDP“). Jetzt wählt er die Linke, „die Bösen, die Schmuddelkinder“. Insgesamt sieht er jedoch politische Ereignisse und Entwicklungen nicht als wirklich prägend an für sein Leben. Es seien eher „Randbedingungen“. „Im Prinzip meint man schon, man entwirft sich aus sich heraus … eine bestimmte vorstrukturierte Richtung.“ Rückblickend auf seinen politischen Werdegang, sein früheres klares Weltbild („Der Feind steht rechts und wir sind die Guten.“), bezeichnet er seine heutige Haltung als „altersmilde“, geschuldet auch einer „unübersichtlichen Struktur der Gegenwart“. Sein Blick ist heute differenzierter, beispielsweise erscheint ihm die CDU durchaus liberaler als früher.

Oskar Ulmen bezieht seine politischen Informationen primär über die Presse, vor allem die FAZ, über politische Monatszeitschriften, weniger über

Fernsehen und schon gar nicht über die „Parteischienen". Seine Meinungen zum aktuellem politischen Geschehen sind auch beeinflusst von alten Erinnerungen, von „bestimmen Grundeinstellungen", „auch wenn sich das im Alter ein bisschen verflüssigt."

Seine durchgängigen Wahlentscheidungen für die Partei der Linken in den letzten Jahren ist keine Protestwahl. Wesentlich ist ihm in einer Zeit, in der die „Schere immer weiter aufgeht", der „Aspekt sozialer Gerechtigkeit" und eine Parteinahme „für diejenigen, die irgendwie die Opfer der Modernisierung geworden sind". Er ist kein Parteimitglied, er sieht sich mehr als „freischwebender Beobachter". Er würde sich am ehesten der „undogmatischen Linken" zuordnen. Bei einer Entwicklung der Linken in eine „toleranzfeindliche und antidemokratische Richtung" würde er sich sofort von ihr abwenden. Im Moment zählt für ihn, dass die Linke die „Punkte vertritt, die von der gegenwärtigen Regierung nicht vertreten werden."

Seine Stimmen für die Linke bei den Europawahlen 2014 und 2009 versteht er auch als Signal gegen die Bürokratisierung, die neoliberale Position und die Gefährdung der Bürger- und Freiheitsrechte, die er in der Politik des „Kolosses in Brüssel" wahrnimmt.. Oskar Ulmen grenzt sich deutlich ab von der NPD und vom rechten Flügel der CSU, z. B. von deren Sprüchen gegen Ramelow. Er entscheidet sich bei Wahlen zum Bundestag, zum Landtag und zu den Gemeinderäten im Prinzip durchgehend für die gleiche Partei, hat aber bei Kommunalwahlen auch schon die Grünen unterstützt, damit sie ihren Direktkandidaten „reinkriegen".

Herr Ulmen hat immer an Wahlen teilgenommen, auch wenn er mit der gewählten Partei, wie z. B. der SPD in den 70er Jahren, nicht in allen Positionen übereinstimmte. Aber in einer Demokratie müsse man die Teilnahme an Wahlen den Wählern selbst überlassen. Zwei Ursachen könnten seiner Meinung nach für die sinkende Wahlbeteiligung verantwortlich sein: Politik wird nur noch konsumiert wie jede andere Dienstleistung, oder die Menschen haben einfach die Nase voll. Die Politik selbst trägt zumindest eine Teilschuld an der zunehmenden Wahlmüdigkeit: Es sind „Talking Heads, die alle das gleiche schwätzen", es gibt „Homogenisierung" der politischen Sprache, Standardisierung und Bürokratisierung der Parteien. So bestehe heute die Gefahr einer „Entdemokratisierung."

Abschließend betont Oskar Ulmen die Notwendigkeit politischer Bildung im Alter. Sie besteht, nach seiner Auffassung, in Information und Aufklärung, in produktiver Verunsicherung, die „eingefahrene Denkmuster ins Wanken bringt", und der Förderung einer „wachen Beziehung zur Umwelt."

5.12 Eine christliche Vision von sozialer Gerechtigkeit

Dr. Achim Weininger ist 66 Jahre alt, verheiratet, wohnt in Frankfurt und befindet sich seit einigen Jahren im Ruhestand. In Frankfurt legte er auch sein Staatsexamen in Politik und Geschichte ab und promoviert mit einer bildungssoziologischen Arbeit. Zuletzt war er als Geschäftsführer tätig. Er ist ehrenamtlich im Vorstand der Caritas, Mitglied des Internationalen Familienzentrums, der Arbeiterwohlfahrt und der SPD. Er macht „in Abständen eine Art offene Seelsorge" in einer Kirchengemeinde.

Herr Dr. Weininger sieht sich selbst als einen Menschen, der Zurückhaltung mit Geselligkeit und eine kritische Einstellung mit einer grundlegenden Haltung des Vertrauens gegenüber seinen Mitmenschen verbindet. Er hält sich für eher fleißig und gründlich und für wenig anfällig für Stress, Nervosität und Unsicherheit. Er hat eine ausgeprägte Vorstellungskraft und viel künstlerisches Interesse, er geht gern ins Kino und in Konzerte.

Rückblickend auf sein Leben möchte Achim Weininger sich „eher auf der positiven Seite einordnen", „weil ich von Anfang an mein Leben immer in Gottes Hand gesehen habe": „Dieser Glaube hat mich mein Leben lang auch in schwierigen Situationen getragen." Er führt eine sehr glückliche Ehe, obwohl sie ohne Kinder blieb, und ist auch beruflich sehr zufrieden. Seine soziale Lage hat sich gegenüber seiner Kindheit kaum verändert. Sein Vater war Chefredakteur. Nach einem „Knick in der Kurve" der Familie nach dessen Tod gelang Dr. Weininger durch berufliche Erfolge eine Stabilisierung der Familie.

Markantester Einschnitt in seinem Leben war eine schwere Erkrankung, „die viele Jahre gekostet hat, die aber zur Ruhe gekommen ist". Seinen heutigen Gesundheitszustand beurteilt er als gut. Er hält sich fit durch Sport und durch die Auseinandersetzung mit geistigen Dingen, denn „Gesundheit ist auch ein psychischer Begriff". Hier spielt sein Engagement in der Universität U3L eine große Rolle. Politik, Soziologie und Philosophie sind seine Schwerpunkte, die alten Philosophen machen ihm besonders viel Spaß. Ihm „gehen wieder ganze Welten und Türchen auf." So bleibt er geistig mobil. Allein Bücherlesen reicht ihm nicht, er braucht „den nötigen Austausch, Kontroversen, Gespräche". Auch das Gedächtnis funktioniert noch einigermaßen. Trotz seines frühzeitigen Ruhestandes ist er sozial gut eingebunden, vor allem durch sein vielfältiges ehrenamtliches Engagement. Da er gut versorgt ist, sieht er für sich einen Auftrag, seine größer werdende Familie in Sizilien finanziell zu unterstützen.

Dr. Weininger rechnet sich der oberen Mittelschicht zu. Seine wirtschaftliche Lage bezeichnet er als gut und glaubt, dass das in naher Zukunft so bleiben wird. Sein Interesse an Politik, seine Kompetenz und seine Urteilsfähigkeit in politischen Fragen schätzt er als sehr hoch ein. Er nimmt an politischen

Auseinandersetzungen mit viel Selbstvertrauen teil. Berufspolitikern gegenüber ist er nicht grundsätzlich misstrauisch, er glaubt schon, dass sie sich um engen Kontakt zur Bevölkerung bemühen.

Herr Weininger bezeichnet seinen persönlichen Werdegang als „konventionell christlich“, von der Soziallehre der katholischen Kirche und der protestantischen Diakonie geprägt. Die Grundlage seines Denkens ist die Vision eines gerechten Lebens, er weiß aber, dass „paradiesische Zustände in Perfektion über Planung nie zu erreichen sind.“ Am Anfang seiner politischen Entwicklung standen „im Grunde die ersten zarten Pflänzchen des Antifaschismus, die Kritik meiner fortschrittlichen Lehrer am Nationalsozialismus, die damalige Spiegellektüre“ und schließlich sein linkes Engagement während der Studentenzeit: Er sei „im Grunde in die Atmosphäre der 68er hineingerutscht“. Die damalige Begeisterung gab ihm einerseits „so'n Schub“, bewirkte anderseits aber eine „Vernachlässigung von Reflexion“, was er „später auch korrigiert“ hat. Prägend war weiterhin die Person Willy Brandts, vor allem wegen seiner Ost- und Friedenspolitik. In seinen Frankfurter Studienjahren erlebte er noch Adorno und Horkheimer. Der „antiautoritäre Gestus des frühen SDS“ beeindruckte ihn stark.

Seit einigen Jahren beobachtet er bei sich wie bei vielen seiner Parteifreunde aus der SPD eine „gewisse altersmäßige Politikenttäuschung“, geschuldet „einer sehr unübersichtlichen Situation, wo im Grunde genommen einfache Rezepte nicht funktionieren.“ Seither setzt er bei sich und anderen auf ein vorsichtigeres Urteil. Was ihn „in letzter Zeit wahnsinnig ärgert, ist die beunruhigende, völlig verfehlte Europapolitik, mit der Deutschland fast völlig allein steht.“ Deutsche Politiker seien nicht willens, den internationalen Diskurs zu suchen und würden ihrer „moralischen Verantwortung“ nicht gerecht.

Achim Weininger verschafft sich ein Urteil über politische Entwicklungen durch die Lektüre mehrere Tageszeitungen, der FAZ, der FR und der SZ, sowie durch Spiegel Online und diskutiert viel mit Freunden aus der Sozialdemokratie, wobei ihm seine oben beschriebene Grundausrichtung immer als Maßstab dient. Zu Themen wie Migration, Religion und Islamismus besucht er gelegentlich Veranstaltungen z. B. im Frankfurter Haus am Dom. Das Internet nutzt er für E-Mail-Verkehr, besonders für den Kontakt zu seiner Familie im Ausland, und um über Google und Wikipedia „Fragen und Geschichten zu klären“.

Seine Wahlentscheidungen versucht Herr Weiniger „nicht gefühlsorientiert, sondern nach vernünftigen Überlegungen“ zu treffen. Dabei ist seine Leitüberlegung immer: Bietet eine Partei „ein durchdachten Gesamtkonzept in Richtung sozialer Gerechtigkeit“? Bei der Europawahl 2014 hat er SPD gewählt, in der Hoffnung, dass sie moderierend auf Merkels Politik einwirken würde. 2009 entschied er sich für die Grünen, um Rot-Grün als Gegengewicht zu einer konservativen Politik auf Europaebene zu stärken. Im Prinzip hat Dr. Weininger sich, oft mit kritischen Vorbehalten, bei allen Wahlen für die SPD entschieden, obwohl er es als Intellektueller nicht immer leicht hatte, mit etwas komplexeren Gedankengängen beim Ortsverein auf Resonanz zu stoßen. Froh war er daher über die Grünen, die die SPD auf der Ebene der Ökologie und der Menschenrechtsfragen attackierten, die er aber seit ihrer neoliberalen Wende nur noch „mit den allergrößten Bedenken" wählen könne. Aus dem gleichen Grund lehnt er die FDP in jüngerer Zeit ab. Die Linke erscheint ihm „zu populistisch, in der Menschenrechtsfrage völlig ungenügend und außenpolitisch irrelevant." Unzufrieden ist auch er mit dem personellen Tableau der Linken. Bei Wahlen zum Bundestag, zum Landtag und zu den Gemeindevertretungen kann Herr Weininger kaum variieren, außer bei reinen Persönlichkeitswahlen, etwa bei einer Wahl zum Oberbürgermeister. Die Grünen wählen könnte er nur, wenn ihm die SPD ihm in Menschenrechtsfragen problematisch erscheint.

Nicht-Teilnahme an einer Wahl lehnt er für sich ab. Das Nichtwählen an sich ist für ihn ein globales Phänomen, stelle die Demokratie in Frage und sei vielleicht ein Zeichen dafür, dass wir schon in einer Postdemokratie leben.

Abschießend meint Achim Weiniger, dass „wir ältere Menschen" „uns verabschieden sollten von so einer Bitternis". Dass früher alles besser gewesen sei, bezweifelt er.

5.13 Ohne Solidarität kein schönes Leben

Katharina Hassel lebt in der Pfalz, ist 64 Jahre alt, verheiratet und Oberstudienrätin im Ruhestand. Sie studierte Geografie und Germanistik und unterrichtete vorwiegend an Integrierten Gesamtschulen. Sie engagiert sich seit ihrer Pensionierung ehrenamtlich in der Sterbebegleitung und in einem Trauercafé, ist aktives Mitglied bei Attac und in einem Kulturverein, dem Rosa-Luxemburg-Klub. Außerdem beschäftigt sie sich in einer überkonfessionellen Gruppe mit spiritueller Weiterentwicklung.

Frau Hassel sieht sich selbst als recht offen und gesellig, begegnet ihren Mitmenschen in der Regel mit Vertrauen, mitunter auch kritisch. Stress, vor allem in ihrem Beruf, und Unsicher-heit kennt sie durchaus. Sie ist fantasievoll und hat ein starkes künstlerisches Interesse, vor allem für Theater und Film.

Im Rückblick auf ihr bisheriges Leben sieht sie sich „absolut auf der Gewinnerseite", weil sie „nach dem Krieg geboren wurde und da ging es bergauf." Ihre Lage hat sich gegenüber ihrer Kindheit „um 100 % verbessert". Als Kind hörte sie immer wieder die elterliche Botschaft: „Wir müssen sparen." Aus lauter Angst „vor Altersarmut“ hat sie, meist nur bei einer halben Beamtenstelle, immer sparsam gelebt und alles übrige Geld in Rentenversicherungen investiert. „Und jetzt habe ich nochmal so viel Einkommen durch diese Versicherungen, wie ich an Pension bekomme.“

Frau Hassel fühlt sich momentan „gesunder denn je“. Das führt sie zum einen auf ihre gesunde Ernährung zurück, zum andern darauf, dass sie den „Stress des Lehrerdaseins nicht mehr“ ertragen muss. Körperlich ist sie sehr mobil. Mit ihrer etwas zunehmenden Vergesslichkeit kann sie gut leben. An sich selbst, wie auch an vielen ihrer Altersgenossen, stellt sie ein zunehmendes Mitteilungsbedürfnis bis zum „Monologisieren“ fest. Es tue deshalb „richtig gut, hier mal in einem Interview einfach reden zu können.“ Bei der Einschätzung ihrer sozialen Mobilität ist sie „ein bisschen gespalten“. Einerseits hat sie genügend Freunde und Bekannte und engagiert sich in der Sterbebegleitung. Anderseits verspüre sie ein „Vakuum“: „Ich hätte gern Kontakt zu jüngeren Menschen“, z. B. als Lese- oder Lernpatin. Aber nach einem enttäuschend verlaufenen Engagement im Rahmen von „Big Sister – Big Brother“ habe sie auch „ein bissel Angst“: „Danach habe ich mich nicht mehr an ein Kind herangetraut.“ Frau Hassel sieht sich nicht in der Lage, sich selbst einer bestimmten Gesellschaftsschicht zuzuordnen. Ihr Vater war ein kleiner Beamter, sie selbst Oberstudienrätin. Sie weiß nicht: „Ist man da Mittelschicht?“ Sie glaubt, dass ihre gegenwärtig sehr gute wirtschaftliche Situation sich in den nächsten Jahren fortsetzt.

Für Politik interessiert sie sich stark. Sie kann wichtige politische Fragen gut verstehen und einschätzen und zeigt ein großes Selbstvertrauen in Gesprächen über politische Themen. Politisiert wurde sie als junges Mädchen durch die für sie faszinierende Person Rudi Dutschkes und die Studentenrevolte via Fernsehen. Gleichzeitig setzte sie sich „radikal“ mit ihrem Vater, dessen Abenteuergeschichten als junger U-Boot-Matrose ihre Kindheit begleiteten, und dadurch mit der NS-Vergangenheit insgesamt auseinander. Sie versuchte bei den Jusos Fuß zu fassen, die ihr aber zu bürokratisch waren. Vom Studiums bis zu ihrer frühen Berufszeit verfolgte sie das politische Geschehen eher über die Medien, engagierte sich aber aktiv in der Friedensbewegung, sympathisierte mit der RAF und erkannte deren „Terror und diese Gewalt erst so im Nachhinein in ihrer absoluten Konsequenz.“ Während des Studiums bekam sie Einblick in linke Kommunen und stellte fest: „Da biste anders sozialisiert.“ Sie erlebte die Auswirkungen der Berufsverbote, ohne selbst betroffen zu sein. Es hat sie „stark umgetrieben, dass es Menschen gab, die ihren Beruf nicht ausüben durften, weil sie die Gesellschaft in Richtung Gerechtigkeit verändern wollten.“ Seit der Gründung der Grünen begeisterte sie sich für deren Ideen, wurde Parteimitglied, arbeitete lange auf lokaler Ebene aktiv mit, wandte sich aber mit dem Kosovokrieg und dem „Machtgebaren“ von Joschka Fischer von den Grünen ab und später den Linken zu. Insgesamt waren für sie die 70er und frühen 80er Jahre „die hoffnungsvollsten“, auch weil sie es ihr als „kleinbürgerlichem Kind“ ermöglichten gegen den Willen ihrer Eltern zu studieren. Die Zeit der Hoffnung ging, ihrer Wahrnehmung nach, „mit Kohl und dieser Wende“ zu Ende. Die Wiedervereinigung hat sie wenig berührt. Das erstaunt sie aus heutiger Perspektive, scheint ihr aber doch erklärlich, denn sie hatte keinerlei Kontakte in die DDR.

Von den gegenwärtigen politischen Problemen gehen ihr „die massenhafte Flucht aus den südlichen Ländern“ und das „Aufkommen der ISIS, dieser brutalen Gewalt“, besonders nahe. Dies stellt für sie nur eine weitere Zuspitzung der seit vielen Jahrzehnten bestehenden „ungerechten Weltwirtschaftsordnung“ und einer großen Überheblichkeit des Westens dar. Als Lehrerin für Gesellschaftslehre war sie „irgendwann richtig verbittert“, weil sie ihre Sichtweise den Schülern nicht vermitteln konnte. Katharina Hassel verschafft sich heute einen Einblick in das politische Geschehen über die Regionalzeotung Rheinpfalz, das Publik Forum, Radio SWR 2, Attac, gelegentlich über Informationssendungen im Fernsehen und satirische Sendungen wie die Anstalt. Aber „meine politische Meinung entsteht durch meine Grundhaltung und das, was ich sehe und erlebe.“ Das Internet nutzt sie für Mail-Austausch, „für Recherchen“ und zur Lektüre der Nachdenkseiten. Sie besucht und organisiert selbst Veranstaltungen bei Attac und dem Rosa-Luxemburg-Klub. An parteipolitischen Veranstaltungen nimmt sie nicht teil.

Bei ihren Wahlentscheidungen liegt ihr Hauptaugenmerk auf der Frage: Was tut eine Partei „für das solidarische Zusammenleben der Gemeinschaft“? „In mir baut sich da so ne Angst auf, dass wir nicht mehr solidarisch miteinander leben, und das ist für mich kein schönes Leben.“ Diese Angst speist sich vor allem aus eigenen Beobachtungen: Obdachlose, kleine Renten, gut ausgebildete Menschen mit sehr knappem Budget, „so viele Menschen, die unglücklich sind und Wut aufbauen“. Die herrschenden Regierungen tun nichts für diese Menschen, sie ordnen sich vielmehr der „Turbomarktwirtschaft“ unter und stellen dies als alternativlos dar. Der Reichtum weniger wächst: „Wir sind schon im dritten Weltkrieg, das ist der Krieg der Reichen gegen die Armen.“ Wichtig ist ihr für ihre Wahlentscheidung dann noch die Ökologie in all ihren Facetten.

Seit einigen Jahren nähert sich Katharina Hassel zunehmend der Linken an und hat sie auch bei den Europawahlen 2009 und 2014 gewählt. Neben der Parteinahme der Linken für die Benachteiligten in der Gesellschaft („Die wollen einfach mehr Gerechtigkeit in der Welt.“), befürwortet sie deren kritische Position im Ukrainekonflikt und gegenüber der Nato. Sie beobachtet die

Linke aber, aufgrund ihrer Erfahrungen mit den Grünen, mit Vorbehalt und würde der Partei nicht beitreten. „Aber solange sie in der Opposition sind, haben sie diese Forderungen, die ich auch vertrete." Frau Hassel grenzt sich explizit ab gegen FDP, AfD und die CDU: „Die sind völlig in den Händen der transnationalen Konzerne und von Amerika". Bei den Wahlen zum Bundestag und zum Landtag entscheidet sie eher nach der Gesamtausrichtung der Parteien, weniger nach den Kandidaten. Bei der Gemeindewahl schaut sie genau hin, „was für die Stadt hier getan wird". Besonders ein Kandidat der Linken überzeugt sie wegen seiner Offenheit und Ausgeglichenheit.

Katharina Hassel hat immer an Wahlen teilgenommen: „Das ist ja doch das mindeste, was ein Bürger machen könnte." Sie glaubt, dass es zwei Gruppen von Nichtwählern gibt. Die einen sind die „Abgehängten", die in prekären Situationen leben. Die anderen gehen – „das ist aber jetzt 'ne reine Vermutung" – ganz in ihrem Privatleben auf und interessieren sich gar nicht für Politik.

5.14 Das Glück des Tüchtigen

Der Apotheker Thomas Meier ist verheiratet, 64 Jahre alt und wohnt in einer mittelgroßen hessischen Gemeinde. Er hat nach dem Abitur Pharmazie studiert und war seit dem Staatsexamen in der eigenen Apotheke tätig. Er ist Vereinsmitglied, Mitglied einer Kirche und gehört keiner Partei an.

Herr Meier sieht sich als Gewinner. Er begründet diese Einschätzung damit, dass sich seine Situation, die er unter wirtschaftlichen Gesichtspunkten betrachtet, seit seiner Kindheit deutlich verbessert hat. Er stuft sich nach kurzem Zögern eindeutig als der Oberschicht zugehörig ein. Sowohl seine Mobilität (geistig und physisch) als auch seine Gesundheit beurteilt er als sehr gut. Sowohl die allgemeine als auch seine eigene wirtschaftliche Lage beurteilt er als gut und geht davon aus, dass sich dies in Deutschland nicht verändern werde, dass sich seine eigene Lage jedoch wesentliche verbessern werde.

Er informiert sich über die politischen Gegebenheiten und Entwicklungen in erster Linie durch Zeitungen sowie über das Fernsehen und betont dabei besonders, dass man der Meinungsbildung mehrere verschiedene Quellen zugrunde legen sollte, um eine allzu einseitige Perspektive zu vermeiden: Es ist wichtig, „dass man aus verschiedenen Quellen sich informiert. Wenn man nun sagt ‚Printmedien', dass das nicht nur eine Zeitung ist, sondern verschiedene". Das Internet verwendet er vornehmlich, um seine Geschäfte steuern zu können und nur am Rande als Informationsmedium: „Es ist für mich ein tägliches, wichtiges Werkzeug".

Er ist an Politik „stark" interessiert und traut sich zu, wichtige politische Fragen verstehen und einschätzen zu können, ebenso, sich aktiv an politischen Gesprächen zu beteiligen. Herr Meier geht davon aus, dass die Politiker sich um einen engen Kontakt zur Bevölkerung bemühen, bezweifelt jedoch, dass die Politiker sich darum kümmern, was die einfachen Leute denken („stimme etwas zu"). Er geht nicht davon aus, dass die Situation der einfachen Leute schlechter wird, glaubt nicht, dass man nicht verantworten könne, Kinder in diese Welt zu setzen, und meint, dass die meisten Leute sich durchaus um ihre Mitmenschen kümmern. Ob sich die Politiker für die Probleme der einfachen Leute interessieren, kann oder will er nicht beurteilen („weiß nicht").

Er schätzt sich selbst als misstrauisch, wenig zurückhaltend und fleißig ein und glaubt, Stress bringe ihn leicht aus der Ruhe. Er beurteilt sich als fantasievoll, aber als mäßig künstlerisch interessiert, gibt an, nicht sehr zu Kritik an anderen zu neigen und Aufgaben nicht gründlich zu erledigen. Er beurteilt sich als wenig gesellig.

Herr Meier war und ist FDP-Anhänger. Er fühlt seine Interessen aber durch die etablierten Parteien nicht zuverlässig vertreten und betont seine kritische Haltung zu ihnen: „Zu allen Parteien habe ich eine große Distanz". Er grenzt sich klar von den Parteien am linken und rechten Rand des Spektrums ab („bin ich strikt dagegen, Volksverdummung"). Kommunalwahlen sind für ihn in erster Linie Persönlichkeitswahlen, hier spielt die Parteizugehörigkeit mit Ausnahme der rechten und linken Parteien eine geringe Rolle. Herr Meier schildert mit Nachdruck Fragen der Wirtschaftspolitik, das gilt ihm als Politik. Schulpolitik wird zwar erwähnt, aber nicht diskutiert.

Herr Meier bewertet Wahlen als Möglichkeit, Extremisten von der Macht fernzuhalten, und hält es demzufolge für unerlässlich, an Wahlen grundsätzlich teilzunehmen, wenn er sich auch oft selbst schlecht motivieren kann, dies zu tun.

5.15 Konservativ oder doch nicht?

Alfred Funk ist 67 Jahre. Er hat zwei erwachsene Söhne, ist zum zweiten Mal verheiratet, bereut „keinen Tag in der Ehe". Er wohnt in einem kleinen Städtchen in der Wetterau. Er hat in jungen Jahren sein Elternhaus verlassen, um seinen eigenen Weg zu gehen. Herr Funk ist Bankkaufmann mit abgeschlossener Informatik-Ausbildung. Er übt ein Ehrenamt aus, ist Vereins- und Kirchenmitglied. Bis zum Eintritt ins Rentenalter war Herr Funk aktives Mitglied einer Gewerkschaft. Parteimitglied war er nie.

Herr Funk sieht seinen Lebenslauf als sehr positiv an und sich selbst „ganz klar auf der Gewinnerseite“. Er kommt aus ärmlichen Verhältnissen (Flüchtlinge, Vater 100 % kriegsbeschädigt, großer Haushalt). Er hatte die Möglichkeit einer guten Ausbildung und eine sehr gute berufliche Entwicklung. Herr Funk begründet dies auch mit der damals guten wirtschaftlichen Situation in Deutschland. Er konnte seinen Hobbys nachgehen, und war sportlich aktiv. Seinen heutigen Gesundheitszustand beurteilt er als sehr gut: „Ich benötige keinerlei Tabletten.“ Im letzten Jahr war bis auf den Zahnarzttermin kein weiterer Arztbesuch notwendig. Sein Hausarzt bescheinigt ihm: „Alles im grünen Bereich.“ Seine gegenwärtige Mobilität hält er für gut bis sehr gut.

Herr Funk interessiert sich stark für Politik und traut sich zu, politische Fragestellungen zu verstehen und zu beurteilen sowie sich an politischen Diskussionen zu beteiligen. Er ist der Meinung, dass die Situation der einfachen Leute schlechter wird. Seine Einschätzung der Politiker ist, bezogen auf deren Interesse für die einfachen Leute, uneinheitlich. Eine Gleichgültigkeit der meisten Leute gegenüber ihren Mitmenschen sieht er nicht. Herr Funk hält sich selbst für aktiv und fleißig. Seine Aufgaben erledigt er gründlich. Er hat wenig künstlerisches Interesse. Herr Funk betrachtet sich sowohl als gesellig als auch als zurückhaltend. Er hat eine aktive Vorstellungskraft und ist fantasievoll.

Kino, Konzerte, Theater besucht Herr Funk selten bis gar nicht. Den kulturellen Bereich deckt er über Radio, Fernsehen und Internet ab.

Die heutige eigene wirtschaftliche Lage und die heutige wirtschaftliche Lage in Deutschland bezeichnet er als gut. Er ist der Meinung, dass in einem Jahr seine persönliche wirtschaftliche Lage sowie die Lage in Deutschland gleich sein werden.

Politisch informiert sich Herr Funk über Presse, Fernsehen, Radio und Internet, Vereine und Stammtisch. Seine politische Meinungsbildung wird heute durch seine persönlichen Lebensumstände bestimmt. Seine Wahlentscheidung tritt er aufgrund der jeweiligen „Wetterlage“ in der Kommune, im Land, im Bund oder in Europa. Dies ist der Grund, dass er sich als „Wechselwähler“ bezeichnet. Wahlveranstaltungen besucht er selten bis gar nicht. Für ihn sind dies „Platzkonzerte“. Er ordnet sich als „eher konservativ“ ein.

Bei der Europawahl 2014 hat er konservativ, die EVP, gewählt. Er wollte, dass Europa „von Berlin beeinflusst“ wird. Bei der Europawahl 2009 hatte Herr Funk auch die EVP gewählt. Zu dieser Zeit war „die Finanzkrise auf ihrem Höhepunkt“ und er wollte den Einfluss unserer Regierung in Brüssel sehen. Zu Nichtwählern äußert Herr Funk: „Kann ich nicht verstehen“. Er hat immer gewählt und sieht eine Verantwortung darin, zur Wahl zu gehen. Die Veränderung seines Wahlverhaltens begründet er damit, dass er in den früheren Jahren konsequenter, nicht „radikaler", sondern „verschärfter in den Urteilen" war. Heute, im Alter, ist Herr Funk „ruhiger, besinnlicher, nachdenklicher" geworden.

Er war nie ein „Linker". Mit den 68ern hatte er nichts zu tun, obwohl „das mein Jahrgang ist". Im Kindesalter und als Jugendlicher hat er die Politik sehr stark wahrgenommen. Er spricht von der „Adenauerzeit" und der „Verankerung im Westen". Er hatte Verwandte in der DDR sowie in Litauen und Lettland, hat diese bereits vor den Umwälzungen von 1989/90 oft besucht und konnte auch einen Überblick über deren Politik bekommen. Als entscheidende Entwicklungen nennt er die Ostpolitik und den Nato-Doppelbeschluss, verbunden mit der Idee Reagans, „die Russen kaputt zu rüsten", die Kubakrise, den „Warschau Kniefall", die Ölkrise und die Finanzkrise. In der Zeit von „Brandt/Schmidt" hat er diese Richtung gewählt. Der Richtungswechsel von „links in Richtung konservativ" wird mit der konsequenten Haltung Kohls, verbunden mit der deutschen Einheit, begründet. Die Politik von Frau Merkel wird als grundsätzlich gut gesehen. Eine Abgrenzung erfolgt zu Piraten, Linken, Extremen, der NPD: „Das sind Parteien, mit denen ich überhaupt nichts zu tun haben kann".

Das Internet benutzt Herr Funk seit Ende der neunziger Jahre. Er bezeichnet sich als „uralter Internetnutzer". Hauptsächlich nutzt er das Internet zur Informationsbeschaffung, für die Vereinsarbeit, fürs Finanzamt und weitere Bürotätigkeiten.

Heute sieht Herr Funk ein Konfliktpotenzial zwischen „Alt und Jung". Auf der einen Seite „sichere Rente", auf der anderen Seite: „Wer soll das bezahlen?". Hier sieht er eine „Ungerechtigkeit für die Jugend". Eine Patentlösung hat er nicht. Zum Thema Emigranten sagt er, dass Deutschland, als „reiches Land", in der Lage sein sollte, die „Emigranten aufzunehmen und menschenwürdig zu versorgen". Wie dies geschieht und wie man damit umgeht, sollte der Bevölkerung und besonders der Jugend erklärt werden.

5.16 Ein Leben lang ankommen

Dr. Reza Barahani ist 73 Jahre alt. Im Alter von 20 Jahren ist er 1961 aus dem Iran eingewandert, deutscher Staatsbürger seit 1985, er ist verheiratet und hat zwei Kinder. Er ist promovierter Naturwissenschaftler und als IT-Entwickler tätig. Er ist weder Mitglied in einem Verein noch in einer Partei.

Dr. Barahani sieht sich „auf jeden Fall" auf der Gewinnerseite und gibt sein Studium, die Familie und seinen Willen, sich zu integrieren, als Gründe dafür an. Seinen gesundheitlichen Status bezeichnet er als zufriedenstellend:

„Man muss akzeptieren, dass man älter geworden ist und diese Wehwehchen halt da sind".

Dr. Barahani ist ein eher zurückhaltender, wenig geselliger und skeptischer Mann, bezeichnet sich selbst als einen Menschen mit wenig Phantasie und geringem künstlerischem Interesse, dafür hält er sich aber für sehr gründlich.

Er interessiert sich stark für Politik, hält sich für urteilsfähig in politischen Dingen, traut Politikern wenig Nähe zum einfachen Volk und wenig Interesse für die einfachen Menschen zu. Den gesellschaftlichen Zusammenhalt bejaht er dagegen. Dr. Barahani sieht ökonomisch-politische Entfremdungsentwicklungen (Politikerrolle), während er dies auf sozialer und persönlicher Ebene (Mitmenschlichkeit) verneint. Dr. Barahanis politisches Interesse ist stark. Seine Informationen bezieht er über die Medien Zeitung, Internet und Fernsehen. Die Urteilsbildung vollzieht sich auf der stabilen Grundlage früherer, auch weit zurückliegender Erfahrungen (Jugend, Heimatland), sie wird mit zunehmendem Alter sachlicher orientiert, weniger spontan.

Seine physische Mobilität hält er für mittelmäßig, dafür sei die psychische in Ordnung und die soziale sehr gut. Kino- und Theaterbesuche sind sehr selten, klassische Konzerte besucht er mehrmals im Jahr, politische Veranstaltungen grundsätzlich nicht.

Bei der Selbsteinstufung zu einer Schicht sieht er sich zwischen Mittel- und Oberschicht; der Zusatz: „Ich bin ein normaler Mensch" unterstreicht eine Tendenz zur Mittelschichteinstufung. Die wirtschaftliche Lage wird sowohl allgemein als auch persönlich gut eingestuft; für die Zukunft rechnet er sowohl allgemein als auch persönlich mit gleichbleibenden Bedingungen. Biografisch war vor allem das Erlebnis der 68er Generation prägend, dies festigt das während der im Iran verbrachten Jugend nur in Ansätzen entwickelte politische Bewusstsein, eine frühe Antipathie gegen den Kapitalismus im Allgemeinen und die U.S.A. und Großbritannien.

Bei den Wahlentscheidungen sind für ihn zentral die Ehrlichkeit der Politiker und deren pragmatische Ausrichtung. Bei den Europawahlen hat er sich für die SPD entschieden. Eine Nähe zu Parteien gab es nur zur SPD und zur früheren, liberalen FDP. Die Distanz ist mit der Zeit sehr groß geworden, das Vertrauen ist verlorengegangen: „Damals gab es Politiker, die pragmatischer waren und mich überzeugt hatten, und heute sind das für mich ein Haufen Heuchler".

Grundsätzliche Distanz besteht zu den christlichen Parteien; sie sind ihm zu konservativ. Andere Parteien werden nicht erwähnt. Bei Wahlen zu unterschiedlichen Parlamenten orientiert er sich an den Themen, für die die jeweiligen Repräsentationsgremien zuständig sind; im kommunalen Bereich kommen dazu auch die Kandidaten als Personen. Wählen hält er für wichtig. Er hat seit seiner Einbürgerung bei jeder Wahl abgestimmt.

Zur Schlussfrage nach im Interview nicht berücksichtigten Themen nennt er die Frage der Integration der Migranten. Beklagt werden sowohl die nicht ausreichenden Angebote und Forderungen seitens der Politik als auch der mangelnde Integrationswille vieler Migranten. Hauptübel seien deren mangelnde Deutschkenntnisse, oft noch nach Jahren. Er hält eine Verpflichtung für alle Migranten, deutsch zu lernen, für sinnvoll.

5.17 Auf die Wirtschaft kommt es an! („It's the economy, stupid!")

Jochen Meissner ist 70 Jahre alt und verheiratet. Wirtschaft und wirtschaftlicher Erfolg sind die entscheidenden Faktoren in seinem Lebensentwurf. Er wohnt in Offenbach. Mittlere Reife, Fachhochschule, Bankkaufmann sind seine Stationen. Mit seiner Entscheidung, von der Ruhr in das prosperierende Rhein-Main-Gebiet zu ziehen, gesteht er sich selbst eine glückliche Hand zu. Hier hat er Entwicklungschancen bekommen, die ihn persönlich und beruflich vorangebracht haben. Er hat immer bei Banken gearbeitet, zuletzt als Treasurer einer mittelgroßen Bank. Er lässt keinen Zweifel, dass er sich auf der Gewinnerseite sieht, was finanziell, aber auch durch die persönlichen Verhältnisse (Ehe, Freundeskreis) begründet wird. Entsprechend eindeutig wird die Frage nach der Veränderung der sozialen Lage beantwortet: „Sehr positiv, sehr positiv!" Die eigene wirtschaftliche Lage ist „sehr gut". Vorsichtiger ist die eigene Schichteinordnung: „Mittel- bis obere Mittelschicht." Auch bei den übrigen Aussagen zur eigenen Person werden Extreme gemieden. Herr Meissner fühlt sich gesund („bestens!"), er ist Mitglied zweier Rudervereine. Diesen Sport hat er Zeit seines Lebens betrieben, zwar nicht als Hochleistungssport, aber regelmäßig. Es entsteht der Eindruck, dass aus Sicht von Jochen Meissner eine gewisse Ordnung, persönliche Leistung und planmäßiges Vorgehen sich im Leben auszahlen.

Herr Meissner ist an Politik „stark" interessiert. Aus seiner Sicht erscheint Politik ausschließlich als Konsequenz wirtschaftlich relevanter Entscheidungen und Fehlentscheidungen. Seine Übersicht der vergangenen 50 Jahre bundesrepublikanischer Politik und seine Detailkenntnisse, die im Interview zum Ausdruck kommen, sind erstaunlich. Er nutzt Radio, Fernsehen und Zeitungen für Nachrichten und Kommentare und das Internet vor allem für Wirtschafts- und Finanzmarktinformationen. Die intensive Beschäftigung mit der wirtschaftlichen Entwicklung und den dazugehörigen ökonomischen

Sachverhalten stehen im Fokus des politischen Interesses. Andere politische Themen werden nicht ausgespart, werden aber offensichtlich schwach gewichtet. Das Wahlrecht nimmt Herr Meissner ernst, er hat bisher immer gewählt, die Wahlentscheidung wird gut vorbereitet: „Ich beobachte eigentlich die Agierenden in der Politik über die gesamte Wahlperiode, weil ich mich ständig auf dem laufenden halte". Das gilt auch für die Kommunalpolitik, über deren Protagonisten sich Herr Meissner detailliert informiert.

Jochen Meissner hat ein klares Selbstbild seiner politischen Entwicklung: „... in der Jugend rot, danach liberal, und später schwarz, also, ich meine, das ist so die grobe Richtung gewesen." Er ist im bürgerlichen Lager gelandet, „... gut, verbunden fühl' ich mich schon mit der CDU", der FDP wurde aus taktischen Gründen gelegentlich die Zweitstimme gegeben. Zuletzt hat er die AfD gewählt. Das bürgerliche Lager scheint seine Heimat zu bleiben, der CDU wird die gelbe Karte gezeigt, es sind in der Finanzkrise „Eckpunkte, rote Linien, markiert worden, die hinterher, im Kompromiss, keine Rolle mehr gespielt haben." Überhaupt ist eben „die CDU sehr sozialdemokratisiert worden, beide Parteien, die SPD, als auch die CDU haben einen Wettlauf, wer die meisten sozialen Wohltaten unters Volk bringen kann, es interessiert beide eigentlich wenig, wo das alles verdient werden soll, was ausgeschüttet wird." Sich von einer Partei deutlich abzugrenzen, dafür sieht Meissner keine Veranlassung, auch nicht gegenüber einer rechtsextremen Partei. In einem anderen Zusammenhang gibt Meissner Hinweise darauf, dass er die NPD für undemokratisch und nicht wählbar hält. Aus seiner Sicht gilt das auch für die Linke.

5.18 Stellung beziehen und wählen gehen! Aber nicht CSU!

Rudolf Pohl wohnt in Sachsenhausen. Gerade ist er 66 Jahre alt geworden. Er hat Zeit seines Lebens in der Werbebranche gearbeitet. Dass er nach der Mittleren Reife Bankkaufmann gelernt hat, darin sieht er selbst eine Kuriosität. Pohl war zuletzt Inhaber eines kleinen Unternehmens und ist als Rentner immer noch in der Werbeberatung aktiv. Er ist glücklich verheiratet. Nur so lässt sich interpretieren, mit welcher Betonung er auf seine Frau verweist, wenn er gefragt wird, ob er sich auf der Gewinner- oder Verliererseite fühlt. „Auf der Gewinnerseite!" Aber er schätzt auch seine wirtschaftliche Lage als gut ein, seine soziale Lage hat sich gegenüber der Kindheit verbessert: „Ich komme aus einem überaus gebildeten Elternhaus, das aber sehr arm war. Und ich bin heute nicht mehr so arm, wie meine Eltern." Herr Pohl zählt sich zur oberen Mittelschicht.

Rudolf Pohl ist ein umtriebiger Mensch, ein kontaktfreudiger Bayer. Der Eindruck bestätigt die Selbsteinschätzung: Zurückhaltend ist er überhaupt nicht. Seine Fantasie und sein künstlerisches Interesse sind, wie er selbst meint, ausgeprägt. Regelmäßige Kino-, Konzert-, und Theaterbesuche sind selbstverständlich. Mobilität scheint er zu genießen: „Also ich fahr' Fahrrad, ich fahr' Auto, ich fahr' ... [ich] fliege." Er fühlt sich gesund und leistungsfähig, „der Kopf stimmt auch". Er ist Vorsitzender eines Vereins, das betrachtet er selbst als Ehrenamt. Der Verein betreibt ein „Slowmobil", einen Kochwagen, der zwischen Kindertagesstätten und Schulen verkehrt und Kindern das Selbstkochen mit gesunden Lebensmitteln lehrt. Kinder, denen es schmeckt und die Spaß daran haben „und die dann hinterher stolz wie Bolle sind auf das, was sie gemacht haben."

Herr Pohl benötigt das Internet als Arbeitsmittel und zur Information: „Alle anderen Sachen, wie die sozialen Netzwerke, die können mich kreuzweise. Aber das Internet als Informationsmedium ist ein Geschenk des Himmels." In der Politik nutzt Rudolf Pohl „alle erreichbaren Medien" zur Information, schätzt aber vor allem solche, die sich als „Diskussionsplattform" anbieten, und nennt Beispiele: „die ZEIT, Deutschlandfunk oder die SZ". Politik ist Herzenssache. Dazu gehört das Wahlrecht: „Ich würd' mich auf der Bahre zur Wahlurne tragen lassen oder Briefwahl machen." Dazu gehört, dass er Stellung bezieht, wo er nur kann. EU? „Nicht die richtigen Wege zur Lösung der Probleme" und „bei Ungarn seh' ich entsetzliche Probleme mit der Demokratie." Die Bundesregierung? „Rente ab 62 ... Herdprämie ... Müttergeld ... das sind Sachen, die ich zutiefst ablehne, weil sie kontraproduktiv sind." Persönlich betroffen fühlt er sich durch keine politische Entscheidung der letzten Jahre. Aber „die größten, die wertvollsten Veränderungen, die in den letzten Jahrzehnten passiert sind, weil seit Adenauer sich jede Regierung darum gedrückt hat", da nimmt er Stellung, das war „die Agenda 2010 vom Schröder ... weil es Deutschland einfach besser geht."

Was ist im Interview nicht zur Sprache gekommen? Pohl nimmt die Gelegenheit wahr, am Beispiel des zur Zeit verhandelten Freihandelsabkommens auf eine unerfreuliche Tendenz hinzuweisen, „dass die Bundesregierung nachgibt bei diesen Schiedsgerichten, die die normale funktionierende Justiz aushebeln ... ein Symptom für diese Dominanz der Wirtschaft über die Politik, und das ist eine Entwicklung, die ich zum Kotzen finde." Das verdeutlicht: Pohl ist „nicht festgelegt auf irgendeine Partei ... nicht festgelegt auf irgendeine Person". Er ist Wechselwähler und entscheidet „wie das österreichische Wort des Jahres: situationselastisch." Was hat er bei der Europawahl 2014 gewählt? „Ich fürchte die SPD ... weil mir der Schulz gefallen hat." Und 2009? Die Grünen wegen der „grünen Themen", die damals noch Alleinstellungsmerkmal waren. In

Hessen hat er dagegen mit den Grünen „entsetzliche Schwierigkeiten ... mit der Startbahn, das ist ‚ne ziemliche Volte, die die gedreht haben". Und dann gibt es „Parteien, die ich nicht wählen kann, aus Überzeugung." Dazu zählt die AfD, die „sehr suspekt ist, weil sie es nicht schafft, sich von den rechten Rändern zu befreien". Im Gegensatz zur CDU „ist für mich die CSU nicht wählbar, ... weil der Filz, den die aufgebaut haben in den Jahrzehnten..." Und die Linke? „Also in Hessen mit Sicherheit nicht ... im Westen ... mit den Protagonisten ist die für mich eigentlich nicht wählbar."

5.19 „Wechselwähler!" ... aber wohin soll man wechseln?

Der Rentner Philipp Bender ist verheiratet, 77 Jahre alt und wohnt in Frankfurt-Sachsenhausen. Er hat keinen Schulabschluss und hat Grafiker gelernt. In seiner Karriere in der Werbung hat er es anschließend zum Art Director gebracht. So sieht er heute seine wirtschaftliche Lage als gut, und wenn er sich „eindeutig ... alles in allem" auf der Gewinnerseite sieht, so begründet er das mit seiner wirtschaftlichen Unabhängigkeit, „die spielt ‚ne große Rolle". An erster Stelle allerdings steht die familiäre Situation, „was dazu gehört, Kinder, Liebe, Vertrauen." Er hat das Gefühl, dass er im Leben viel Glück gehabt hat. Trotzdem hat sich seine soziale Lage gegenüber der Kindheit, wie er selbst sagt, „in den Kontext gestellt der Gesellschaft", nicht verändert. Er sieht sich als Angehöriger der oberen Mittelschicht. Abgesehen von zwei Vereinszugehörigkeiten, einem Fahrradclub und der Jazzinitiative, engagiert sich Bender nicht, weder kirchlich, noch politisch. Er sieht sich selbst als ausgesprochen künstlerisch interessiert und als fantasievoll. Er ist regelmäßiger Besucher von Kino, Konzert und Theater. „Ganz gut" beurteilt Herr Bender seinen Gesundheitszustand, „bezogen auf mein Alter find' ich ihn eigentlich im Augenblick überdurchschnittlich gut", mit seiner Mobilität ist er rundum zufrieden.

Herr Bender ist an Politik sehr stark interessiert und schätzt sein Verständnis politischer Fragen und seine Fähigkeit zur aktiven Beteiligung an politischen Gesprächen hoch ein. Er informiert sich durch die Zeitung und in zweiter Linie über das Fernsehen. Der Internetanschluss dient vor allem dazu, „sich sachkundig zu machen". Politisch orientiert er sich an der FAZ, die er als konservativ bezeichnet, er legt aber Wert darauf, auch Kommentare der Frankfurter Rundschau, die er linksliberal nennt, zu lesen. Die Einstellung zur Politik hat sich geändert: „Also früher, das wissen wir ja alle, ist es so, dass man eher progressiven Ideen nachgehangen hat. Das lag auch daran, dass wir, meine Frau und ich, in obskuren Kinderläden engagiert waren."

Philipp Bender hat die „extreme" Praxis der Kinderläden schon damals mit einer Skepsis betrachtet. Interessant findet er es, dass er sich in jenen Tagen weniger für Politik interessiert hat, „mit dem Alter ist Politik wichtiger geworden." Vor allem in der frühen Jugend spielte Politik eine geringe Rolle, in seinen Dreißigern war Herr Bender unbesorgter als heute.

Philipp Bender sieht sich als von politischen Entscheidungen persönlich nicht berührt. Er schildert verschiedene politische Meilensteine, wie die Ostverträge oder die Wiedervereinigung, an denen er großen Anteil genommen hat, denen er aber keinen entscheidenden Einfluss auf seine persönliche Lage zumisst. Er betont, dass er kein Stammwähler sei. Zwar schildert er die zeitweise Bindung an SPD: „das war zur Zeit der Ostverträge, also Willi Brandt, da war die Bindung an die SPD sehr groß". Das ist heute anders. „Da ist ja vieles ... was nicht mehr so richtig funktioniert", Ausdruck einer gewissen Distanz zur heutigen SPD. Jetzt ist er Wechselwähler, der allerdings noch nie CDU gewählt hat. Interessant dabei sind die wechselnden Begründungen, sehr aktuell bleiben sie, wie es sich zeigt, nicht im Gedächtnis haften. Als Beispiel für parteiliche Abgrenzung nennt er die Grünen, die er „in der mittleren Phase meines Lebens" gewählt hat. Bender stört „dieser paternalistische Gedanke der Grünen, dass die wissen, alles was gut ist, was die Leute zu machen hätten, das hat mich dann seit einigen Jahren abgestoßen. Und deswegen kommen sie für mich nicht mehr, im Gegensatz zu meiner Frau, in Frage." Nicht zu wählen, das hält Bender „für den allergrößten Fehler", das Wahlrecht nennt er „elementar" und „eine Errungenschaft".

5.20 Eine Sozialdemokratin im Glauben an die Schöpfung auf der Suche nach ehrlicher Diskussion

Petra Lustig ist 73 Jahre und seit gut einem Jahr verwitwet. Sie wohnt in einer Vorder-Taunusgemeinde. Sie betont sowohl ihre Bindung an die SPD, deren passives Mitglied sie, nach längerer aktiver Phase, ist, als auch zur Schöpfung im christlichen Glauben. Über die Eltern – der Vater war SPD-Mitglied, „sozialistisch", die Mutter gläubige Katholikin – erfährt sie Toleranz und sieht nach dem Vorbild der Eltern keinen Konflikt in ihrer wertorientierten Bindung an Kirche und ihrer SPD-Mitgliedschaft. Aus der „sozialdemokratischen Biographie", bei ständiger Abwägung des „kleineren Übels", erwachsen in „Treue" ihre Wertbindungen: soziale Gerechtigkeit, Geschlechtergerechtigkeit und Gleichberechtigung, Umweltpolitik und Bildung wie Schulpolitik. Aus ihrer „positiven Einstellung zum Dasein" heraus empfindet sich Frau Lustig als Gewinnerin. Dafür führt sie ihre Partnerschaft, die Familie, die Eltern, den Beruf (sie ist Grundschullehrerin gewesen) und ihren Glauben an. Erst vor Kurzem wechselt sie die Konfession vom Katholizismus zur evangelischen Kirche. Sympathisiert hat sie länger schon mit dem Protestantismus, empfindet sie sich selbst doch als protestierend. Die evangelische Gemeinde (anders als die katholische), vor allem die evangelische Pfarrerin, sei trostreich und offen auf sie zugegangen. Förmlich erfolgt der Übertritt zur evangelischen Kirche wegen des Engagements in der Gemeinde.

Wesentlich informiert sich Frau Lustig über Tageszeitungen (sie nennt die FAZ in Abgrenzung zur FR). Audiovisuelle Medien werden nachgeordnet. Das Internet nutzt sie privat und als Informationsmedium. Mit ihrem Beruf als Lehrerin verbindet Frau Lustig die Fähigkeit zur „Beurteilung der gesellschaftlichen Probleme." Politische Gespräche erwähnt sie als Prüfstein, ob Mitbürger „ehrlich politisch" diskutieren können und wollen, wobei die „Einseitigkeit der Medien" oft hinderlich ist. Frau Lustig setzt auf ihre Kompetenz, Informationen abzuwägen, politische Fragen einschätzen zu können, differenziert diskutieren zu können Diese Fähigkeit kann, ihrer Meinung nach, „Ausfälle" selbst bei heiklen Themen wie Zuwanderung und Fremdenfeindlichkeit vermeiden. Kulturelle und politische Veranstaltungen werden oft besucht. Frau Lustig ist Mitglied vieler Organisationen in einem weiten politischen wie kulturellen Spektrum. Aktiv ist sie in der Kirchengemeinde und am Rande der SPD.

Ihren Gesundheitszustand bezeichnet Frau Lustig „seelisch und körperlich" als gut. Es gibt zwar Probleme, aber diese werden als altersbedingte Belastungen bezeichnet. Ihre Mobilität bewertet sie sehr gut. Ihre soziale Lage sieht sie teils gut, teils schlechter, deutlich rangiert dies vor der sehr schlecht eingeordneten Bundesrepublik. Privat wie allgemein befürchtet sie eine Wende zu Schlechterem, fühlt sich aber – wie schon in ihrer Jugend – als Teil der oberen Mittelschicht. Politikern spricht Frau Lustig das Eintreten für einfache Leute ab. Bezüglich der Wirksamkeit des politischen Systems und der allgemeinen Entwicklung malt sie ein schwarzes Bild, dem stehen ihr politisches Interesse, ihr Bemühen um Ausgeglichenheit, Offenheit und Engagement gegenüber. Vom „Hang", aktiv politisch tätig zu sein, hat sie sich getrennt. Aus dem Gegensatz ihrer Wertbindung und der schwarzen Sicht auf die Außenwelt resultiert das „Abwägen" bei politischer Beteiligung. Gewählt hat sie immer, überwiegend die SPD, aber auch andere Parteien, genannt wird die CDU wegen ihrer Familienpolitik. Ihre Wahlentscheidung wird bevorzugt von Personen, d.h. von Spitzenkandidaten beeinflusst („Gerhard Schröder hat mich abgeschreckt."), nur auf Landtagsebene spielen Parteien selbst eine wichtige Rolle. Nichtwähler sind zwar nicht „blöd", auch darf man sie nicht verteufeln, aber sie nehmen das wichtigste politische Recht nicht wahr. Politische gebildete Menschen sollten mit ihnen reden, um sie zu überzeugen.

Abgrenzungen nimmt Frau Lustig gegenüber der NPD vor mit der Begründung, sie pflege „die Identifikation mit Nazideutschland", modifiziert auch gegenüber der AfD. (Mit Blick auf „nationale Interessen" erfordern Zuwanderung und AfD allerdings eine differenziertere öffentliche Debatte). Auch die SPD „vernachlässigt" die „deutschstämmige" „Kerngesellschaft." Petra Lustig beurteilt dies von ihren Erfahrungen als Lehrerin. Die SPD betreibe die Förderung von Jungen und „sozial schwierigen" deutschen Kindern zu „locker", die „gleiche Förderung" verschiedener Problemgruppen komme zu kurz. Die Grünen kritisiert Frau Lustig wegen „Überheblichkeit", speziell wegen der zu „übertriebenen" feministischen Geschlechterpolitik, das „Demonstrieren von Gut-Mensch-Sein-Wollen" wird den Grünen vorgehalten.

Die Spannungen zwischen SPD-Tradition, Werten, Informationen und Abgrenzungen äußern sich vor jeder Wahl mit „Bauchschmerzen": „Es war ein Ringen immer vor der Wahl. Letztendlich [habe ich] dann doch SPD gewählt, aber im Vorfeld, ... im Gespräch mit Anderen doch [eine] abweichende Linie von SPD-Vorstellungen vertreten." Für die SPD sprechen vor allem historische „Meriten" und der Ursprung, davon gehen für Petra Lustig immer noch „Signale" aus. Auch werden Reste des sozialdemokratischen Milieus im Turnverein gepflegt. Am „Rückzug" „aus einer parteipolitischen Aktivität" ändert diese verdienstvolle „Tradition" der SPD nichts.

Letztlich fühlt sich die Interviewpartnerin „eingebettet in Geschichte und Welt" und als „Teil des Ganzen, des großen Universums."

5.21 Muße im Alter: Wünsche und Möglichkeiten stimmen überein

„Das war nicht immer so": Gesundheit und wirtschaftliche Lage gut, Mobilität sehr gut, für Kultur und Information gibt es „Muße". Professor Dr. Peter Helle (73 Jahre) sieht sich mit seiner Ehefrau nach überstandenen, schweren Krankheiten in einem labilen Gleichgewichtszustand; er hat ein gutes Gefühl, weiß aber, dass sich dies ohne Vorwarnung von heute auf morgen ändern kann. Peter Helle sieht sich auf der Gewinnerseite gegenüber seiner Jugend und der Zeit, als er „voll" im Beruf gestanden hat. Jetzt, im Alter, stehen Wünsche und Möglichkeiten im Einklang. Die Wünsche nach Information und Kultur lassen sich befriedigen; „was man will", kann man sich „tatsächlich erlauben".

Herr Helle ordnet sich am Ende seiner Entwicklung der oberen Mittelschicht zu. Seine eigene Lage betrachtet er als stabil und gut, während er für die Bundesrepublik eine Verschlechterung sieht. Dem politischen System steht er nicht fremd gegenüber. Seine eigenen politischen Fähigkeiten schätzt er als gut ein, er spricht sich ein starkes politisches Interesse zu. Indirekt verdankt er dem politischen System, genauer gesagt der Bildungspolitik, den Wechsel zum letzten Beruf, einer Technikprofessur. Zuvor hat er in anwendungsorientierten Forschungsinstituten mit viel Verantwortung für Forschung, Personal und Finanzen gearbeitet. Einschnitte, die sich für ihn privat ausgewirkt haben, sind Jürgen Möllemanns Bildungspolitik (1987-91) und die Wende. Beides nimmt Einfluss auf die „Forschungslandschaft" und seine Berufung.

Information und Zeit, um sich zu informieren, spielen eine bedeutende Rolle. Die wichtigsten politischen Informationsmittel, das „Wesentliche", sind Zeitungen, genannt werden FAZ und „Die Zeit", und Nachrichtenmagazine wie „Der Stern." Nachrichtensendungen wie die „Tagesschau", weniger „Heute", kommen dazu. Das Internet nutzt Professor Helle privat und im weiten Umfang für Informationen, Wikipedia wird genannt. Politische Informationen beziehen sich auf Verlautbarungen von Politikern und Programme von Parteien. Im Gegensatz zu Kultur, Konzerten, vor allem Theater, besucht er keine politischen Veranstaltungen. Neben einer Kirchenzugehörigkeit weist Peter Helle auf seine Fördermitgliedschaften für verschiedene gemeinnützige Vereine hin. Öffentliche, aktive und politische Tätigkeiten gibt es nicht: „Aktiv? Kann man nicht behaupten!"

Ausdrücklich betont Professor Helle seine Ruhe, leicht und schnell werde er nicht nervös und unsicher. Andere Persönlichkeitseigenschaften beurteilt er zurückhaltender.

Bei beiden letzten Europawahlen hat Herr Helle die FDP gewählt, ohne dies als Parteibindung herauszustellen. Im Grund wählt er immer liberal, „einmal sozial-liberal, einmal konservativ-liberal." Sein Wahlverhalten wird bestimmt von der hohen Bedeutung des Wählens an sich. Vom Wahlrecht muss man Gebrauch machen, vom Nicht-Wählen und allen rechten Parteien grenzt er sich nachdrücklich ab: alle Rechte sind von ihrer „Grundhaltung" her „nach wie vor faschistisch". „Figuren, die was zu sagen haben", spielen vor allem auf kommunaler Ebene eine große Rolle. Bei den Wahlen für Landtag und Bundestag sind neben den Spitzenkandidaten auch Parteien und mediale Verlautbarungen wichtig. Die Glaubwürdigkeit von Politikern ergibt sich über einen Abgleich von Verlautbarungen mit Handlungen in der kürzeren Vergangenheit. Professor Helle wählt „mal so, mal so", der Blick auf Koalitionen in Gremien spielt als „Taktik" eine Rolle: „Es geht schon zwischen den für mich wählbaren Parteien ab und zu hin und her."

Wesentlich bei seiner Wahlentscheidung sind zum einen die zur Wahl stehenden Personen und zum andern die Möglichkeiten des Kumulierens und Panaschierens, die er in Baden-Württemberg kennengelernt hat. (Von dort ist nach der Promotion beruflich nach Frankfurt gekommen, in der Nähe, im Vordertaunus wohnt er heute.) „Grundsätzlich" hat sich sein Wahlverhalten im Laufe der Zeit nicht verändert, wenngleich Professor Helle mit dem Alter eine etwas konservativere – heißt wohl eine vernünftigere, rational abgewogenere – Haltung verbindet. In politischer und technischer Hinsicht schwindet die „Fortschrittsgläubigkeit." „Erst in den letzten Jahren", „im Alter" mit dem „Ruhestand", sieht er sich – mit Blick auf die private Situation und die kulturellen Möglichkeiten – auf der „Gewinnerseite." Mit seiner Ehefrau befindet er sich jetzt in einer „glückliche Lage" und ist „sehr zufrieden mit der Situation":

„Ich hatte ja nie die Zeit, so viel Zeitung zu lesen, wie ich heut' hab' und auch die Muße dazu." Und: „Konzert ja, … Theater erst recht."

5.22 Viel gelebt, viel gearbeitet, viel versäumt! – Warum nicht als „Alte" studieren?

Dagmar Rufer ist 67 Jahre alt und verheiratet. Sie ist in Schlesien groß geworden, hat dort Abitur gemacht und ein Studium begonnen. Mit ihrer Familie kam sie 1967 nach Westdeutschland. Die knapp 20 Jahre ihrer Kindheit und Jugend in Polen haben sie geprägt, gerade in politischer Hinsicht. Sie betont die besondere „Denke der Menschen im Osten" und „so viele Erlebnisse", die sie aus dem Osten mitgebracht hat.

Frau Rufer ist ein Energiebündel, optimistisch, selbstbewusst und ehrgeizig. Sie ist gelernte Marketing-Kauffrau, nennt ihre Berufstätigkeit eine „Pharma-Betätigung" bei einer „Weltfirma". Gerne hätte sie über die Altersgrenze hinaus dort gearbeitet, aber die Betriebsvereinbarung erlaubte nur „65 und zwei Monate". „Bis zur letzten Stunde" hat sie gearbeitet. Sie hat sich dann an der Frankfurter U3L eingeschrieben und würde gerne noch „als Alte" studieren mit „Examen, Schwitzen und Vergessen, und weiß der Teufel was", möchte aber „den Jungen den Platz nicht wegnehmen." Sie war lange ehrenamtliche Übungsleiterin und ist Mitglied einer katholischen Kirchengemeinde, des Lions-Clubs, eines Ski- und eines Segelclubs.

Dagmar Rufer stuft sich selbst als sehr gesellig ein, hat aber wenig Vertrauen zu ihren Mitmenschen. Sie hält sich für einen selbstsicheren, arbeitsamen und gründlichen Menschen mit aktiver Vorstellungskraft. Sie hat viel künstlerisches Interesse, geht in Konzerte und ins Theater. Im Kino und in der Oper beobachtet sie mit Entsetzen oft das unkultivierte Verhalten von Zuschauern. Der Osten kenne mehr Kultur.

Ihr Werdegang sei durch verpasste Lebenschancen gekennzeichnet, sagt Frau Rufer. Als Jugendliche wollte sie Astronautin werden. Später habe ihr der Chef bewusst die Karriere verbaut: „Du warst mein bestes Pferd. Warum sollte ich Dich weiterbringen?“ Sie wäre gern Politikerin geworden oder Professorin, habe aber „leider zu wenig Schwein“ gehabt. Trotzdem: Auf ihr bisheriges Leben zurückblickend sieht Frau Rufer sich „eher auf der Gewinnerseite“. „Ich hab ein gutes Auskommen, es ist alles da, und ich kann sagen, was ich möchte.“ Sie rechnet sich der Mittelschicht zu. Schon ihre Familie stand „ganz gut da in Schlesien.“ Alle hatten studiert. Was gewesen wäre, wenn sie in Polen geblieben wäre, weiß sie nicht. Aber hier im Westen hatte sie nicht so viele Möglichkeiten wie erhofft. „Man hatte mich oft gehindert hier.“ Ihre gegenwärtige wirtschaftliche Lage bewertet Frau Rufer als gut. Sie glaubt, dass das auch so bleiben werde. Die allgemeine gute Wirtschaftslage in Deutschland werde sich wohl verschlechtern, meint sie. Mit ihrem Gesundheitszustand ist Dagmar Rufer sehr zufrieden: „Ich könnte Bäume ausreißen.“ Ähnlich bewertet sie ihre Mobilität:

„Wahnsinn. Ich habe viel Energie, viel Kraft und hau' jedem auf den Kopf.“

Dagmar Rufer ist ein ausgesprochen politischer Mensch, interessiert und informiert. An ihrer Kompetenz und Urteilskraft in politischen Fragen lässt sie keinen Zweifel. Sie würde gern einmal mit Politikern wie Merkel, Gysi und Lucke diskutieren. Für ihre Lebensentscheidungen spielen, so sagt sie, politische Ereignisse insgesamt eine geringe Rolle. „Ich gehe meinen Weg, ich brauche keine Partei und keine politische Entscheidung, damit ich denken kann.“ In ihrer Jugend in Polen war sie in politischen Jugendorganisationen tätig. In der Bundesrepublik dann hat sie „mit der Politik ziemlich abgeschlossen“, weil sie „erschüttert wurde durch die Entwicklung der Linken 1967 vor allem hier in Frankfurt“, „denn drüben haben wir uns alles selbst erarbeiten und erkämpfen müssen. Hier hat man alles geschenkt bekommen von den Eltern und das hat man auch noch zerstört.“ Beeindruckt hat sie allerdings „der Brandt, der damals nach Polen gefahren ist und sich da hinkniete“. Das hat sie schon zum Nachdenken gebracht. Dann hatte sie keine Zeit mehr, sich mit Politik zu befassen, „weil ich Familie, Kind und die aktive Arbeit in einem Weltunternehmen hatte, und war zufrieden und es war alles gut.“

Heute verschafft sich Frau Rufer einen Überblick über die aktuelle Politik durch die Lektüre lokaler Tageszeitungen und der FAZ, schaut sich die deutschen und in jüngster Zeit auch die polnischen und russische Fernsehnachrichten an, oft vergleichend. Sie diskutiert viel politisch im Kreis ihrer Freunde und Bekannten. Sie nutzt das Internet, ersetzt aber ihren E-Mail-Verkehr in letzter Zeit „wegen der Überwachung“ wieder zunehmend durch Briefe und Karten. Sie nutzte Google häufig, z. B. um sich Fremdwörter zu erklären, ersetzt es aber in letzter Zeit durch das diskretere IX-Quick. Politisch aktiv beteiligt sie sich an einem Bürgerbegehren im Wohnort.

Frau Rufer fühlte sich immer der CDU positiv verbunden, „weil wir aus dem Osten haben einfach diese Einstellung so gelernt und verstanden“. Auch noch bei den beiden Europawahlen 2009 und 2014 hat sie CDU gewählt. Angela Merkel ist für sie „die Beste für dies Regieren in der Welt“. Aber es hat sich doch einiges geändert: Heute ist Frau Rufer erschüttert über die Politik und fragt sich: „Wie soll das weitergehen?“ „Wir dürfen keine Politik gegen den Menschen machen.“ Politik gegen die Menschen heißt für sie: Zu geringe Renten und zu hohe Steuern für „uns Deutsche“, „immer mehr alte Leute, die deutsch aussehen und in Mülleimern nachschauen“, alte Menschen, für die bestimmte Untersuchungen zu teuer sind, schlechte Straßen in Westdeutschland, Gelder „verschenken“ an die Griechen. Sie sympathisiert mit Pegida, das „Schlagwort von der Lügenpresse“ findet sie „ganz toll“. „Die CDU deckt die Probleme im Land nicht mehr ab“. So hat sie bei der letzten Bundestagswahl die AfD gewählt, weil diese Partei „Probleme anspricht, die uns betreffen.“ Wichtig sind für sie auch starke politische Persönlichkeiten, „Leithammel“, wie sie sie nennt. Lucke sei ein Leithammel, Merkel und Gysi ebenso. Die Partei sei dann gar nicht mehr so wichtig. Leithammel sind bei Regionalwahlen besonders wichtig, im Bund spielt das Parteiprogramm eine größere Rolle.

Frau Rufer grenzt sich klar ab gegenüber der NPD, „weil das ist ja unter allen Möglichkeiten, weil die vergessen, was wir zu Zeiten 33 bis 45 hatten.“ Sie hat immer gewählt. Nicht zu wählen findet sie „schrecklich“. Aber mit Blick auf die beschriebenen jüngsten politischen Zustände denkt sie manchmal: „Wähle wer will – ich nicht mehr“.

5.23 Gelassen sich ein bisschen „links“ gönnen

Fiona Krieger ist 79 Jahre alt, geschieden, sie hat ein Kind. Sie hat einen Hauptschulabschluss. Frau Krieger sieht sich auf der Gewinnerseite, weil sie sich gesund fühlt. Außerdem sagt sie: „Ich hab’n tolles Kind, der jetzt gerade seine Promotion abschließt“, und „manchmal bin ich überrascht, wie das so gelaufen ist.“

Zu ihrem gesundheitlichen Status sagt sie: „Dass ich Ende des Jahres achtzig bin, dafür: sehr gut ... ja...die Psyche hat schon Einfluss drauf“. Auch ihre Mobilität hält sie, ohne zu differenzieren, für sehr gut. Sie war im vergangenen halben Jahr im Kino, im Konzert und häufig im Theater, mit einer Jahreskarte, die zum halben Eintrittspreis berechtigt.

Solange sie als Sachbearbeiterin beruflich tätig war, war sie Mitglied der Gewerkschaft. Sie war dort bedingt aktiv: Das „will ich zwar immer", aber „nein". Als Ehrenamt nennt sie das „Sorgentelefon für Kinder und Jugendliche". Sie ist kein Mitglied in Kirchen, Vereinen und Parteien.

Frau Krieger sieht sich als offene, extrovertierte Person, weniger verträglich; sie schätzt sich als nicht übermäßig gewissenhaft ein.

Mit Blick auf ihre wirtschaftliche Lage, die sie als gut einstuft, rechnet sich Fiona Krieger zur oberen Mittelschicht. Gegenüber ihrer Kindheit hat sich die soziale Lage wieder „normalisiert", nachdem es abwärts gegangen war. „Klar: Flüchtlingskind, Vater im Krieg geblieben, also in der Gefangenschaft gestorben". Für die Zukunft rechnet sie sowohl allgemein als auch persönlich mit gleichbleibenden Bedingungen.

Frau Kriegers politisches Interesse ist stark. Sie gibt an, sie habe ein ziemlich hohes Vertrauen in ihre eigene politische Urteilsfähigkeit, aber ein geringes Vertrauen in die Politiker. Den sozialen Zusammenhalt in der Gesellschaft bezeichnet sie als gut.

Ihre Informationen bezieht sie über die Medien Tageszeitung und das öffentlich-rechtliche Fernsehen. Ihre politischen Urteile fällt sie auf der Basis dessen, was sie erfährt und worüber sie nachdenkt. Herausragende Ereignisse beeinflussen die Urteilsbildung ebenfalls. Grundsätzlich hat sich im Lebenslauf die Urteilsbildung nicht verändert. Sie nennt die Art und Weise der späteren Urteilsbildung „evaluiert".

Ihre Wahlentscheidungen fällt sie grundsätzlich für Parteien, bei denen „keine rechten Töne drin sind", seit der Gründung der Grünen 1982 entscheidet sie sich regelmäßig zu deren Gunsten, so auch bei den Europawahlen 2009 und 2014. Da ist jedoch Skepsis, und „der Traum vom Glück lässt mich dann schon auch mal die Linken wählen". Das gilt vor allem auch für die Wahlen zur Gemeindevertretung. Die Abgrenzung zu Parteien, die sie nicht wählt, ist deutlich: „Also – ich würde niemals eine mit einem C davor wählen – niemals!" Wählen hält sie für wichtig, Nichtwählen ist ein Verschenken der Stimme. Sie hat immer gewählt, möglicherweise hat sie einmal den Wahlzettel vergessen.

Gab es politische Ereignisse, die auf Frau Kriegers persönliche Lage Einfluss genommen haben? „Ich meine, ich bin mutiger geworden nach der Frauenbewegung, nach 68 … da bin ich aus meiner ersten Ehe ausgestiegen, aus der absoluten Sicherheit einer Verbeamtung auf Lebenszeit."

Zur Schlussfrage nach nicht behandelten Themen: Frau Krieger ist entsetzt über eine Studie, die den Einsatz von Robotern bei dementen Menschen zum Gegenstand hat „als Ersatz für menschliche Zuwendung …, dass das überhaupt in der Denke der Menschen ist, das find' ich dramatisch und ich denke, das ist auch die Aufgabe der Politik, sich da zu kümmern."

5.24 „Ich kann mit gutem Gewissen sagen: Ich habe noch nie CDU gewählt!"

Der Rentnerin Liesel Wiegand lebt in einer Partnerschaft, ist 73 Jahre alt, wohnt in einem Frankfurter Stadtteil. Sie hat nach dem Abitur Anglistik und Germanistik fürs Lehramt studiert und dieses Studium nach dem 1. Staatsexamen beendet; sie hat als Lektorin gearbeitet. Frau Wiegand ist Jüdin. Sie ist Mitglied der FAG (Wählergemeinschaft Flughafenausbaugegner) und arbeitet in einer Glaubensgemeinschaft aktiv mit.

Im Rückblick auf ihr Leben sieht sich Frau Wiegand als Gewinnerin, insbesondere, weil es ihr gelungen ist, sich aus einer äußerst unglücklichen Mutter-Tochter-Beziehung zu befreien und dies mithilfe einer Psychotherapie aufzuarbeiten. Ihre soziale Lage beschreibt sie als zufriedenstellend und rechnet sich zur Mittelschicht. Frau Wiegand beurteilt ihren Gesundheitszustand, der durch ein angeborenes Nierenproblem beeinträchtigt ist, als eher gut, ebenso schätzt sie ihre Mobilität ein. „Es gibt junge Leute, die wohnen bei mir im Haus, die nennen mich „die Renntnerin mit zwei N, weil ich immer rennenderweise unterwegs bin."

Frau Wiegand ist an Politik stark interessiert. Sie traut sich uneingeschränkt zu, politische Fragestellungen zu verstehen und zu beurteilen und sich an politischen Gesprächen zu beteiligen. Sie geht davon aus, dass sich die Politiker nicht dafür interessieren, was die einfachen Leute denken, und dass den meisten Menschen ihre Mitbürger eher gleichgültig sind. Frau Wiegand stimmt dem Satz zu, dass die Situation der einfachen Leute schlechter wird, glaubt aber, dass es zu verantworten sei, Kinder zu haben.

Sie sieht sich selber als fantasievoll an und als besonders künstlerisch interessiert. Außerdem schätzt sich Frau Wiegand als sehr gesellig und überdurchschnittlich fleißig ein.

Die allgemeine wirtschaftliche Lage beurteilt Frau Wiegand als teils gut, teils schlecht und geht davon aus, dass sie sich weiter verschlechtern wird. Ihre eigene Situation sieht sie als eher gut und meint, dass sie so bleiben wird.

Frau Wiegand nimmt intensiv und aufmerksam am politischen Geschehen teil und informiert sich in erster Linie über die Zeitung, aber auch über den Rundfunk. Ihre Meinung bildet sie sich, indem sie die aus diesen Medien gewonnenen Informationen mit ihrem Lebenspartner bespricht. Während sie hinsichtlich der Information sagt, dass die Zeitung das wichtigere Medium sei, sagt sie im Hinblick auf die Meinungsbildung, dass Zeitung und Radio sich die Waage halten. Sie betont ausdrücklich, wie wichtig die Gespräche mit ihrem Partner sind.

Frau Wiegand stand der KPD/ML nahe: „Mein Herz schlägt links". Bei den Europawahlen 2009 und 2014 hat sie SPD und bei der Bundes- und Landtagswahl die Grünen gewählt. Inzwischen sieht sie sich als Anhängerin der Linkspartei, da die Politik der schwarz-grünen Koalition in Hessen sie sehr enttäuscht hat. „Grün kann ich wohl auch nicht mehr wählen." Sie distanziert sich ganz klar von der CDU: „Ich kann mit gutem Gewissen sagen, ich habe noch nie CDU gewählt." Ihre Wahlentscheidungen fallen auf den verschiedenen Ebenen Bund, Landtag und Kommune verschieden aus, je nach aktueller Interessenslage. Frau Wiegand plädiert vehement dafür, wählen zu gehen. „Nichtwählen gibt es nicht!" Sie hat schon ihren Stimmzettel ungültig gemacht, ist aber niemals nie zur Wahl gegangen.

Als ein Ereignis, das ihr Leben entscheiden geprägt habe, gibt sie die Wiedervereinigung an, da sie mit dem Erlös aus dem Verkauf ihres Elternhauses in Berlin eine Eigentumswohnung erwerben konnte.

Das Internet nutzt Frau Wiegand in erster Linie zur Kommunikation, „für E-Mails", und Information, greift jedoch gerne auf gedrucktes Informationsmaterial zurück. Die Sozialen Medien meidet sie bewusst. „Also wozu ich es nicht benutze, das sind diese Sozialen Netzwerke". Ins Kino geht sie gerne, während Theater und Konzerte für sie wenig Bedeutung haben.

Frau Wiegands Aussagen zu der Frage, ob sie politische Veranstaltungen besucht habe, sind mehrdeutig. Einerseits sieht sie eine Veranstaltung „Frau und Jüdisch" als zumindest am Rande politisch an, andererseits sagt sie, sie gehe zu keiner Parteiveranstaltung, sie betont aber, jeden Montag an der regelmäßigen Demonstration der Flughafenausbau-Gegner teilzunehmen.

5.25 Im Ort verankert: Eigenes Haus, Familie, Freunde, Kameradschaft

Alexander Landmann ist 65 Jahre alt, verheiratet und lebt in einer Mittelstadt am Taunus. Er ist Rentner und Hausmann, da seine Frau noch arbeitet. Nach der Mittleren Reife hat er zwei Ausbildungen als Buchhändler und Bibliotheksassistent absolviert. Danach war er kaufmännischer Angestellter in einem Großunternehmen in Frankfurt-Höchst. Alexander Landmann ist Mitglied in sieben Vereinen und jeweils Vorstandsmitglied des örtlichen DRK, der Kerbegesellschaft, des Heimat- und Geschichtsvereins und des Vereinsrings.

Einer Partei gehört er nicht an. Obwohl er bei Ortsbeiratswahlen regelmäßig für die Freien Wähler (FWG) kandidiert, ist er kein Mitglied dieser Wählergruppe. Am Landgericht Frankfurt ist er als ehrenamtlicher Schöffe tätig.

Alexander Landmann charakterisiert sich als gesellig, vertrauensvoll, mit aktiver Vorstellungskraft und künstlerischem Interesse. Sein Gesundheitszustand ist gut, er geht zum Arzt und nimmt an den Vorsorgeuntersuchungen teil. Als engagiertes DRK-Mitglied wirbt er für dessen Blutbank und spendet selbst häufig Blut, wobei ja auch gesundheitliche Probleme festgestellt werden können: „Ich hab' da bis heute keinerlei negativen Rückmeldungen bekommen." Er bezeichnet seine physische und geistige Mobilität als gut. Das Internet nutzt er vor allem für die Vereinsarbeit und hebt dabei insbesondere die Arbeit im Vorstand des Vereinsrings hervor. Im letzten halben Jahr war er einmal im Kino und hat zwei Konzertabende besucht. Politische Veranstaltungen besucht er nicht.

Er ordnet sich der Mittelschicht zu und betrachtet seine heutige soziale Lage als positiv, weil sie wirtschaftlich und finanziell besser abgesichert ist als die seiner Eltern. Seine eigene wirtschaftliche Lage beurteilt er besser als die allgemeine wirtschaftliche Lage in Deutschland. Ohne langes Nachdenken sieht er sich auf der Gewinnerseite und begründet diese Einschätzung mit seiner finanziellen Absicherung, seinem Haus, seiner Familie und der Mitgliedschaft in zahlreichen Vereinen, in denen zum Teil noch eine gute Kameradschaft gepflegt werde: „Hab' en eigenes Haus, hab' ne Familie, großen Freundeskreis, Bekanntenkreis, halte sehr viel von Kameradschaft".

Auf die Frage nach seinem politischen Interesse antwortet Alexander Landmann, dass er außer im Ort wenig an Politik interessiert sei. In seiner Nachbarschaft achtet er auf das Funktionieren der kommunalen Dienste. Über aktuelle politische Entwicklungen informiert er sich vor allem aus der Zeitung, aber auch durch Hörfunk und Fernsehen. Gegenüber der Jugend und Berufszeit hat sich seine Urteilsbildung wenig verändert. Die Zeitungslektüre hat immer eine große Rolle gespielt. Er hebt die Lebenserfahrungen hervor:

„Man sieht dadurch natürlich die Welt, wenn man älter wird mit anderen Augen. Das sind Lebenserfahrungen."

Die Frage nach seinem Wahlverhalten auf den unterschiedlichen Ebenen stößt zunächst auf Unverständnis, weil der Ort für ihn der erste und wichtigste Bezugspunkt ist: „Für mich ist die Kommunalwahl eigentlich die wichtigste." Sie bietet mehr Möglichkeiten, sich direkt zu informieren. Er hört sich an, was die Parteien und Kandidaten vor den Wahlen sagen und entscheidet dann, wo er sein Kreuz macht. Seine Kandidatur für die FWG bei Kommunalwahlen erklärt er damit, dass dies auf Drängen seines damaligen Chefs geschehen sei, er aber nie bei dieser Wählergruppe habe aktiv werden wollen. Bis zu Beginn der 80iger Jahre hat er überörtlich auch FDP gewählt, was wohl auf die liberale Einstellung seiner Großeltern (mütterlicherseits) und seines Vaters zurückzuführen sei. Heute grenzt er sich von der FDP ab, weil er nicht mehr mit ihren politischen Vorstellungen und Zielen übereinstimmt und sie für „schlechte Verlierer“ hält. Er berichtet, dass er seit den 80iger Jahren bei Landtags- und Bundestagswahlen immer SPD gewählt habe. Auch bei den Europawahlen 2009 und 2014 habe er diese Partei gewählt. Seine Wahlentscheidung begründet er auch damit, dass er in seinem Wohnort vor allem mit CDU- und SPD-Leuten zu tun hat.

5.26 Von den Werten der 68er zu ganz persönlichen Dingen

Dr. Karla Schulze ist 78 Jahre. Sie wohnt in Frankfurt. Das Interview bestimmen drei Bezugspunkte: 1968, eine Phase um die 60 zu Beginn des Alterns und die Gegenwart. 1968 steht für politische Werte, mit denen sie sich vom Elternhaus durch „andere Ideale“ abgrenzt; Karla Schulze redet diesbezüglich von einer Entfernung von der „Fassade.“ Politische Aktivitäten schildert sie nicht; um „aktiv mitzumachen“, sei sie „etwas zu alt für 68 gewesen.“ Das Ende der mittleren Lebensphase bestimmt eine schwere, chronische Krankheit. Mit finanziellen Folgen bis heute wird die Arbeit reduziert. Die Gegenwart steht für einen Wechsel vom Politischen zum Persönlichen. Früher ordnete sich Karla Schulze „eher links“ ein, das sei „heute anders“.

Politik verbindet sich mit Einstellungen von 1968, das steht für „Hoffnungen“ und „Veränderungen in der Welt.“ Prägend sind Verankerungen durch die Familie und die Jahre von 1968 bis 1977. 1968 startet positiv, Einfluss gewinnen dann terroristische Aktivitäten, Gewalt, die Schleyer-Entführung, Flugzeugentführungen: „Das hat mich doch sehr erschreckt.“ Heute, ist sie frei vom Beruf als analytische Psychotherapeutin obwohl sie gelegentliche Vertretungen übernimmt, und frei von Familie und Mutterrolle. Frau Dr. Schulze ist geschieden, die Kinder sind erwachsen, sind „verantwortungsbewusste, interessante und anständige Menschen“ geworden. In dieser Lage treten in der Gegenwart die „ganz persönlichen Dinge“, nämlich der eigene Standpunkt und die eigene Emotionalität nach vorn. Frau Schulze bezeichnet sich heute als unpolitisch und betont bewusst (fast schroff, in dem sonst freundlichen Interview) politische Unkenntnis: „Da kann ich Ihnen gar nicht so viel sagen.“ – „Ich glaube, was politische Bildung anlangt, da war ich nicht so' n Gewinn für Sie“. Sie fühlt sich heute „frei genug“ für diesen Wechsel zum Persönlichen und zur Kultur: „Ich hab' früher nie Zeit gehabt, zweimal im Monat in ein Konzert zu gehen.“

Frau Dr. Schulze sieht sich klar auf der Gewinnerseite. Zwar redet sie, verglichen mit dem Elternhaus, vom Abstieg von der oberen Mittelschicht zur Mitte und bezeichnet die eigene wirtschaftliche Lage als teils gut, teils schlecht. Sie stuft sich schlechter ein als die allgemeine Lage in Deutschland, aber Rückschläge und Enttäuschungen seien bewältigt. Ihre Ziele bezüglich Kindererziehung und Beruf, nämlich eine „gute Ärztin" zu sein, habe sie „geschafft." Als Einschnitt erwähnt Frau Schulze die am Beginn des Alterns stehende schwere Krankheit. Vor „ungefähr 20 Jahren" fühlte sie sich aus heutiger Sicht „schon sehr am Ende." Die Erholung spricht sie ihrem eigenen Vermögen zu: „Und heute geht's mir besser denn je."

Frau Dr. Schulze bezeichnet sich als wenig bis mittelmäßig politisch interessiert. Im letzten halben Jahr hat sie – deutlich im Unterschied zu kulturellen Veranstaltungen – keine politische Veranstaltung besucht. Ihre Werthaltung wird 1968 geprägt durch soziale Gerechtigkeit, Hoffnungen auf Veränderung und eine Kritik an „Herrschaftsallüren" und „unguten Machtverhältnissen" an der Universität. Dies trennt sie vom Elternhaus. Sozial gerecht zu sein, bedeutet diejenigen zu berücksichtigen, „die keine Chance haben." Mit ihrer Berufstätigkeit verbindet sie „ziemlich viel Kontakt zu allen möglichen Leuten", also die Möglichkeit, einen Einblick in die Lebenswelten der Menschen zu bekommen: Eine Geschichte wie die eines Mannes, der Hartz IV anfänglich „phantastisch" findet, um dann festzustellen, dass er nur „ausgenutzt" wird, ist für sie kaum auszuhalten.

Ihre Informationen gewinnt Frau Dr. Schulze hauptsächlich über audiovisuelle Medien, auch über das Internet, positiv nennt sie das Polit-Magazin „Hart aber fair." Weil die Augen „defekt" geworden sind, strengt sie Lesen sehr an. Anders als um 1968 spielen politische Informationen keine große Rolle mehr: „Ich finde dies meistens uninteressant." Im „Grundprinzip", vom „Kern her", ordnet sich Karla Schulze der SPD zu. Sie hat auch die Grünen gewählt, als diese ihr „innovativ" erschienen. Insgesamt erscheinen ihr heute alle Parteien jedoch immer ähnlicher. Es werde viel geredet, während wenig passiere. Dennoch: Gewählt hat sie immer. „Von den Extremen", von linken wie besonders rechten Parteien grenzt sie sich ab. Rechte Parteien verbindet sie mit Nationalsozialismus und Holocaust. Mit der Linken hat sie sich beschäftigt, um zurückzuschrecken, weil sie „nicht genau" überblickt, „wo das alles hinläuft." Die Linke ist ihr „nicht ganz geheuer." Definitiv kommt die CDU nicht in Frage. Politik muss „realistisch" sein, die Aussagen möchte sie „verstehen." Eine entsprechende Kompetenz spricht sie sich zu. Sie zweifelt am Einsatz der Politiker für einfache Leute. Generell verknüpft Frau Schulze Altern mit schwindender Mobilität, Flexibilität und Neugier. Ihr abnehmendes Interesse an Politik verbindet sie „mit dem Alter":

„Früher ist mir die Politik … wichtiger gewesen als heute. Heute ist mir das Persönliche wichtiger.“

5.27 Die Verzweiflung über die Zustände in der Welt und Vertrauen in die eigene Kraft

Dr. Christa Talmann ist 69 Jahre alt und verwitwet. Sie wohnt in Frankfurt-Bockenheim in einer Eigentumswohnung. Ihre berufliche Ausbildung hat sie mit der Promotion im Fach Pharmazie abgeschlossen. Vor Ausscheiden aus ihrem Beruf war sie Qualitätsmanagerin in einem pharmazeutischen Großunternehmen. Zu ihren beruflichen Erfahrungen zählt ein sechzehn Jahre dauernder Arbeits-Aufenthalt in den USA. Sie ist vielseitig interessiert und engagiert sich aktiv für die Weiterbildung junger Menschen und ist Mitglied im Verein „Mentor – die Lesehilfe“. Ihren Gesundheitszustand bezeichnet sie als ausgesprochen gut. Ihre Mobilität ist ebenfalls ohne Einschränkungen, sie ist regelmäßig sportlich aktiv, unterstützt Kinder und Jugendliche beim Lesen, bei Hausaufgaben und bereitet zurzeit zwei Zehntklässler auf die Realschulprüfung in Deutsch und Englisch vor. Sie hat ein Opern-Abonnement und besucht jährlich ein osteuropäisches Filmfestival.

Sie ist an Politik stark interessiert, sagt aber, sie sei noch nie zu einer Wahlveranstaltung gegangen. Sie sieht sich in der Lage, zu politischen Fragen aktiv Stellung zu nehmen. Bis zu ihrem 30. Lebensjahr hat sie strikt SPD gewählt, „da gab es nichts anderes“, inzwischen aber „schifte ich schon“, womit sie die situationsbedingte Einbeziehung der Grünen in ihre Wahlentscheidungen meint. Obwohl sie sich streng zu „links bzw. mitte-links“ bekennt, fühlt sie sich aber mit den genannten Parteien keineswegs besonders verbunden.

Als Informationsquellen zur Meinungsbildung dienen in erster Linie Zeitungen, voran die FAZ, zuweilen auch die FR. Sie hat keinen Fernseher, weil sie sich dadurch zu abhängig von bestimmten Formaten und Sendezeiten macht. Diese Aversion resultiert auch aus ihrem USA-Aufenthalt, wo sie die US-Nachrichtensendungen „unter aller Kanone“ tituliert. Zu ihrer Meinungsbildung gehören die Diskussionen mit Freundinnen.

Bezüglich ihres Menschenbildes differenziert sie stark zwischen den „normalen“ Mitmenschen und denen, die in Politik und Wirtschaft das Sagen haben: die Mitmenschen haben im Wesentlichen ihr Vertrauen. In Bezug auf die Wirtschaft aber sagt sie: „Ich finde es fast schon deprimierend, wie die Wirtschaft uns und die ganze Welt regiert, wenn ich darüber nachdenke, kann es mir ganz schlecht werden oder ich kann sehr traurig werden darüber.“ Die Aussagen, dass sie sich manipuliert, gesteuert und daher hilflos fühlt gegenüber den wirtschaftlichen und politischen Prozessen in Deutschland und der Welt, ziehen sich wie ein roter Faden durch das Interview. Dabei spielt die überbordende Vielfalt und Kompliziertheit bzw. Nicht-Verständlichkeit der Medien-Informationen eine für sie äußerst unbehagliche Rolle. Diesen Aussagen steht das klare Bekenntnis gegenüber, das der Gang zur Wahlurne ein Muss ist, denn „ich will zumindest meine Meinung äußern."

Als besondere politische Ereignisse nennt sie 9/11 und den Irak-Krieg, der sie „erschüttert hat" und wo sie „anfing, das amerikanische System zu verachten". Sie erwähnt auch die Pegida-Demonstrationen, die sie „aufregen" und „wenn es hier in Frankfurt nicht so aggressiv wäre, wär ich auch schon hingegangen und hätte mal gegendemonstriert."

Der kritischen und resignativen Betrachtung des politischen und wirtschaftlichen Umfeldes gegenüber steht die positive Bilanzierung ihres nicht immer leichten Lebenslaufes: So sagt sie zwar spontan, dass sie sich auf der Gewinnerseite des Lebens sieht und begründet dies mit „ich bin durch so vieles gegangen und habe mich immer wieder hochgezogen". Sie fügt aber hinzu, dass von ihrer Kindheit an auf sich allein gestellt war (Eltern hadern mit dem Leben, häufige Wohnungswechsel). Sie hat selbst kritische Lebensphasen, in denen sie sich krankheitsbedingt „psychisch schlecht" gefühlt hat, durch eigene Kraft und Selbstbeherrschung immer wieder überwunden. Ihr Fazit zieht sie mit den Worten:

„Ich bin so stark, dass ich das geschafft habe" und „dass ich in mir ruhen kann, mein Leben so leben kann, wie ich möchte".

Befragt, ob sie noch etwas erzählen möchte, was im Interview nicht zur Sprache gekommen ist, antwortet sie, sie habe Fragen vermisst zur Lebenssituation in der Wohngemeinde. Damit meint sie: „Wird da genug getan, um auf alte Menschen einzugehen", und kritisiert eine Politiker-Idee, nach der ältere Menschen ihre großzügigen Fünfzimmerwohnungen zugunsten junger Familien aufgeben sollen. Generell vermisst sie von den örtlichen Politikern unterstützende Maßnahmen sowohl für die älteren Menschen wie für die Familien zu den Themen Begegnungsstätten für Alte, Wohnungsknappheit, Kinderförderung, preiswerte U- und S-Bahn-Tickets, Krankenversorgung usw. Sie fordert eine stärkere Fürsorge der Politik für das gesellschaftliche Leben in der Gemeinde ein.

5.28 Frühe Prägung politischer Einstellungen

Cornelia Damm ist Rentnerin und Malerin, 69 Jahre alt, in zweiter Ehe verheiratet und lebt mit ihrem Mann in einer mittelgroßen Stadt in der Nähe

Hanaus. Aus erster Ehe hat sie eine Tochter. Ihre Schulausbildung hat sie mit der Mittleren Reife abgeschlossen, danach zunächst eine Ausbildung als Industrienäherin absolviert und anschließend drei Jahre an der Werkkunstschule Kassel Modezeichnen studiert. Beruflich war sie bis zum Renteneintritt 37 Jahre als Verwaltungsangestellte in einer Bundesverwaltung beschäftigt. Sie ist Mitglied einer Gewerkschaft (Verdi) und war drei Jahre Mitglied eines Sportvereins. Einer Partei gehört sie nicht an und betont: „Ich würd' auch nie einer beitreten."

Sie ist aus der Evangelischen Kirche ausgetreten und betrachtet sich seitdem als evangelische Christin ohne Kirchenbindung. Ehrenamtlich ist Cornelia Damm nicht engagiert, kümmert sich aber um ältere Menschen, denen es nicht so gut geht. Sie ordnet sich der Mittelschicht zu und begründet dies mit der gesellschaftlichen Stellung ihres Vaters, einem leitenden Angestellten in einem Bergwerksunternehmen. Ihre eigene wirtschaftliche Lage beurteilt sie besser als die heutige wirtschaftliche Lage in Deutschland.

Mit Blick auf ihr Leben sieht Cornelia Damm sich „ganz bestimmt nicht auf der Verliererseite", möchte sich aber auch nicht auf der Gewinnerseite einordnen: „Man könnte weder … noch sagen, aber auf der anderen Seite habe ich mich immer ganz gut durchgeschlagen." Die Zeit als alleinerziehende Mutter war besonders schwierig, aber sie sieht im Rückblick auch Positives: „Mich hat es dazu gebracht, mir alles, was ich wollte, zu erkämpfen." Als Erfolge verbucht sie das, gegen anfänglichen Widerstand ihres Vaters, Kunststudium und mehrere erfolgreiche Ausstellungen ihrer Bilder, für die sie Flyer und Kataloge selbst konzipiert und herstellt.

Ihren Gesundheitszustand bezeichnet Frau Damm als gut, ihre physische, geistige, soziale und kommunikative Mobilität sogar als sehr gut. „Kann noch mitdiskutieren, wenn's drauf ankommt, und, wie gesagt, 2013 habe ich zwei Ausstellungen gehabt, selbst organisiert, mache alles selbst, inklusive Arbeiten am Computer und Bildbearbeitungsprogramm."

An der U3L interessieren sie vor allem Veranstaltungen mit kulturgeschichtlichen und künstlerischen Inhalten. Im letzten halben Jahr war sie einmal im Kino und dreimal im Theater. Als Mitglied einer Arbeitsgemeinschaft nimmt Frau Damm zusammen mit ihrem Mann regelmäßig ein- bis zweimal im Monat an Seminaren zur Bekämpfung von Wirtschaftskriminalität und Korruption teil. Cornelia Damm ist stark an Politik interessiert, kann wichtige politische Fragen gut verstehen und einschätzen und traut sich zu, sich an einem Gespräch über politische Fragen aktiv zu beteiligen.

Sie sieht sich als gesellig, künstlerisch interessiert, fantasievoll, wird aber leicht nervös und unsicher.

Frau Damm verschafft sich einen Überblick über aktuelle politische Entwicklungen durch das Internet, die Medien und „das Lesen natürlich, auch zu den aktuellen Dingen." Aus ihrer Antwort auf die Frage, wie sich ihre Urteilsbildung gegenüber ihrer Jugend und Berufszeit verändert hat, wird deutlich, wie stark ihre politischen Einstellung durch Gespräche mit ihren Eltern und Großvätern bestimmt worden ist: „In meiner Jugend bin ich natürlich geprägt, von dem, was meine Großväter und Eltern erlebt haben – politisch gesehen. Und diese Wahrnehmungen haben sich noch verschärft und ganz sicher meine politische Meinung beeinflusst."

Eingeprägt haben sich ihr vor allem die kontroversen Diskussionen ihrer Großväter, die beide aus der Arbeiterbewegung kamen, aber unterschiedliche Richtungen vertraten. Sie kontrastiert dies mit ihrer Schulzeit auf dem katholischen Ursulinengymnasium in Fritzlar. „Und ich kam nun mit meinen marxistischen, sozialistischen Einstellungen in diese Schule. Man hat's mich spüren lassen!"

Ihrer linken Einstellung ist sie treu geblieben als Malerin, wenn sie über ihre letzte Ausstellung „Verlorene Arbeitswelten" mit sozialkritischen Bildern aus dem Bergwerksmilieu ihres Großvaters (mütterlicherseits) berichtet, und bei ihren parteipolitischen Präferenzen für die SPD. Bei ihrer Wahlentscheidung achtet sie darauf, „dass die sozialen Probleme angefasst werden, denn davon gibt es 'ne ganze Menge." Aus ihrer Zeit als alleinerziehende Mutter und der Berufstätigkeit in der Arbeitsagentur kennt sie die Bedeutung sozialer Probleme. Bisher sah sie die soziale Frage am besten aufgehoben bei der SPD, die sie in der Regel gewählt hat unabhängig davon, ob es sich um Wahlen auf der Bundes-, Landes- oder Gemeindeebene gehandelt hat. „Die anderen Parteien sind keine Option für mich." Auch bei den Europawahlen 2009 und 2014 hat sie der SPD ihre Stimme gegeben und begründet diese Entscheidung mit ihrer Überzeugung, dass 2009 die Partei und 2014 insbesondere ihr Spitzenkandidat sich für die sozial Schwächeren eingesetzt haben. Da Frau Damm wahrgenommen hat, dass die SPD und ihr Bundesvorsitzender in letzter Zeit „nach rechts gerückt" sind, ist sie sich nicht sicher, ob sie Stammwählerin bleibt. Den Grünen wirft sie vor, dass sie sich zu sehr ins Privatleben einmischen. Sie grenzt sich ab von der CDU und Neonazis, wobei sie hinzufügt: „Die CDU würde ich nie wählen, will sie aber nicht mit den Neonazis vergleichen." Die CDU lehnt sie auch deshalb ab, weil sie den Eindruck hat, dass Druck auf Ältere ausgeübt wird, diese Partei zu wählen: „Das widerstrebt mir im Innersten."

Frau Damm kann sich nicht daran erinnern, einmal nicht gewählt zu haben. Nichtwähler verschenken ihre Stimme und geben immer der Partei ihre Stimme, die gewinnt. „Sie erreichen das Gegenteil mitunter von dem, was sie eigentlich wollen. Das ist für mich sinnlos."

Kapitel 6

Thematische Querschnitte

Ein Querschnitt bezeichnet die thematisch vergleichende Darstellung durch alle Interviews. Er bezieht sich auf einen Themenkomplex, der für „politische Bildung" direkt (z.B. als Parteibindung) oder indirekt (z.B. als psychische und physische Mobilität, als Informationsverhalten) wichtig ist. Es wird dargestellt, wie sich alle Befragten zu solch einem Themenbündel äußern. Im Vergleich aller Aussagen in allen Interviews sollen Muster und maßgebliche Akzente und Kontroversen mit Worten und Betonungen der Interviewten selbst erarbeitet werden.

6.1 Gesundheit

Die 28 befragten Personen bewerten ihren heutigen Gesundheitszustand ohne Ausnahme mit einer positiven Grundtendenz. Gleichwohl gibt es eine deutliche Differenzierung in der subjektiven Wahrnehmung des gesundheitlichen Befindens. Sie reicht von „sehr gut" bis zu – aufgrund von ernsthaften früheren, z. T. bis heute nachwirkenden Erkrankungen oder gerade überstandenen Operationen – vorsichtigen Aussagen, hinter der aber immer noch eine positive Grundstimmung steht.

Für 24 Befragte gibt es keine wesentlichen Einschränkungen im gesundheitlichen Befinden. Von dieser Gruppe sehen sich 10 Personen in einem sehr guten Zustand, weitere fünf Befragte betonen, es ginge ihnen heute im Vergleich zu früher deutlich besser. So sagt eine Befragte: „Ja, ich habe viel Energie, ich hab' viel Kraft, ich könnte Bäume ausreißen" (22). Für eine andere Interviewte hat sich nach dem Austritt aus einem für sie anstrengenden, kräftezehrenden Beruf ein neues Lebensgefühl entwickelt: „Und ich bin jetzt fünf Jahre frei und kann machen, was ich will. Und da habe ich das Gefühl, dass ich gesünder bin, als ich jemals war." (13).

Weitere neun Interviewte empfinden ihren Gesundheitszustand als zufriedenstellend, womit sie den Zustand beschreiben, dass es hier und da körperliche Symptome gibt, die ihre Alltags-Mobilität aber nicht entscheidend einschränken. Gemeint sind die „kleinen Wehwehchen, Knochen oder Muskelzerrungen oder diese zunehmend längeren Phasen von Bronchitis, die man da hat im Herbst, was man früher nicht so kannte, das sind Kinkerlitzchen." (11). In dieser Befragungsgruppe mehren sich die Hinweise auf das Vergleichen des eigenen Gesundheitszustands mit dem von Gleichaltrigen, gegenüber denen man sich eine relativ bessere Gesundheit zuordnet.

In der Beurteilung ihres Gesundheitszustandes gibt es eine Gruppe von vier der 28 Befragten, die sich vorsichtig optimistisch äußern. Hier liegen entweder frühere, bis heute nachwirkende Erkrankungen oder eine aktuelle Regenerationsphase nach einer Operation vor. Aber auch diese Personen haben eine hoffnungsorientierte, vorsichtig optimistische Sichtweise auf ihren Zustand. So sagt eine Befragte unter Lachen: „Also, ich bin dabei, einen schweren Eingriff zu überwinden, zu verarbeiten", und weiter: „Ich glaube im Augenblick, dass ich es schaffe." (10). Ein anderer Befragter weist – ebenfalls unter Lachen – auf sein labiles gesundheitliches Gleichgewicht nach einer Operation hin, aber mit dem Zusatz: „Es ist nicht instabil, aber es ist auch nicht stabil. Also, ich fühl' mich gut, aber ich weiß, dass das von heute auf morgen anders sein kann." (21). Ein dritter Befragter, ebenfalls durch eine frühere Erkrankung mit Spätfolgen belastet, betont die für ihn wichtige Beschäftigung mit geistigen Inhalten als Maßnahme zur Stabilisierung seiner Gesundheit und sagt: „Ich ... versuche auch geistig zu gesunden und hab' z. B. auch viel Spaß mit den alten Philosophen... und freue mich, [mich] auch in der U3L damit nochmal beschäftigen zu können (lacht). Das gehört nämlich auch zur Gesundheit." (12). Diese Befragungsgruppe sieht sich mit ernsthaften Einschränkungen ihres Gesundheitszustandes konfrontiert, äußert aber Zuversicht und Optimismus, weiterhin ein akzeptables Leben führen zu können.

Ein wichtiger Aspekt im Kontext der Fragestellung zur Beurteilung des Gesundheitszustandes ist die Subjektivität der Aussagen. Was ist der Bewertungsmaßstab, den die Befragten bei der Beurteilung herangezogen haben? Aufschluss hierüber geben acht Interviews, in denen implizit drei Bewertungsmaßstäbe genannt werden:

(1.) Der Vergleich mit dem beobachteten Gesundheitszustand gleichaltriger Personen, gegenüber denen man sich in einem vergleichsweise besseren Zustand sieht. So sagt eine Befragte: „Eigentlich, wenn ich mich so umgucke, geht's vielen schlechter als mir. [Daher] kann ich mich nicht beklagen." (2).

(2.) Die mit dem Alter zunehmende Akzeptanz, dass der Gesundheitszustand schlechter wird bzw. werden kann. Die Begriffe „altersgemäß" und „altersspezifisch" umschreiben diesen Alterungsprozess, und so verwendet ihn auch ein Befragter: „ Also, im Prinzip muss ich sagen, altersspezifisch positiv." (11). Ein anderer sagt: „ ... man muss akzeptieren, dass man älter geworden ist, und diese Wehwehchen halt da sind. Man soll annehmen, was kommt." (16).

(3.) Der Vergleich mit dem eigenen Zustand in früheren Zeiten oder generell mit jüngeren Menschen. Diesen Bezug auf die früheren, gesundheitlich nicht beeinträchtigten Lebensjahre, nimmt folgendes Zitat: „... so aber [kann ich] verschiedenes nicht mehr machen, was ich früher sehr gern gemacht habe ... aber ich kann noch vieles machen und bin eigentlich zufrieden." (7).

Der Hinweis auf mehr oder weniger regelmäßige ärztliche Gesundheits-Checks wird von drei Befragten gemacht. Bei diesen dienen die ärztlichen Befunde mit ihren bisher guten Ergebnissen als beruhigende Basis für die Feststellung: „... hoffen wir mal, dass es so bleibt." (2). Wie wichtig die Aussage seines Arztes ist, findet sich im Zitat eines anderen Interviewten: „... auch hat mir ein Arzt immer bescheinigt, bis jetzt [ist] alles im grünen Bereich." (15).

Über die Bedeutung von vorbeugenden, aktiven Maßnahmen zur Erhaltung ihrer Gesundheit berichten vier Befragte. So werden in einem Fall sportliche Aktivitäten genannt: „... ich mache seit Anfang der 60er Jahre mindestens ein- bis zweimal in der Woche Sport ..." (17).

In dem Kontext des Zusammenwirkens von Gesundheit und geistiger Betätigung gehören auch fünf Interviews, die die Begriffe Psyche, Geist und Seele ausdrücklich als wichtige Bestandteile des gesundheitlichen Befindens benennen. So geht eine Befragte auf die negativen Auswirkungen eines stressbelasteten Berufswegs mit folgendem Zitat ein: „Ich hab mich engagiert in dem Beruf, wollte gut sein und es war für meine Psyche wahrscheinlich ein zu anstrengender Beruf, den ich gewählt habe. Er hat mich wahnsinnig viel Kraft gekostet. Und Stress ist ja ein Bodensatz schon für Krankwerden" (13). Eine andere Befragte antwortet kurz und knapp: „[Mir geht es] gut, seelisch und körperlich." (20). Und auch das folgende Zitat betont, dass gesundheitliche Fitness und allgemeines Wohlbefinden Körper und Geist umfassen: „ [Ich] bin wirklich fit und gut durchtrainiert und ... leistungsfähig und der Kopf stimmt auch ..." (18).

In diesem Zusammenhang ist vor dem Hintergrund der Altersstruktur der 28 Befragten auffällig, dass nur in einem Interview der Begriff „Demenz" fällt. Die Befragte stellt diesen Begriff zudem in einen humorvollen Rahmen, indem sie sagt: „... ich glaube, dement bin ich auch noch nicht, toi, toi, toi. Das wäre für mich schlimm. Nur man merkt es wahrscheinlich nicht, wenn man's wird", an den Interviewer gerichtet stellt sie die Frage: „Haben Sie den Eindruck, dass ich dement bin? (lacht)." (28).

Zusammenfassend ergibt sich das Bild einer Interviewgruppe, die in allen 28 Einzelfällen eine letztlich positive Gesundheitsbilanz zieht. Dies geschieht in der Mehrzahl der Fälle in dem Bewusstsein, dass das gesundheitliche Befinden „nicht mehr wie früher" ist. Einschränkungen werden als altersgemäß toleriert: Man orientiert sich an Gleichaltrigen, bei denen man einen relativ schlechteren Zustand beobachtet.

Tabelle 10: Der Gesundheitszustand in der Beschreibung der Interviewpartner

Muster		männlich	Interview	weiblich	Interview	Σ
1	sehr gut/sehr positiv	7	6,14,15,17	3	5,23,28	10
	bestens/gut		18,19,25			
	ohne körperliche Probleme					
2	besser als früher, heute	1	9	4	13,22,26,	5
	besser denn je, noch nie so gut wie heute				27	
3	ganz gut/zufrieden	4	4,7,11,16	5	1,2,3,20,	9
	lebt mit „Wehwechen"				24	
	ohne körperl./mobile Einschränkung					
4	vorsichtig optimistisch	3	8,12,21	1	10	4
	labiles gesundheitliches Gleichgewicht					
	es liegen gravierende Erkrankungen bzw. Operationen vor					
	Summe	15		13		28
	Einzelprobleme					
	Erwähnung Psyche/Geist/Seele als wichtigen Gesundheitsaspekt	2	12,18	3	13,20,23	5
	Erwähnung Demenz („Kopf stimmt auch")			1	28	1
	Prävention durch Eigenverantwortung	2	12,17	2	5,26	4
	Sport, geistige Betätigung					
	(regelmäßige) Gesundheitschecks	3	11,15,25	1	2	4
	Bewertungsmaßstab für subjektiven Gesundheitszustand					
	a) Vergleich zu Gleichaltrigen	1	4	1	2	2
	b) altersgemäß	4	4,11,16,19	2	20,23	6
	c) gegenüber früher u/o Jüngeren	2	7,11	1	2	3

Ergebnis der Erzählungen ist, dass die Interviewten mit dem von ihnen berichteten Gesundheitszustand in der Lage sind, sich ohne wesentliche Einschränkungen im Alltag bewegen und damit am gesellschaftlichen Leben partizipieren zu können. – In den entsprechenden Berichten bilden sich vier allgemeine Muster der Beurteilung heraus, daneben werden einzelne Probleme gesondert erwähnt.

6.2 Mobilität

Ihre Mobilität beurteilen 13 der 28 Befragten als sehr gut, elf als gut. Das Geschlecht spielt dabei keine Rolle. Ebenso ergeben sich aus dem Alter keine Unterschiede. Drei männliche Befragte kommentieren ihre Mobilität mit „teils, teils", eine Befragte beurteilt sie als schlecht. Von diesen insgesamt vier Personen sind drei über 70 Jahre alt. Keiner spricht von einer sehr schlechten Mobilität. Differenzierte Stellungnahmen und Kommentare werden nur abgegeben, wenn es um Einschränkungen der Mobilität geht. Die Antworten von acht der 13 Befragten mit sehr guter Mobilität sind kurz und knapp, bei Selbsteinschätzung „gut" sind dies nur zwei von 11.

Insgesamt nehmen zwölf Befragte zu keinem Einzelkriterium (physisch, geistig, sozial, kommunikativ) Stellung. Zur physischen und geistigen Mobilität äußern sich jeweils 14 Personen, zwölf kommentieren ihre soziale und zehn ihre kommunikative Mobilität. Die eigene soziale Mobilität wird am höchsten bewertet, ausschließlich mit sehr gut und gut.

Die Einstellung zum Leben und die psychische Verfassung haben auf die Selbsteinschätzung der Mobilität entscheidenden Einfluss. Hinzu kommt der Maßstab, den der Befragte für sein Urteil verwendet. Dieser Maßstab ist, meist ungenannt, eine Mischung aus der Veränderung der Befindlichkeiten über die Jahre, den Erwartungen, die man an das Alter knüpft, und dem Vergleich mit Gleichaltrigen.

Das lässt sich exemplarisch am Beispiel einer Befragten (70+) zeigen, deren zeitabhängige Änderungen in der Befindlichkeit gleichwohl ein positives subjektives Gesamtbild ergeben. Die physische Verfassung „... ist weniger, als es mal war, aber ich bin eigentlich zufrieden. Ja. Also. Ich hab 'ne fitte Putzfrau. Wenn ich die nicht hätte, wär' das nicht so gut. Ich kann mich zwar noch bücken, aber ich bück' mich nicht mehr so gerne. Ja. Also im Verhältnis zu früher eigeschränkt – ganz klar. Aber eigentlich leide ich da nicht drunter. Es ist okay. Da kann ich gut mit leben." Zur geistigen Mobilität meint sie: „Also, das Gedächtnis ist deutlich schlechter als es 'mal war, aber deutlich." Schließlich zur Kommunikation: „... diese Eloquenz, die ich 'mal hatte, die ist vielleicht nicht mehr ganz auf'm Punkt, also ich muss schon immer mal überlegen: Da gibt's doch en Wort dafür, und bis es dann raus ist, dauert's 'en Moment." Diese Befragte schätzt insgesamt ihre Mobilität als „beinahe sehr gut, wirklich gut" ein. (2)

Bei der physischen Mobilität ist der Interpretationsspielraum gering, geringer als beispielsweise bei der kommunikativen Mobilität. Die Antworten zeigen, dass einige Befragte beim Stichwort „Mobilität" zunächst und vor allem an physische Beweglichkeit denken. Eine über 70-jährige Befragte antwortet mit: „Sehr gut, gut, sehr gut: Ich fahre noch 'nen eigenes Auto, ich male, ich mache meinen Haushalt allein, d. h. mein Mann hilft natürlich (lacht), muss er manchmal" (28). Und ein jüngerer Befragter antwortet ähnlich: „Absolut ausreichend, also ich fahr' Fahrrad, ich fahr' Auto, ich fahr mit dem Zug, ich fahr' ... fliege und ..." (18).

Die Gesundheit entscheidet maßgeblich über physische Mobilität: „Aufgrund der Erkrankung oder des Eingriffs bin ich nicht so einsetzbar wie sonst, sowohl physisch wie psychisch. Ich möchte es eigentlich nur unter dem Aspekt dieser Krankheitsphase betrachten. Denn ich war vorher brillant, als ich diese Operation noch nicht hatte. Und zwar in allen Bereichen." Der Tatbestand der Krankheit lässt wenig Interpretationsspielraum. Doch dann folgt die positive Wende: „...In der Klinik ... und ich hatte eine Idee, ich hab' dann begriffen, wie kostbar und kraftvoll eine Idee sein kann ... Und ich weiß, solange ich da oben fit bleibe [klopft sich an die Stirn], bleibe ich dynamisch. Das habe ich jetzt erfahren in diesen Wochen ..." (10).

Eine andere Befragte argumentiert ähnlich: „Ich meine, ich kann gesundheitlich in keinem guten Zustand sein, aber kann ich trotzdem in den anderen Punkten – also geistig kann ich voll auf der Höhe sein, um das auszugleichen." Und für sie gilt auch umgekehrt: „Man [kann] gesund sein körperlich, aber man kann dann trotzdem geistig abstumpfen." (5)

Schlechtes Gedächtnis und Vergesslichkeit werden häufig als Kennzeichen abnehmender geistiger Mobilität genannt, aber nie mit einer negativen Perspektive: „Das Gedächtnis hat ein bisschen nachgelassen, aber das tut mich nicht irgendwie belasten, oder aber dadurch werden meine Lebensumstände nicht irgendwie gravierend betroffen. Manchmal fällt einem auch in einem Gespräch etwas nicht ein und will den Satz so sagen und es klappt nicht ganz, aber im Großen und Ganzen geht es noch ganz gut." (7). Geistige Aufgeschlossenheit ist aus Sicht eines Befragten kein Monopol der Jungen: „Ich kann mich nicht beklagen. Ich kenne Leute, mit 40 haben die schon in Hosenträgern dagesessen, mit geistigen Hosenträgern, und kamen dann auch nicht raus." (11)

Soziale Mobilität wird vielfach durch Freunde gesichert: „Ich hab einen relativ stabilen und guten Freundeskreis, wo ich überall hingehen kann, wenn was ist, und ich kann mich drauf verlassen, was ich sehr wichtig find“ (4). Aus kommunikativer Sicht gilt allerdings: „Alte Freunde bleiben, neue Freundschaften sind seltener geworden ... mir ist aufgefallen, das bezieht sich nicht nur auf mich, dass man kritischer wird, auch mit seinen Freunden.“ (11) Die kommunikative Mobilität ist „... schon ein bisschen eingeschränkt, weil man, wenn man älter wird, doch weniger neue Leute kennenlernt. ...Und damit hast du natürlich weniger Austausch ... und ... und ... ich sag' mal Änderung, ja?“ (17). Aus anderer Sicht stellt sich dieser Sachverhalt so dar: „Also kommunikativ stelle ich folgendes fest (lacht): Die Menschen in meinem Alter und älter, die wollen alle reden, einschließlich mir (lacht), und ich hab das Gefühl, es ist fast eine Schlacht um die Redezeiten. Also es tut richtig gut (lacht), hier mal in einem Interview einfach reden zu können.“ (13)

Tabelle 11: Angaben zur Mobilität, Internetnutzung und zum Besuch kultureller und politischer Veranstaltungen

Mobilität						Nutzung des Internets		Im letzten Halbjahr Besuch von			
	m	Interview	w	Interview	∑	m	w	Kino	Konzert	Theater	Politische Veranstaltungen
sehr gut	6	4, 6, 8, 14, 18, 21	7	1, 20, 22, 23, 24, 27, 28	13	6	7	9	10	9	6
gut	6	9, 12, 15, 17, 19, 25	5	2, 3, 5, 13, 26	11	6	4	8	9	7	4
teils/teils	3	7, 11, 16			3	2		2	3	1	
schlecht			1	10	1		1		1	1	1
	15		13		28	14	12	19	23	18	11

6.3 Sieht man sich auf der Gewinner- oder Verliererseite?

Von den 28 befragten Personen betrachtet sich niemand als Verlierer; 25 sehen sich eindeutig auf der Gewinnerseite. Ein Befragter antwortet mit „weder noch“, zwei Personen sehen sich nicht eindeutig auf der Gewinnerseite.

Die Entscheidung für die „Gewinnerseite“ erfolgt in der Mehrheit der Fälle ohne Zögern, oft mit einem Zusatz, der keinen Zweifel zulässt („eindeutig“, „absolut“, „ganz klar“). Nur in wenigen Fällen gibt es eine nachdenkliche Antwort: „Gewinner, ich würde sagen, eher auf der Gewinnerseite, ich bin zufrieden, und das muss man ja dann auf der Gewinnerseite sehen“ (7), oder die Entscheidung „Gewinner“ erfolgt nach einem Abwägungsprozess (12, 22). Nur einmal lautet die Antwort mit großer Bestimmtheit „weder noch“ (8). Wir rechnen zu dieser Kategorie zwei Befragte, die sich nicht als Verlierer sehen, sich aber (alles in allem) auch nicht als Gewinner bezeichnen. Deren Antwort ist zögerlich: „Oh, das ist 'ne ganz verdammt schwierige Geschichte.“ (11, 28).

Die Begründungen lassen sich zehn 10 Kategorien zuordnen. Für Gewinner steht der gegenwärtige Status im Vordergrund, aber es wird auch auf Entwicklungen (u.a. familiär, wirtschaftlich, gesundheitlich, beruflich) verwiesen. Die Hinweise gelten Lebensabschnitten, die besonders glücklich verlaufen sind oder auch solchen, die eine überwundene Krise beschreiben. Krisen werden in den Erzählungen stets bewältigt, eine Klärung findet statt, es gibt eine Lösung oder gar eine glückliche Wende.

Auch die drei Befragten, die sich nicht eindeutig als Gewinner betrachten, schildern problematische Entwicklungen, die letztlich positiv enden. Das können berufliche Erfahrungen sein: „Ich habe in einer Branche gearbeitet, die im Absterben war. Insofern war das schwierig, da auf der Gewinnerseite zu sein, aber es geht mir nicht schlecht ... ich hab mich ganz wacker geschlagen.“ (8). Es können Schwierigkeiten im Elternhaus sein, aus denen man gestärkt hervorgeht: „denn sonst ..., ich bin einmal geschieden ..., alleinerziehende Mutter und so ... hätte ich das wahrscheinlich alles so nicht geschafft“. Aber das Fazit bleibt unentschieden. „Man könnte ‚weder noch‘ sagen, aber auf der anderen Seite habe ich mich immer ganz gut durchgeschlagen.“ (28) Ganz anders argumentiert derjenige, der sich nicht entscheidet. Er fragt: „Was ist das eigentlich – ein Gewinner?“ und stellt für sich fest: „Ich habe keine großen Profite akkumuliert oder sowas, aber sozial auf jeden Fall.“ (11).

Für alle Befragten gilt: Ihr Fazit endet positiv, auch Problemen oder unerfreulichen Lebensabschnitten werden letztlich positive Aspekte abgewonnen.

Tabelle 12: Gründe für eine Lebensbilanz

Begründungen	Männer, N	Frauen, N
	Interview	*Interview*
Ehe, Familie, Kinder	10	7
	6, 9, 11, 12, 15, 16, 17, 18, 19, 25	1, 2, 3, 20, 23, 24, 26
Finanzen, wirtschaftliche Entwicklung und Verhältnisse	9	6
	4, 7, 11, 12, 14, 17, 19, 21, 25	1, 3, 5, 13, 22, 27
Beruf	7	4
	6, 7, 8, 9, 12, 14, 15	3, 20, 22, 26
Gesundheit, körperlicher Zustand	4	5
	12, 14, 15, 21	1, 3, 23, 24, 27
Lebensbewältigung, religiöser Glaube	3	6
	11, 12, 15,	10, 20, 23, 26, 27, 28
Freunde, soziales Umfeld	5	1
	11, 15, 16, 17, 25	1
Eltern, Kindheit, Schule, Studium	2	2
	6, 16	24, 28
Zufriedenheit	2	2
	6, 21	2, 20
Grundbedürfnisse Essen, Wohnen	1	3
	25	2, 3, 5
Hobbys	2	
	9, 15	

Der Tendenz nach wird positiv argumentiert, auch wenn negative Gesichtspunkte genannt werden. Die Familie ist uneingeschränkt positiv besetzt, für 6 (von 10) männliche Befragte steht die Ehe im Vordergrund, für 4 (von 7) Frauen sind es die Kinder. Einschränkend wird Kinderlosigkeit genannt (6, 12), eine Befragte bezeichnet die Zeit ihrer Scheidung als den „Crash“ (2). Wenn Finanzen, wirtschaftliche Entwicklung und Verhältnisse zitiert werden, dann sind soziale Sicherheit und finanzielle Absicherung gemeint (4, 25), eine auskömmliche Rente (3, 5, 13), andere nennen ihr „gutes Auskommen, es ist alles da“ (22), „was man will [kann man] sich auch tatsächlich erlauben“ (21). „Ich kann mir eigentlich alles, wenn man es materiell sieht, leisten, was ich will." (13). Aber es wird auch die Gelegenheit wahrgenommen, darauf hinzuweisen, was man erreicht hat: „... dass ich in meinem Beruf erfolgreich bin, dass ich in großem Wohlstand lebe." (14) – „Erstmal geht es mir finanziell gut, ich hab, sie werden es nicht glauben, zwei Steuerberater, einen für Amerika und eine für Deutschland." (27)

Der Beruf findet meist positive, aber lakonische Erwähnung. Neben Interview 8 äußern sich zwei weibliche Befragte dezidierter: „Ich ... wollte nichts anderes als 'ne gute Ärztin sein. Und das ist mir auch gelungen. Das hört sich vielleicht 'n bisschen überheblich an, aber es ist einfach so. Und das wollt' ich auch." (26) Ganz anders diese Befragte: „Also, wenn ich ehrlich bin, würde ich lieber heute an der Uni referieren und wär gerne eine Frau Professor. Also, das musste ich mir abschminken." (22).

Mit „Lebensbewältigung" befassen sich sechs weibliche und drei männliche Befragte. Es geht darum, schwierige Lebensabschnitte gestärkt hinter sich zu lassen. „Dass ich innerlich und persönlich gewachsen bin an den Aufgaben." (10) Für den folgenden Befragten war der Abschied von der Kindheit entscheidend: „War nicht immer einfach, weil ich früh von zuhause weg bin, aber das hat mich am Ende auch gestärkt." (15) Freude und Stolz vermitteln die Kommentare zweier weiblicher Befragter, die beschreiben, wie sie sich behauptet haben: „Und ich hab' die ganzen Rückschläge und Enttäuschungen, die es ja auch gibt, ... [es] ist mir gelungen, [dies] zu bewältigen." (26) „Ich musste vieles überwinden, musste kämpfen, mich durchsetzen ... Ich bin so stark, dass ich das geschafft habe." (27). Sich als Gewinner zu sehen, ist für zwei Befragte nur im Glauben an Gott bzw. an die Schöpfung möglich (12, 20).

Schließlich werden auch Demokratie, Freiheit und Unabhängigkeit als persönlicher Gewinn gezählt. „Wir leben in einem Land, in dem man sicher ist im Vergleich zum Rest der Welt, in dem demokratische Verhältnisse herrschen, in dem die Menschen keine Angst zu haben brauchen und sozial einigermaßen gut aufgefangen sind, im großen Ganzen." (3) „Weil ich nach dem Krieg geboren wurde, und da ging es bergauf." (13) „Ja, ich kann mein Leben so leben, wie ich möchte. Wenn ich diese Wohnung lila streichen möchte, streiche ich sie lila, wenn ich alles hier 'rausreiße und neu baue, mach' ich es halt." (27)

6.4 Politische Entwicklung und persönliche Lage

Mit der Frage nach Ereignissen, die einen entscheidenden Einfluss auf die persönliche Lage genommen haben, wird nach dem direkt, prägenden Einfluss von Politik gefragt. Die Antworten lassen sich bezüglich der Intensität des Einflusses unterteilen:

Tabelle 13: Politische Ereignisse und ihre Rückwirkung auf die Befragten

	Das politische Ereignis ...			
	verändert die persönliche Lage	löst politische Aktivität aus	macht betroffen	wirkt sich wenig aus
Intensität	kausal	prägend	reflektierend	gering
Anzahl	5	6	10	7

Von den Befragten stellen nur fünf einen eindeutigen Bezug zwischen einem konkreten politischen Ereignis und dem dadurch ausgelösten Einfluss auf die persönliche Lage her. Ereignisse und Auswirkungen lassen tabellarisch dargestellten:

Tabelle 14: Ereignisse mit direkten Folgen

Interview	Ereignis	Auswirkung
4	Wende/Mauerfall 1989	Der Befragte, damals in Westberlin, erhält Reisefreiheit in den Osten
10	Kommunalpolitik	„Plattform für junge Kunst", gesellschaftlich Aktivität
20	Hessische Schulpolitik	Dies veranlasst die Lehrerin, weiterhin SPD zu wählen.
21	Hochschulreform	Der Befragten wird zum Professor berufen.
24	Wiedervereinigung	Rückübertragung des vordem enteigneten Elternhauses in Ost-Berlin

In 6 Interviews wird die Beeinflussung der persönlichen Lage nicht eindeutig bejaht, aber die Intensität der Auseinandersetzung mit dem Ereignis hat Konsequenzen für den weiteren Lebensweg oder bestimmte Lebensphasen. So sagt ein Befragter: „... dass also wir zum Beispiel in Vorlesungen gegangen sind, die Professoren kritisiert haben, aber darauf geachtet haben, dass jeder mitdiskutieren konnte, auch der kritisierte Professor ... Ja, das hat mich geprägt." (12). Charakteristisch ist, dass aus den Ereignissen politisch orientierte Aktivitäten hergeleitet werden. „Das fing an mit den 68ern, da war ich gerade so 17/18. Das war für mich auch ganz wichtig die erste Auseinandersetzung, oder nicht die erste, aber die radikale Auseinandersetzung mit meinem Vater, der über seine Jugend als U-Boot-Matrose die Abenteuergeschichten erzählt hat. Da habe ich meinen Vater zum ersten Mal herausgefordert." (13). Ein Befragter hebt hervor: „dass durch diese Bafög-Gesetzgebung wir auch die Möglichkeit hatten Bildungsweg, also das Abitur nachzumachen, [...] ohne den Eltern unbedingt auf der Tasche zu liegen, das waren natürlich Sachen, die die persönliche Weichenstellung für

die weitere Entwicklung gegeben haben" (11). Eine Befragte meint: „ich bin mutiger geworden nach der, nach der Frauenbewegung, nach 68 ... da bin ich aus meiner ersten Ehe ausgestiegen, aus der absoluten Sicherheit einer Verbeamtung auf Lebenszeit ..." (23).

Betroffenheit dagegen bleibt allgemein, über Politik wird berichtet, teilweise emotional. Die Ereignisse ziehen keine Folgerungen oder gar Aktionen nach sich. Betroffenheit drückt sich in Sätzen aus wie: „Erstmal die ganzen terroristischen Aktivitäten. Dann diese Entführungen ... Und diese ganze Gewalt, die da plötzlich möglich war ... Das hat mich doch sehr erschreckt." (26) Oder: „... wie wir als Bevölkerung von irgendwelchen reichen Leuten oder Machthabern, die uns dahin manipulieren, wo sie wollen ... da fühle ich mich so hilflos ..." (27).

Schließlich werden Ereignisse genannt, denen jede Verbindung zur persönlichen Lage fehlt. Politischen Einflüssen wird sogar jeder Einfluss auf die persönliche Lage abgesprochen: „Ich brauche keine Partei und keine politische Entscheidung auf irgendeiner Ebene, damit ich denken kann. Ich gehe meinen Weg, so wie ich den mir vorstelle. Dazu gibt es nichts, was mich von meinem Ziel abbringen kann in der heutigen Zeit." (22).

Zusammenfassend ist festzustellen, dass die direkte Kausalität zwischen politischem Ereignis und persönlicher Lage eher die Ausnahme darstellt und sich auf wirtschaftliche Aspekte konzentriert. Die Mehrheit der Antworten nennt, ohne spürbaren Einfluss auf das eigene Leben, einfach „wichtige" Ereignisse. Die Nennungen verweisen vor allem auf die Zeitgeschichte der Bundesrepublik. Stichworte sind „die 68er", Nato-Doppelbeschluss, Friedensbewegung, Mauerfall und Wiedervereinigung, Willy Brandt und die Öffnung nach Osten. Diese Ereignisse werden in 17 Interviews angesprochen. Aktuelle Themen wie Islamismus, Terrorismus, Einwanderung, Ökologie, Euro-Krise werden in 9 Interviews erwähnt.

Tabelle 15: Themenkomplexe und in den Interviews genannte Ereignisse (in Klammern: Angabe des Interviews)

Wirtschaft: Aufschwung 50er Jahre (14, 15), Rezession 70er Jahre (17), Ölkrise (15, 17), Finanzkrise (15), Fehlen Transparenz der Abläufe (27), Zinsen (1, 5, 8), Inflation (5), Arbeit (1), Agenda 2010 (8, 18), Hartz IV (28), Globale Ausbeutung (13), Europapolitik (12), Euro (4), Staatliche Struktur-Politik (17)
Ost-West-Konflikt: Aufstand 1953 (4), Westverankerung (14, 15), Mauerbau (4), Kniefall Brandts (4, 22), Ostpolitik Brandt (6, 12, 15), Ostverträge (19), Mauerfall (4, 25), Wiedervereinigung (8, 9, 14, 19, 24), Umbruch im Osten (28)

Krieg und Frieden: Nato-Doppelbeschluss (15, 17), Pershing/Cruise Missiles (2, 13), Iran (2), Reagan (15, 17), USA (27), Kubakrise (15), Vietnam (13), Jugoslawien (2), Irak (2, 27), Ukraine (27)
Terrorismus: Islamismus (25), 9/11 (2, 27, 28), Schleyer/Herrhausen (2, 26) Islamischer Staat (13), Flugzeugentführung (26)
Demokratie: Wählen können (22), Späte Geburt (6), Notstand (8), Pegida (22, 27), Willy Brandt (4, 11, 12, 15, 19), Neonazis (12)
Studentenbewegung: 68er (13, 16, 23), Antiautoritäre Bewegung (12), Generationenkonflikt (13)
Immigration: Fremdenfeindlichkeit (20), Mittelmeerflüchtlinge (13), Lichterketten (13)
Umwelt: Tschernobyl (11), Startbahn West (2)

6.5 Information und Medien

Die in den Interviews angegebenen Informationsquellen zeigt überwiegend eine traditionelle Mediennutzung: Lediglich zwei Interviewte kommen fast ohne Printmedien aus. Bei Mehrfachnennungen (der Durchschnitt liegt bei drei Medien) werden in sieben Fällen sofort Rangfolgen genannt, immer mit der Betonung auf der (Tages-)Zeitung als bevorzugtem Informationsmedium: „... morgens die Zeitung. Das ist Pflicht" (15) – „Der erste Blick geht konservativ über die Lektüre von Zeitungen." (12) Bei der Nutzung des Fernsehens als Informationsquelle werden nur öffentlich-rechtliche Sender genannt, von den Nachrichten ist die Tagesschau mit viermal vertreten. Insgesamt werden Nachrichten häufig, Kommentare, politische Magazine und Talkshows selten genannt, je einmal wird auf Teletext, Kabarett, das polnische Fernsehprogramm verwiesen.

Fernsehnachrichten werden von den Interviewten mit geringerer Bildung häufiger genannt (zehn von elf) als von den höher Gebildeten (neun von 17); auch die Vergleichsgruppe (13 von 15) sieht gegenüber den U3Lern mehr fern (6 von 13). Dies gilt auch für politische Sendungen (sechs von 15 zu eins von 13).

Informationskanäle werden täglich häufig und umfangreich, „über alle erreichbaren Medien" (18) genutzt: „... was eben so über die Medien ‚rüberkommt'" (7). Informieren ist aber nicht nur privates Aneignen: Sieben Interviewpartner geben Gespräche mit Freunden, Bekannten, Ehepartnern an, in denen Informationen ausgetauscht und in Diskussionen vertieft werden: „Und wenn's Themen sind, die mir schwierig oder unklar sind, dann hock' ich schon mal mit Freunden zusammen und frag' die" (2).

Eindeutig sind Zeitungen das Medium, das am intensivsten genutzt und am glaubwürdigsten eingeschätzt wird, „weil man da ausführlichere Informationen kriegt" (1). 14 Antworten nennen die Zeitung als das am stärksten ihre politische Meinung beeinflussende Medium, nur zwei das Fernsehen. Zwei Interviewpartner geben ausdrücklich an, sie halten „grundsätzlich" für wichtig, „auch die Meinung der Medien oder Menschen kennenzulernen, die die politische Gegenrichtung vertreten." (11). Die Tendenz zu umfassender Information, etwa durch Vertiefung im Internet, ist stark ausgeprägt: „Das ist also so ein Dreigestirn, ich mache ein Konglomerat" (27, über FAZ, FR und Spiegel als regelmäßige Lektüre). „... ich hole mir insgesamt verschiedene Informationen aus verschiedenen Möglichkeiten, die mir zur Verfügung stehen" (22). Informiert sein gilt als hoher „Wert an sich".

Grenzen der Beeinflussung wegen stabiler Grundeinstellungen, Tradition und früher Prägungen geben acht Interviewpartner an: „Nun ja, die politische Meinungsbildung ist zunächst einmal irgendwie vorhanden ..." (9) „Urteilsbildung ... ja, die hat sich mit dem Lauf der Welt verändert, also ... nur grundsätzlich hat sie sich nicht verändert" (23).

Politische Meinungs- und Urteilsbildung wird unterschiedlich interpretiert: In den überwiegend narrativ geprägten Interviews werden politische Grundeinstellungen und deren Verschiebungen im Lebenslauf beschrieben, während die kurzen Interviews die Veränderungen der Mediennutzung beschreiben, da werden erwähnt das Hinzukommen des Internets, mehr Zeit zum Lesen nach der Berufstätigkeit, Wechsel der Gesprächspartner, die reduzierte Nutzung des Rundfunks.

Grenzen des Einflusses der Medien ergeben sich durch kritische Distanz – am deutlichsten zum Fernsehen: „... ich bin mir nicht mehr sicher, welche Fakten uns präsentiert werden, und ich fühle mich heute stärker manipuliert als ich das damals empfunden hab" (3). Die sieben Interviews, die direkte Kommunikation behandeln, geben einen weiteren Hinweis auf eine möglicherweise tiefer liegende Skepsis oder das Gefühl informationeller Unübersichtlichkeit gegenüber den Medien: „Aber [um] so wirklich zu einer Entscheidung zu kommen, das sind dann doch die Gespräche mit den Freunden" (2). Gegenüber dem Fernsehen wird zweimal eine Voreingenommenheit gegenüber politischen Informationen erwähnt: „... dass die Nachrichten nicht kontinuierlich und konstant vermittelt werden, sondern dass sie von

Interessen abhängen, die ich nicht so ganz durchschaue, wahrscheinlich politischer oder wirtschaftlicher Art" (3).

Internet besitzen und nutzen 26 von 28 Interviewten. Von diesen erwähnen sieben eine intensive, tägliche Nutzung. Erkennbar ist, dass häufige Internetnutzung bei den „Jüngeren" von 60 bis 69 Jahren zu finden ist (fünf von 14 zu zwei von 14) und bei den Interviewten mit höherer Bildung (sechs von 17 zu einem von elf). Zur Kommunikation mit Freunden und Familienangehörigen mittels E-Mail, Skype oder WhatsApp nutzen das Internet 17 der Befragten, zur Beschaffung allgemeiner Informationen (Wirtschaft, Kapitalmarkt, Wetter) 19, zur politischen Information vier, für Bankgeschäfte drei, beruflich fünf, privat (etwa zum Online-Einkauf, zum Herunterladen von Musik, Vereinssoftware) zwölf Personen. Drei Interviewte nutzen das Internet ausdrücklich nicht für Soziale Netzwerke: „Alle anderen Sachen wie die sozialen Netzwerke, die können mich kreuzweise" (18). Chatprogramme werden nur einmal (4) genannt. Alles in allem wird das Medium „Internet" als nützliches Zusatzinstrument angesehen und gezielt genutzt: „... es ist für mich ein tägliches, wichtiges Werkzeug" (14). Kritisch sieht es nur ein Interviewpartner: „... wobei man dazu sagen muss, dass man da eigentlich nur die Überschrift lesen muss, weil die Texte nicht das widerspiegeln, was die Überschrift sagt, also, das ist dann nur ... ein Hinweis, dass man dann in der Zeitung oder irgendwo anders nochmal genauer nachlesen muss" (17).

Dabei werden die interaktiven und kommunikativen Chancen, die das Internet bietet im Hinblick auf Beteiligung in für jedermann zugänglichen Diskussions- und Abstimmungsforen von keinem Interviewpartner ausgeschöpft. Das Internet wird nur als Erweiterung der Informationsbasis angesehen; es erscheint ausschließlich als Präsentation der bekannten Informationsquelle „Zeitung" auf Grundlage neuer technischer Möglichkeiten. Erkennbaren Einfluss auf politische Urteile beobachtet bei sich selbst nur ein Interviewter, der ohnehin fast alle politischen Informationen im Internet liest.

Das Internet wird von den Interviewten überwiegend für Aufgaben genutzt, die zur Privatsphäre gehören. Äußerungen wie „...wenn ich einen Artikel finde, da will ich dann nachforschen"(4), „... um mich sachkundig zu machen über bestimmte Fragen" (19) sowie die Nutzung von Spiegel Online weisen nur implizit auf eine Polis-Orientierung der Interviewten hin und belegen diese nicht. Die Äußerungen: „... Vereinsarbeit mach' ich da einiges" (16) und „... wobei da ein großer Teil natürlich mit dem Vereinsleben zusammenhängt bei mir ..." (25) lassen sich als Belege für eine zumindest lokal bezogene Polis-Orientierung werten.

Wir können im Hinblick auf politische Informationen feststellen, dass fast alle Interviewten täglich, stets auf die gleiche Art auf eine Auswahl von

Informationsangeboten zurückgreifen. Manchen ist bewusst, dass sie bereits an dieser Stelle filtern: „... und es ist eine ganz interessante Frage, ob man so denkt wie die FAZ denkt oder sucht man sich die Zeitungen nach seiner politischen Überzeugung" (5). Einige suchen, wenn das Interesse geweckt ist, gezielt weitergehende Informationen: „Wenn es dann ... zu bestimmten Entscheidungen kommt oder Fragen kommt, was denken die da drüber? Oder – Was war jetzt neulich? Hab' ich wieder vergessen – ... dann, dann geh' ich tiefer ‚rein ins Internet" (4). Etwa ein Drittel der Befragten erwähnt die Vertiefung über private Kommunikationsnetzwerke, Lebenspartner, Freunde, was neben der Informationserweiterung bereits Teil eines Meinungsbildungs- oder Überprüfungsprozesses ist. „[Ich habe] dann die Möglichkeit ... bei aktuellen, problematischen Situationen die mit meinem Mann zu besprechen, weil mein Mann hat da ein bisschen mehr Hintergrundwissen als ich und dann finde ich das interessant – wenn man noch einmal die Meinung eines anderen hört" (5).

6.6 Partizipation

Partizipation meint die Beteiligung von Bürgerinnen und Bürgern am gesellschaftlichen Leben. Gefragt wird nach sozialer Partizipation (Mitgliedschaft und Ämter in Vereinen, in Religions- und Glaubensgemeinschaften), nach der politischen Partizipation, nach Mitgliedschaft in Gewerkschaften und Parteien, und nach politischen Veranstaltungen. Die kulturelle Partizipation wird auf den Besuch von Kino, Konzert und Theater bezogen. In allen Fällen sind die Fragen nicht offen, sondern entsprechend vorstrukturiert. Insgesamt ergibt sich folgendes Bild:

Tabelle 16: Die soziale, religiöse und politische Partizipation der Befragten

keine Partizipation	5 Befragte
passive Teilnahme	7 Befragte (nur Mitgliedschaften, kein Amt)
aktive Teilhabe	16 Befragte, davon nennen 6 eine Aktivität, 10 nennen mehrere, einer (25) erwähnt 9 Aktivitäten

Die Frage „Üben Sie ein Ehrenamt aus?" überlässt es den Befragten, was sie unter einem Ehrenamt verstehen. Eine Befragte verneint die Frage nach Ausübung eines Ehrenamtes, fügt aber hinzu, sie kümmere sich „um Ältere, denen es nicht so gut geht" (28). Eine andere antwortet: „... das kann man als solches nicht bezeichnen, ich helfe aus an der Schule noch in der Schulbücherei und geh auch noch manchmal in die Schule. Gestern war ich dort und hab mit denen so ein bisschen gewerkelt.“ (2). Bezieht man dies ein, dann übt die Hälfte der Interviewten ein oder mehrere Ehrenämter aus. Auf 14 Personen verteilen sich 21 ehrenamtliche Tätigkeiten, von denen sich 20 zuordnen lassen.

Tabelle 17: Mitgliedschaft und Ehrenämter

Schwerpunkt	Anzahl	Inhalt/Ziel der Mitgliedschaft und des Ehrenamtes	
Soziales	16	Beratung: telefonisch und persönlich	3
		Kinder und Jugend: Lesehilfe, Schulbücherei und Kochen mit Kindern	3
		Gesundheit	2
		„Kümmern“ um alte Menschen, Pflegehilfe	2
		Sterbehilfe, Trauercafé	2
		Richter, Schöffe	2
		Küchenhilfe für Obdachlose	1
		Vorstand der Caritas	1
Freizeit/Kultur	3	Wandern, Lions Club, Kunstförderung	
Politik	1	„im Parlament“	

17 Befragte sind Mitglied in einem oder mehreren Vereinen, von denen 12 aktiv tätig sind. Von den 12 Mitgliedern in einer Kirchengemeinde nehmen fünf aktiv am Gemeindeleben teil. Obwohl die befragten älteren Menschen mehrheitlich in ihrem gesellschaftlichen Umfeld engagiert sind, wird Altern auch mit dem Verlust von Freunden und einem zunehmenden Rückzug ins Private in Verbindung gebracht: „Ja, und jetzt wird das alles auf einmal so privatisiert, wenn man älter wird. … Und das sehe ich schon, dass es halt da einen bestimmten Wandel in der Einstellung gibt, im Sozialverhalten.“ (11)

Politische Partizipation, die Mitgliedschaft in Gewerkschaften und Parteien spielt für unsere Befragten eine geringere Rolle. Fünf Interviewte waren Mitglied einer Gewerkschaft, sind aber nicht mehr aktiv. Man fragt sich, „… wieso ich jetzt noch in der GEW bin. Also, das geht mir sowas an sonst was vorbei“ (2). Drei Befragte sind Mitglied der SPD, zwei sind dort aktiv. Eine Befragte ist Mitglied und aktive Mitarbeiterin in einer Wählergemeinschaft gegen den Flughafenausbau. Vier stehen einer Parteimitgliedschaft ablehnend gegenüber: „Ich bin auch in keiner Partei, war auch nie in einer und habe auch nicht vor, das noch mal zu machen.“ (7)

Zwölf Befragte haben im letzten halben Jahr politische Veranstaltungen besucht. Den Begriff interpretieren sie unterschiedlich. Veranstaltungen mit Berufspolitikern (Tarek Al-Wazir und Sigmar Gabriel) werden von zwei Interviewten erwähnt. Vier Befragte lehnen parteipolitische Veranstaltungen ausdrücklich ab. Drei meiden generell politische Veranstaltungen: „Ich drück’ mich auch, wenn hier die Stände auf dem Marktplatz sind von der SPD, Grüne, irgendebbes ... Also, was ich schon mal mache, dass ich ins Haus am Dom gehe, das sind aber gesellschaftspolitische Veranstaltungen.“ (2) „Ich bin ja in der Attac-Ortsgruppe …, zweimal im Jahr laden wir jemanden ein. Da war auch schon mal der Felber mit seiner Gemeinwohlökonomie oder der Butterwegge war mal da … Und dann die politischen Veranstaltungen vom Rosa-Luxemburg-Klub … Da bringt dieser Kulturklub … seit ein paar Jahren für mich exzellente Veranstaltungen … Da war ich bestimmt schon in fünf Vorträgen. Das geht dann um den Weltkrieg oder die Revolutionen oder die Rosa Luxemburg und so.“ (13).

Kulturelle Partizipation spielt eine wichtige Rolle. Nur ein Befragter war im letzten halben Jahr weder im Kino noch im Konzert noch im Theater. Neun nehmen alle drei Angebote wahr. „Oper, Theater machen wir gerne, Kino auch ja, Konzert auch, ziemliche Bandbreite, was mir gefällt. Geht von Klassik bis hin zu Rock-Geschichten, unterschiedlicher Qualität, also Hard-Rock oder so.“ (11). Eine Befragte hat Mühe, sich all ihre „kulturellen Wünsche“ zu erfüllen: „Ich geh nicht so oft ins Kino, aber ich geh ins Kino. Ich geh auch ins Konzert. Was ich mir immer vornehme und nicht hinkriege, weil es denn doch viele Abende sind, das ist ins Schauspiel.“ (2) Sechs Befragte haben im letzten Halbjahr eine Kulturveranstaltung besucht, zwölf haben zwei der drei Kulturangebote genutzt. 19 der 28 Befragten waren im letzten halben Jahr im Kino. Vier sind regelmäßige Kinogänger. Unter den Befragten gibt es ausgesprochene Filmkenner und -liebhaber: „Also: Im Kino war ich, und zwar hab' ich da den Film gesehen The Cut.“ (24). Zwei Befragte berichten von Filmfestivals. Einer stellt dazu fest: „Ins Kino ja, ich besuche einmal im Jahr Cottbus, das ist im Spreewald. Eine gute Stunde von der polnischen Grenze entfernt, besuche ich das osteuropäische Filmfestival, da hatten sie diesmal 160 Filme aus 35 Ländern, und das ist etwas sehr Schönes, fünf Filme pro Tag.“ (27). Für eine andere Befragte ist das alltägliche Kinoangebot in ihrer Stadt nicht attraktiv, sie wartet auf Festivalangebote: „Kino? Da ist jetzt über Weihnachten ein Filmfestival hier in Speyer, das habe ich mir schon rausgeschnitten … Aber ansonsten, das Kino hier zeigt nicht viel.“ (13). Einige haben sich vom Kino verabschiedet: „Also im Kino war ich vor einem Jahr das letzte Mal. Wir haben zu Hause also einen wunderbaren Fernseher, der ist also reichhaltig ausgestattet mit DVD-Spielfilmen … ein Kinobesuch, das steht für uns nicht zur Debatte.“ (9). Eine Interviewte hat ein Problem um den Film: „Ins Kino geh ich nicht, weil mir die Kultur und das Niveau im Kino absolut nicht gefällt. Wenn gegessen, getrunken, geschmatzt, geschwätzt [wird] im Kino. Nein, nichts für mich. Kultur bei den Zuschauern – unmöglich, Dreck, kein Benehmen, keine

Kultur... Also ... höchstens in ein ganz kleines auf dem Land. Da wissen die Leute wieder, wie man sich benimmt. Hoff' ich wenigstens." (22)

Beliebt ist der Konzertbesuch. 23 waren im letzten halben Jahr dort, sechs sind regelmäßige Konzertbesucher: „Ins Kino gehen wir eigentlich überhaupt nicht mehr, im Konzert waren wir schon paarmal jetzt, früher sind wir ab und zu mal in die Oper gegangen, wir gehen jetzt aber lieber in ein Konzert als ins Kino oder Theater." (7)

18 Befragte waren im letzten halben Jahr im Theater, im Schauspiel oder in der Oper. Eine Befragte nutzt ein Angebot des Schauspiels: „Ich habe eine Schauspielkarte, also da kann man dann ein ganzes Jahr für 75, jetzt schon 75 Euro ... das ganze Jahr – außer bei Gastspielen und so – [kann man] für den halben Preis reingehen ... das lohnt sich bei mir sehr." (23).

Zusammenfassung:
Die soziale und kulturelle Partizipation ist hoch. Die parteipolitische Partizipation hat einen geringeren Stellenwert. Mehrheitlich sind die Befragten in ihrem gesellschaftlichen Umfeld engagiert. Die Hälfte übt ein Ehrenamt aus. Ebenfalls die Hälfte ist Mitglied in einem oder mehreren Vereinen. Fast die Hälfte ist Mitglied einer Kirchengemeinde. Eine Minderheit ist parteipolitisch engagiert. Die Mitgliedschaft in einer Gewerkschaft wird mit Beginn des Ruhestandes zumeist aufgegeben.

Annähernd die Hälfte besucht politische Veranstaltungen. Allgemein gesellschaftspolitische Veranstaltungen finden größeres Interesse als parteipolitische.

Kino, Konzert, Theater werden besucht. Die Mehrheit nutzt alle drei Angebote, teilweise mit großer Begeisterung.

6.7 Wahlen und Wahlentscheidung

Zu dem Themenkomplex Wahlen und Wahlentscheidung werden Fragen u. a. zum Wahlverhalten, zur Bindung an Parteien, zu unterschiedlichen Wahlebenen, zur Meinung über Nichtwählern gestellt.[79]

Die Wahlentscheidung:
Die überwiegende Anzahl der Befragten gibt unabhängig von Alter und der Zugehörigkeit zur U3L oder Vergleichsgruppe an, dass ihre Wahlentscheidung häufig von persönlichen Interessen und Vorstellungen geprägt sind. „... welche Partei bei diesen für mich essentiellen Fragen eine ... Position vertritt, die meinen Vorstellungen entspricht", dann entscheidet man „situationsbezogen"

79 Vgl. den Fragebogen: Fragen 2 bis 6, S. 156 f.

(18). „Welche ist für mich wohl die beste oder welche vertritt meine Interessen am ehesten". (25) Die Antworten zeigen vier Schwerpunkte: Wahlprogramme, Medien, Tradition und aktuelle Politik.

Der überwiegende Anteil der Interviewten hat seine Wahlentscheidung anhand der Information durch Wahlprogramme getroffen. So führt eine Befragte aus „Und da guck ich bei den Parteiprogrammen drauf, inwieweit die zu Wählenden sich diesem sogenannten Liberalismus, dieser Turbomarktwirtschaft unterordnen und das als alternativlos darstellen." (13). Die Information durch Medien ist für acht Interviewte von Bedeutung. Eine Befragte schildert ihre Entscheidung: „Aus all diesen Artikeln und Fernsehberichten und so form ich mir dann mein eigenes Bild und, ja, Gespräche, aber eigentlich mehr … aufgrund der Medien" (1).

Tradition ist für fünf der Befragten ein ausschlaggebender Faktor. Familienbindung und Erziehung durch das Elternhaus spielen die entscheidende Rolle: „Ich glaub, es schlägt dann einfach die Tradition durch, dass mein Vadder SPD gewählt hat. Und dass ich das dann auch so mach" (2).

Für elf Befragte spielt die allgemeine politische Lage eine wichtige Rolle. Beispielhaft wird angeführt: „ich beobachte eigentlich die Agierenden in der Politik über die gesamte Wahlperiode, weil ich mich ständig auf dem Laufenden halte und versuche danach dann meine Entscheidung zu treffen" (17).

Es lässt sich feststellen, dass, unabhängig von Alter, Geschlecht und Bildungsstand, die Wahlentscheidung Ergebnis der Abwägung mehrerer Kriterien ist: „Ich lese mir die Wahlprogramme dann vor den Wahlen durch wie ich sie im Internet finde, wie ich sie in den Nachrichten vermittelt bekomme. Aber, ich habe in den letzten 30 Jahren meine politische Meinung nicht geändert" (3). – „ Ich bemühe mich über die einzelnen Parteien und Programme oder eben die Kandidaten […] versuche mitzubekommen, wie die die verschiedenen Themen behandeln. Und eben Zeitungen, Zeitungen, Zeitung" (27).

Worauf bei der Wahlentscheidung besonders geachtet wird, lässt sich an zwei Politikfeldern, der Sozialpolitik und der Wirtschafts- und Finanzpolitik näher beschreiben: „Und ich achte bei den Programmen vor allem auf soziale Gerechtigkeit … Und, ja, Umweltprobleme … rückblickend schaue ich, hat die Partei in der Vergangenheit das eingehalten, was ich mir vorgestellt habe." (20). – „ Also, was noch dazu kommt, das ist für mich das Ökologische, das Umweltprinzip, die Nachhaltigkeit … da sind die Arbeitsplätze, da ist die Umwelt. Ich finde, das gehört zusammen."(13). Die Befragten, die sich von Wirtschafts- und Finanzpolitik leiten lassen, betonen, wie sie die abstrakten Kriterien auf sich beziehen: „Dinge, die mich natürlich betreffen, die also, gut, das setzt sich aus vielen Dingen zusammen, Finanzpolitik, Wirtschaftspolitik, jeglicher Rahmen, alle Aspekte, die ich jetzt wichtig finde. Wirtschaft ist für mich ganz wichtig, Wirtschaftspolitik wie es weitergeht" (1) – „außerdem achte ich darauf, dass ich die Partei wähle, die mit wirtschaftlichem Sachverstand und Vernunft an die Sache rangeht ..."(14). Frauen, mehr als Männer, betonen den Einfluss der aktuellen Politik auf ihre Wahlentscheidung, wobei der persönlich Effekt, der Kandidat oder die Kandidatin, eine wichtige Rolle spielt.

Die Europawahlen 2009 und 2014:
Alle Befragten haben an der Europawahl 2014 teilgenommen. Hat sich ihr Wahlverhalten 2014 und 2009 verändert?

Bei der Europawahl 2014 haben SPD- Wähler den Kandidaten besondere Aufmerksamkeit geschenkt. Für sechs von 12 SPD-Wählern ist der für die Europawahl aufgestellte Kandidat ausschlaggebend: „Ich wollte einfach, das der SPD-Kandidat für die EU-Wahl, den ich kenne und der engagiert ist, dass er auch wieder da rein kommt" (10). Drei SPD-Wähler wissen nicht mehr, wie sie zu ihrer Wahlentscheidung gekommen sind. Ausschlaggebend sind für sie nurmehr allgemeine Posten wie „die sozialen Aspekte" und „eine europakritische Einstellung."

Von den fünf CDU-Wählern nennt nur einer den Kandidaten als wahlentscheidend. Für die CDU-Wähler unter den Interviewten stehen bundespolitische Erwägungen im Fokus der Europawahl 2014: „Die Entscheidung war im Wesentlichen beeinflusst durch die deutsche Bundespolitik" (15). Weiterhin führen die CDU-Wähler die Notwendigkeit der Europawahl und die Tradition als wahlentscheidend an.

Von den vier AfD-Wähler[80] stufen sich drei als „Protestwähler" ein: „Also, da sage ich, ich habe die AfD gewählt, bin Protestwähler." (1). Politische Argumente für die Wahl der AfD sind eine europakritische Einstellung, die Zuwanderungsrate an Migranten, die Finanzkrise, der Umfang, die Größe der Europäischen Union, bundespolitische Erfahrungen, die als Missachtung und Nichtwahrnehmung von Bürgerängsten benannt werden. Eine Befragte hat die AfD aus programmatischen Gründen gewählt: „was die AfD für ein Programm vorhat, und was ja richtig ist" (5).

Die Wähler der Grünen sind von Europa überzeugt. Auch hier spielt die Tradition eine Rolle: „eigentlich wähl' ich immer die Grünen" (23).

Die Wähler der Freien Demokratischen Partei (FDP) meinen, eine liberale Partei gehöre einfach in jedes Parlament (21).

Die befragten Wähler der Linken führen eine europakritische Einstellung und die Kritik an der Europabürokratie als ihr Wahlkriterium an: „ich bin

80 Einmal ist die AfD zur Bundestagswahl 2013 gewählt worden (22).

europakritisch eingestellt, aber nicht, dass ich gegen ein vereinigtes Europa bin, aber diese Verregelungs- und Verrechtlichungswut innerhalb dieser großen Behörde gibt zu denken." (11).

Ähnliche Wahlentscheidungsgründe werden für die Europawahl 2009, soweit die Rückerinnerung möglich ist, angeführt. Sechs Befragte – über alle Parteien – können ihre Wahlentscheidung nicht mehr nachvollziehen, sie wissen aber genau, welche Partei sie seinerzeit gewählt haben.

Im Vergleich der beiden Wahlen 2009 und 20014 kommt es im Ergebnis zu bedeutenden Veränderungen bei der Stimmabgabe. Die Hälfte der Befragten wechselt die Position. Grüne, CDU und SPD sind Parteien mit bewegten Wählerkonten. Geringe „Haltequoten" weisen die Grünen und die CDU auf. SPD und AfD sind die Gewinner solcher Wanderungen. Die erstmals antretende AfD konnte vier vormalige CDU-Wähler gewinnen. Die SPD verzeichnete einen Wählerzuwachs von den Grünen her. Nur die Wählerkonten der FDP weisen keine Veränderungen auf. – Hier muss an die Besonderheit der Interviewpartner erinnert werden, um die Wechsel nicht zu verallgemeinern. Unter den Befragten ist die CDU unterrepräsentiert, AFD, FDP und SPD sind dagegen stark vertreten.

Tabelle 18: Rückerinnerung und Wahlergebnis: Europawahl 2014 und 2009 (%, Anzahl der Befragten in Klammern)

			Wahlerinnerungen der Interviewpartner			
	Wahlergebnis vom 25.5.2014	U3L-Rückerinnerung 26.5.2014	Wahlverhalten 2014	Wahlverhalten 2009	Veränderungen	Wanderung zwischen Parteien
Union	35	25	18 (5)	29 (8)	- 3	Von SPD +1 Zu AfD -4
SPD	27	31	43 (12)	32 (9)	+ 3	Von CDU +1 An CDU -1 Von Grüne +3
Grüne	11	9	10 (3)	21 (6)	- 3	Von SPD +1 Zu SPD -3 Zu Linke -1
FDP	3	8	7 (2)	7 (2)		
Linke	7	6	7 (2)	4 (1)	+ 1	Von Grüne +1
AfD	7	10	14 (4)		+ 4	Von CDU +4

Parteibindung: Verbundenheit und Abgrenzung

Alle antworten mit Begründungen. Drei Viertel haben ihre Parteipräferenz verändert. Ein konstanteres Wahlverhalten zeichnet Frauen aus, von neun, die ihr Wahlverhalten nicht verändern, sind acht Frauen. Die Änderung des Wahlverhaltens ist sowohl abhängig vom Parteiangebot als auch von und den zur Wahl stehenden Kandidaten: „CDU … dann gab's die SPD, dann kamen die Grünen …"(4) „Naja, von SPD zu Grün zu CDU" (8). Neun Befragte, die ihr Wahlverhalten nicht verändert haben, weisen auf Traditionsgründe hin: „Nee, nee ich hab eigentlich immer so gut es ging links gewählt … SPD, aber dann doch SPD" (2) – „Also, ich hab immer die CDU gewählt."(5)

Die Frage, ob es früher oder heute eine Partei gibt, der sie sich positiv verbunden fühlen, verneint die Mehrzahl. Als Begründung führen sie an, von Politik und Mandatsträgern allgemein enttäuscht zu sein: „Inzwischen gar nicht mehr, gar keine, … die ziehen ja doch alle an einem Strang …, ich habe keine Treue zu einer Partei, überhaupt nicht." (1) Und: „Also eine feste Verbindung zu einer Partei, früher oder später, kann ich eigentlich verneinen. Ich bin zwar politisch interessiert, aber jetzt nicht irgendwie ein glühender Anhänger einer einzigen Partei." (6) Die Kritiklinie wird fortgesetzt: „Richtig verbunden fühle ich mit keiner Partei …, wenn dann gewählt ist, und es gibt keine Mehrheiten, dann nützt das ganze Programm nichts mehr. Dann gibt es so'n Geklüngel. Dann geht man doch von den Programmen ab."(7)

Sechs Interviewte sind mit der SPD, drei mit der CDU, eine ist mit der AfD verbunden. Eine Befragte gibt an, den Freien Wählern, den Flughafengegnern, nahe zu stehen. Warum sich die Befragten gegenüber einer Partei positiv verbunden fühlen, wird mit sozialen Aspekten, der Tradition sowie wirtschaftlichen Abwägungsgründen begründet.

Zu der Frage, ob es früher oder heute eine Partei gibt, von der sich die Befragten deutlich abgrenzen, äußern sich 26 Interviewte. Überwiegend grenzt man sich von „rechten Parteien" ab. Als rechte Parteien werden NPD und AfD neunmal angeführt. Von der Linken distanzieren sich sechs Befragte, von „extremen Linken" vier. Eine gleichzeitige Abgrenzung von „rechten Parteien" und „extremen Linken" nehmen vier Interviewpartner vor. Zwei Interviewte grenzen sich von der FPD, einer davon zusätzlich von AfD und CSU ab. Auffallend (für dieses Sample) ist, dass sich acht Befragte, fast ein Drittel, namentlich von CDU und CSU sowie allgemein von „christlichen Parteien" abgrenzen.

Die Befragten führen für die Abgrenzung von unterschiedlichen Parteien unterschiedliche Argumente an. Fanatismus, Radikalismus, Interessenabhängigkeit werden genannt: „Also alles, was rechter als CDU und was linker als SPD ist. Der Fanatismus, die Einseitigkeit hat mich immer abgeschreckt und die Menschenverachtung, die da teilweise hinter steht." (3) Man ist gegen Radikalismus und irreal-simple Argumentation: „… deutlich Abgrenzung, grundsätzlich einmal gegen radikale Parteien entweder auf dem linken oder auf rechten Spektrum. Wenn jetzt 'ne aktuelle Partei genannt wird, das ist die AfD" [...] (9) – „zwei Parteien, gegen die ich mich sehr abgrenze, das sind die Linken und das sind die Rechten, alles was dazugehört: NPD, Republikaner etc., da bin ich also sowohl gegen die einen als auch die anderen, bin ich strikt dagegen. Volksverdummung, einfache Lösungen, die die Stammtischhoheit garantieren, die aber der Realität nicht gerecht werden." (14) Hier taucht sogar – selbst bei einem FDP-Wähler der 68er Begriff Faschismus auf, wenn es um Distanz zur Rechten geht: „Ja. Das ist auf jeden Fall alles Rechte. Alle Rechten. Ihre Haltung, ihre Grundhaltung, die nach wie vor faschistisch ist." (21) Die Abgrenzung zur CDU wird mit deren Abhängigkeit von Wirtschaftsinteressen begründet: „Ich grenze mich von der CDU ab, weil ich den Eindruck habe, die sind völlig in den Händen der transnationalen Konzerne und von Amerika." (13) Als Grund werden auch „jegliche christliche Parteien" (16) genannt und verworfen.

Das Wahlverhalten bei der Wahl zum Bundestag, zum Landtag, zur Gemeindevertretung:
Überwiegend wird angegeben, dass zwischen den Wahlen zu Bundestag, Landtag und zur Gemeindevertretung grundsätzlich unterschieden wird. Lediglich zwei Befragte unterscheiden ihr Wahlverhalten diesbezüglich nicht. Bei Bundestags- und Landtagswahlen trifft die Mehrzahl die Entscheidung nach den Parteipräferenzen. Bei Kommunalwahlen steht überwiegend der Kandidat im Mittelpunkt. Parteien und „Freie Wählergemeinschaften" werden von neun Interviewten als Grund ihrer kommunalen Wahlentscheidung angeführt. Panaschieren und Kumulieren erwähnen hier zwei Interviewpartner.

Zur Begründung des unterschiedlichen Wahlverhaltens wird für die Kommune die Bedeutung des Kandidaten und der Kandidatin unterstrichen: „Die Gemeindevertretung ist sehr personenbezogen, finde ich. Da muss mir der Typ gefallen. Und beim Landtag, da entscheidet für mich eigentlich immer die Partei, genauso bei der Bundestagswahl." (4) Und: „Auf Landtagsebene und Bundestagsebene gucke ich mir die Parteien an. Was für 'ne Art von Koalition würde ich mir wünschen. Und auf kommunaler Ebene gucke ich wirklich nach den Persönlichkeiten und bin dankbar, dass sich das auf der kommunalen Ebene auch unterscheidet." (10)

Nichtwähler:
Aus den Interviews kristallisierten sich vier Antwortgruppen heraus: (1.) Nichtwählen ist nicht gut, (2.) es gibt dafür absolut kein Verständnis, denn

Wählen ist Bürgerpflicht, (3.) eine regelrechte Wahlpflicht sollte eingeführt werden, und – als Minderheitenposition – (4.) es gibt Verständnis, man sollte Nichtwähler nicht verurteilen. Die Mehrzahl spricht sich gegen Nichtwählen und für die Geltung der Wahlnorm als demokratisches Grundprinzip aus.

Tabelle 19: Die Betrachtung der Nichtwähler

	Anzahl	%	Ablehnung der Nichtwähler in %	Verständnis für Nichtwähler in %
Nichtwählen ist nicht gut	10	35		
Absolut kein Verständnis, Wählen ist Bürgerpflicht	8	29	71	
Wahlpflicht einführen	2	7		
Verständnis für Nichtwähler, nicht nur verurteilen	8	29		29

Von den Befragten lehnen zwanzig Nichtwählen, oft auch Nichtwähler entschieden ab. Nahezu zwei Drittel finden es nicht gut oder fordern sogar die Wahlpflicht. Die Absage an Nichtwähler wird folgendermaßen begründet und vorgetragen: „... finde ich ganz falsch, ganz falsch ... auch wenn man Politikverdrossen ist. Aber wenn man gar nicht wählt, kann man auch nicht mitreden.“ (1) – „Die Wahl ist die Bürgerpflicht. Wenn man nicht wählt, ist es schlecht zu kritisieren. Also eigentlich, wenn man kritisiert, müsste man auch bereit sein, sich selbst als Kandidat aufzustellen ... Wenn es also zeitlich nicht klappt, gibt es ja die Möglichkeit Briefwahl usw. ... es gibt Möglichkeiten an jeder Wahl teilzunehmen.“ (9) – „Also, ich denke, wir müssen wählen ... Anderswo lassen sich die Leute dafür einsperren und sogar totschlagen.“ (2)

Allgemein pluralistisch, wenig spezifisch äußern sich die wenigen einlenkenden Stimmen: „Zum Teil hab' ich Verständnis. Viele sind enttäuscht ... fühlen sie sich nicht angesprochen.“ (10) Und: „Einmal denke ich: Es ist ihr gutes Recht, auch wenn sie ein Recht nicht wahrnehmen, das man ja errungen hat.“ (20) Nur ein Interviewter (7) verbindet Nichtwählen mit einem anomischen Blick auf die Entwicklung. Diese schildert er als eine zerfallende, vom rapiden Wandel überrannte Ordnung, die kaum noch zu begreifen ist. Das lässt ihn aus Protest an Nichtwählen denken, wovor er zurückschreckt und sich zur Wahlnorm verpflichtet.

Insgesamt hat das demokratische Recht der Wahl unter allen Befragten ohne Unterscheidung von Alter, Geschlecht und Bildungsstand einen hohen Stellenwert. Die narrativen Beschreibungen drücken diesbezüglich sehr viel demokratisches Verantwortungsbewusstsein aus. Dies verdeutlicht die Aussage eines Befragten, der 1985 die deutsche Staatsangehörigkeit erwarb und aus politischen Gründen vorher nicht wählen durfte:

„Ein großer Fehler ist das für mich, wenn man nicht wählt … Seitdem ich die deutsche Staatsangehörigkeit habe, habe ich immer gewählt, seit 85, vorher durfte ich gar nicht." (16)

6.8 Was sonst noch zu sagen wäre

Zur Abschlussfrage äußern sich nur drei Interviewpartner nicht. Ebenfalls drei verneinen mit kurzer Antwort, noch etwas zu erzählen zu haben. Ein Interviewter antwortet zwar: „Nein, mir liegt nichts auf der Seele" (1), ergänzt dann aber doch sein Interview durch Ausführungen zur Änderung seiner politischen Einstellungen im Alter und zur Parteipolitik im Allgemeinen. Acht Interviewte greifen auf vorher gestellte Fragen zurück, fünf auf den Bereich Information.

Als neues Thema ist von Flüchtlingen und Migranten die Rede. Es äußern sich drei Interviewte. Zwei erwarten, dass mehr für Flüchtlinge getan werden kann und soll, es sei genug Geld da. Einer meint, dass man das aber auch der Jugend erklären müsse, „die es sicherlich heute nicht ganz so einfach hat wie wir früher." Ein Interviewter, selbst ein Migrant, deutscher Staatsbürger seit 1985, beklagt die mangelnde Integrationsbereitschaft der Migranten. Er fordert, dass alle Deutsch lernen sollten: „Diejenigen, die kein Deutsch können, sind für mich in Wirklichkeit wie Analphabeten." (16).

Vor allem aber wird abschließend Persönliches angeführt: Man habe mehr Zeit zum Lesen im Alter; früher sei der Einfluss des Elternhauses auf die politische Einstellungen stark gewesen; es gebe eine Tendenz zum Konservativen im Alter:

„Nun, das hat sicherlich auch etwas mit einem persönlich zu tun, dass man älter wird, und dass man vielleicht ein bisschen mehr an Besitzstand denkt; wenn man jung ist, denkt man auch so'n bisschen revoluzzermäßig ..." (1).

Zwei Beiträge betonen die gefilterte, einseitige Information durch die Medien, sie sehen Auswirkungen im eigenen Umfeld: „Die Einseitigkeit der Medien führt bei Gleichaltrigen, bei vielen der Bekannten, zu platten Einstellungen. Mir fehlt die Bereitschaft von vielen meiner Mitbürger, auch Bekannten, ehrlich politisch zu diskutieren." (20). Ein Beitrag befasst sich ebenfalls mit den Medien und resümiert kritisch: „Fernsehen, Talkrunden oder so, ja. Also ich denke, es ist ein Schwadronieren. Wenn Du Dich irgendwo mit den Freunden dann triffst, mit den alten SPD-Leuten …, da wird viel gelabert, mein' ich mal." (2).

Zu politischer Partizipation äußert sich ein Interviewter: „Versammlungen und so, das ist sicher nicht schlecht, wenn man das macht; ich hab' mir das schon mal vorgenommen, aber dann habe ich es doch nicht gemacht." (7). Ein Beitrag ergänzt Einzelheiten zur nachberuflichen Tätigkeit, eine Interviewte relativiert ihre zuvor geäußerte Einschätzung als auf der Gewinnerseite stehend: „Mir fehlt noch etwas insgesamt, damit ich sagen kann, wie eben hier, ich bin auf der Gewinnerseite. Ich könnte das erst mit Überzeugung sagen, wenn ich zum Beispiel noch als Alte studieren könnte." (22). Überhaupt, aus den Nachbemerkungen ergibt sich ein Abschnitt über Alte und Politik, über Alte im Fokus von Parteien. So äußern sich drei Interviewte lobend: „Also erstens finde ich das klasse, dass so etwas überhaupt läuft." (22).

Zum Verhältnis zwischen Politik und älteren Menschen steuern abschließend zehn Interviewte noch etwas bei. Zwei argumentieren im Tenor fordernd und mit Beispielen (mehr Pflegepersonal, Essen auf Rädern, Sozialwohnungen), die Politik soll das für Ältere tun (4, 27). Ähnlich ist ein Hinweis zur Demenzpflege: „… es geht … um … Spielzeugroboter, die man dementen Menschen als Ersatz für menschliche Zuwendung anbietet und anbieten will … dass das überhaupt in der Denke der Menschen ist, das find' ich dramatisch … das ist auch die Aufgabe der Politik, sich da zu kümmern." (23).

Zur Rolle der älteren Menschen werden unterschiedliche Antworten gegeben. Zur Einbindung Älterer in politische Prozesse: Drei Interviewte beklagen, die Älteren würden zu wenig beachtet und gehört: „es ist noch viel Raum nach oben hin offen, diese älteren Menschen auch einzubeziehen, aktiv einzubeziehen in das gesellschaftliche Leben und sie nicht abzuschieben irgendwie an den Rand der Gesellschaft, als hätten sie keine Bedeutung." (3).

Zur besseren Beurteilung politischer Themen: Drei Interviewte halten politische Fortbildung im Alter wichtig, eine schlägt Gesprächskreise, etwa bei der VHS, vor, eine weitere Interviewte hatte selbst privat zeitweilig einen politischen Stammtisch organisiert.

Zur generationenvergleichenden Selbsteinschätzung: Ein Interviewter appelliert an die Älteren selbst, „dass wir uns verabschieden sollten von so einer Bitternis, die oft unsere Stellungnahmen eben auch prägt, und abschätziges Sehen auf die Jugend und auf die Verhältnisse und nicht so sehr glorifizieren, was früher gewesen ist." (12)

Ein Interviewter summiert: „Ich bin zum Glück kein Politiker. Ich muss das nicht entscheiden, wo die Geldtöpfe verteilt werden." (4). Auch finden sich gewissermaßen biografische Schlussworte: „Ich hatte ganz große Ziele. Das ist so, wenn man als Kind, als erstes Kind in der Familie da ist, und schon mit ganz jungen Jahren gesagt bekommt: Pass' auf deinen Bruder auf und pass' auf den andern auch auf … und ich wollte, wollte, wollte und konnte nicht, weil ich gebunden war." (22) – „Früher ist mir die Politik, Veränderungen in der Welt und die Möglichkeiten, wichtiger gewesen als heute. Heute ist mir das Persönliche wichtiger (…) und jetzt, wo ich kein offizielles Amt mehr habe, und wo meine Kinder mich nicht mehr brauchen, da komme ich mir frei genug vor, diese ganz persönlichen Dinge, die hinten angestanden haben, etwas in den Fokus zu nehmen … Ich hab' früher nie Zeit gehabt." (26).

Kapitel 7

Eine Typologie der politischen Bildung im Alter

Um die 28 Interviews der Jahreswende 2014/15 zu interpretieren, sind zunächst die biographischen Einzelfälle und die thematischen Querschnitte betrachtet worden. Danach sind im Raum der Achsen politischer Aktivitäten und der Bedeutung von Politik als Stoff von Reflexivität und Handlungsleitung Typen politischer Bildung im Alter gesucht worden. Methodisch sind Kernkategorien der Einstellung und des Verhaltens zur Politik zu einerseits in sich homogenen und andererseits voneinander abgegrenzten Typen verdichtet worden. Differenzierend wirken sich besonders die verschiedenen politischen Aktivitäten aus. Bedeutung und Aktivität ergeben, bei vorrangiger Betonung von Aktivität, die Typen der „Nachdenker“[81], „kritisch Engagierten“[82], „Selbstverwirklicher“[83] und „Gestalter“[84].

Abbildung 4: Typen politischer Bildung im Raum von Bedeutung und Aktivität[85]

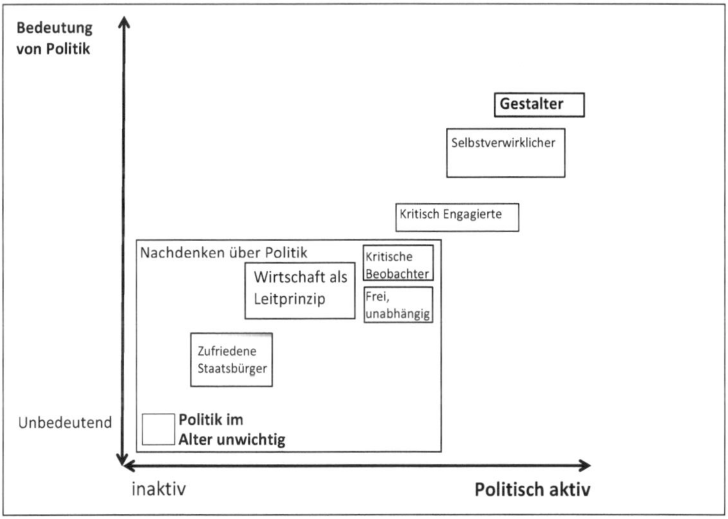

81 Zugeordnet werden die Interviews 1, 3, 5, 6, 7, 8, 9, 11, 14, 15, 16, 17, 19, 21, 26.
82 Zugeordnet werden die Interviews 18, 24, 27.
83 Zugeordnet werden die Interviews 2, 4, 13, 20, 22, 23, 28.
84 Zugeordnet werden die Interviews 10, 12, 25.
85 Die Größe der Felder entspricht der Anzahl der Personen, die zum Typ und Untertyp gehören.

Allen Befragten ist Politik wichtig, alle lehnen Nicht-Wählen wie „rechte" Parteien ab, alle wenden ihr politisches Interesse vornehmlich dem Nahraum, der sie direkt umgebenden Lebenswelt zu: Politik wird vor allem in der Kommune und dem sozialen Umfeld betrachtet, an erfahrbaren Ergebnissen und eigenen Anstrengungen wird sie gemessen. So ergibt sich für Beobachtung, mehr noch für politische Aktivitäten ein „Sinn" in (nicht: von) Politik.

Neben diesen Gemeinsamkeiten grenzen Unterschiede die Typen voneinander ab. Die Spannweite reicht von einer mit dem Alter verknüpften Verabschiedung von Politik bis zur politischen Gestaltung im Stadtparlament, als besorgt-aktiver Bürger in der Gemeinde oder in einem an Gerechtigkeit orientierten Verein wie in entsprechenden Familien- und Kommunikationsnetzen.

7.1 Die Nachdenker

Dieser Typ ist im Interviewsample am stärksten vertreten. Mehr als die Hälfte der Interviewpartner sind Nachdenker. Damit sind sie zwar mit Politik befasst, werden aber nicht aktiv, betrachten das Gemeinwesen, das politische System von außen. Wie?

Nachdenker bilden eine große, im Erscheinungs- und Stimmungsbild wohl die tonangebende Gruppe. Sie reflektieren Nachrichten, politische Entwicklungen und Gegebenheiten bewusst, regelmäßig und gründlich, ohne jedoch aus dieser Rezeption einen Impuls zu eigener Aktivität zu generieren. Politik ist für diesen Typ ein mehr oder weniger systematisch, intellektuell oder emotional bedachtes, meist doch ernst genommenes Themenfeld. Der Nachdenker sieht keine Veranlassung, seinen Beobachtungen Engagement und Partizipation und Praxis folgen zu lassen; sein Nachdenken über Politik betrifft die Auswirkungen der Politik selbst, mehr aber jene auf die eigene Biographie. Die Reflexion von Werten – von der Zufriedenheit mit der inneren Sicherheit im Staat bis zu Gerechtigkeit und Freiheit – thematisiert die Beziehung zwischen diesen Werten und ihrer Realisierung innerhalb gesellschaftlicher Gruppen (Jugend, Alte und „Arme" werden dabei betrachtet). Kritische Positionen werden nicht als Kritik aus Prinzip vorgetragen. Wählen gilt mehrheitlich als Bürgerpflicht.

Beide Werte zur „Political Efficacy"-Einschätzung, die angenommene eigene und systemische Kompetenz für Politik, liegen für Nachdenker im Schnitt knapp über den entsprechenden Werten der übrigen Befragten. Anders sieht es bei den Persönlichkeitseigenschaften aus: Nachdenker schätzen sich im Durchschnitt als introvertierter, weniger offen, jedoch gewissenhafter ein.

Beim Nachdenken über Politik sticht ein Untertyp „Wirtschaft als Leitprinzip" hervor. Als Bilanz seiner Lebens- und Berufserfahrungen, auch seiner eigenen Aufstiegsgeschichte beschreibt er die (kapitalistische – so aber nicht bezeichnete) Wirtschaft und den Ausgleich zwischen Erwirtschaften und Ausgeben als dasjenige, einzig geltende Realitätsprinzip[86], dem eine realistische, verantwortungsethisch geleitete Politik zu folgen habe. Dieses Wertsystem verfügt einerseits über klare Kriterien, ist andererseits aber ökonomistisch („bourgeois") und vernachlässigt andere, soziale Komponenten einer bürgerlichen politischen Verfassung, die Eigenschaften des „Citoyen" und das Gleichgewicht der partizipativ geprägten „Civic Culture" (Almond/Verba), der Bürgerkultur.[87] Unabhängig vom Geschlecht, bei hoher Einschätzung der eigenen politischen Kompetenz und einer Selbsteinstufung als offen und gewissenhaft fällt auf, dass aus dem Untertyp „Wirtschaft als Leitprinzip" die Missachtung des Prinzips Parteien und dem politischen System kritisch vorgehalten wird, um dann die AfD als Ausdruck dieses Protests zu wählen (1, 5, 17).[88] Dies verbindet sich gleichzeitig mit der Distanzierung von der politischen Rechten (an diesem Punkt lässt sich auch ein „kritischer Beobachter" auf die Wahl der AfD ein [7]).

7.1.1 Politik wird im Alter weniger wichtig

Das Nachdenken über Politik ist bei diesem Untertyp abgeschlossen, Politik ist abgehakt. Ihr wird im Alter eine untergeordnete Rolle für das eigene Leben zugewiesen. Das war nicht immer so. Die „Bewegung" der 68er hatte Hoffnungen begründet, soziale Veränderungen kündigten sich an. Von dieser

86 Empfunden wird es nicht negativ, nicht als Internalisierung von Werten und Verhaltensweisen, die einen „eisernen Käfig" der Rationalisierung und Bürokratie (M. Weber) ergeben. Das Leitprinzip Wirtschaft wird von negativen Erscheinungen abgekoppelt. Der Untertyp verbindet damit Aufstieg, definiert es absolut und positiv.

87 Heitmeyer (Gruppenbezogene Menschenfeindlichkeit, S. 35) redet von „roher Bürgerlichkeit" – ein zu undifferenziertes Urteil, wie die Brechungen des Untertyps „Wirtschaft als Prinzip" zeigen.

88 Bei Charakterisierung der AfD ist der Interviewzeitraum zum Jahreswechsel 2014/15 zu berücksichtigen. Die Forschungsgruppe Wahlen bezeichnet die AfD in der Europawahl vom Mai 2014 als „rechtspopulistisch" und EU-kritisch. Die AfD gilt nicht als rechtsaußen, sondern als „europaskeptisch-populistisch"; noch weniger festgelegt, wird sie für die Bundestagswahl 2013 beschrieben (die AfD erhält am 22. 9. 2013 4,7 % der Zweitstimmen). Zur Bundestagswahl tritt die AfD ausgeprägt für die Assimilation der Einwanderer ein. – Vgl. FGW Bericht 156, S. 15; Cas Mudde, Rechtsaußen, die Große Rezession und die Europawahlen 2014, in: Aus Politik und Zeitgeschichte, 12/2014, S. 16 – 24; Matthias Jung u. a., Angela Merkels Sieg in der Mitte, in: Aus Politik und Zeitgeschichte 48-49/2013, S. 13; Schmitt-Beck, Zwischen Fragmentierung und Konzentration, S. 164-166.

Euphorie, die zu Konflikten mit den Eltern, auch zu einem Gestaltungswunsch der Arbeitswelt geführt haben, ist nichts geblieben, nüchterne Erkenntnisse zur Natur des Menschen sind an ihre Stelle getreten. Grüne und Linke sind Teil der Enttäuschung, der SPD hält man die Treue, ohne Begeisterung. Die SPD ist „von der großen Linie her ... noch am zuverlässigsten". Das Wahlrecht sollte man wahrnehmen, aber „es wird nicht viel bewirkt". Das Informationsbedürfnis ist begrenzt.

Die Abwendung von der Politik ist jedoch nicht gleichzusetzen mit Resignation. Sie scheint vielmehr der persönlichen Erkenntnis geschuldet zu sein, dass es in der jetzt anstehenden Alterspasssage Wichtigeres gibt: Aus Enttäuschungen gestärkt hervorgegangen zu sein, „geschafft zu haben, was man wirklich wollte", privat und beruflich, nun Zeit zu haben, für persönliche Dinge und kulturelle Unternehmungen, das tritt in den Vordergrund. Der freigewordene Zeitraum wird persönlich und kulturell gefüllt.

7.1.2 Der zufriedene Staatsbürger

Die persönliche Zufriedenheit bringt dieser Typus durch seinen pragmatischen Umgang mit der Politik und einem positiven Blick auf die Lebensumstände zum Ausdruck. Politik wird wahrgenommen als Gestaltung und systematische, erfolgreiche – z. B. Sicherheit gebende – Voraussetzung des Lebensumfeldes. Die Parteipräferenzen bewegen sich in einem klar abgesteckten Rahmen, innerhalb dessen eine Wechselwahl-Bereitschaft besteht. Die Wahlentscheidungen fußen auf einer zum Teil Jahrzehnte anhaltenden Treue zu ein oder zwei Parteien: „Also meine Sympathien oder mein Glaube in, an bestimmte Parteien und deren Programme sind ziemlich konstant geblieben." Und weiter: „Ich hab eigentlich in den letzten 30 Jahren meine politische Meinung nicht geändert." (3). Parteipräferenzen werden weniger vor einem ideologischen Hintergrund getroffen (oder rational abgewogen), sondern stärker aus der jeweiligen politischen Lage und persönlichen Betroffenheit entwickelt. Die Haltung der Politik gegenüber ist sowohl konservativ, wie auch offen, ohne jede Rigidität. Zu seinen Wahlentscheidungen sagt ein Interviewter: „Ich bin ein Wähler, der [eine] Grund-Tendenz hat zum Konservativen, aber auch ein Wechselwähler ist ..." Und: „Ich treffe die Wahlentscheidung, wie gesagt, aufgrund der Wetterlage in der Kommune oder im Land, im Bund oder in Europa."(15).

Die Arbeit politischer Parteien wird positiv gewürdigt. Dies gilt nicht nur für die favorisierte Partei, sondern auch parteiübergreifend für ein demokratisches, nicht radikales Parteienspektrum. Es gibt eine offene, klare Vorstellung über die Bedeutung der unterschiedlichen Politik-Richtungen für ein differenziertes Politikspektrum. Dies stellt die folgende Interviewäußerung dar: „Ich meine, es gibt ja wohl mehr als eine Partei, die wählbar ist.“ Weiter: „’ne liberale Partei gehört mit ins EU-Parlament.“ (21).

Das Nachdenken über Politik folgt überwiegend einem konstruktiven Grundton. Es steht nicht Kritik im Vordergrund, sondern die Anerkennung für den erfolgreichen Umgang der Politik mit den Herausforderungen der Zeit. Gegenüber den rechts- und links-extremen Parteien erfolgt eine klare Distanzierung. Zur Wahl zu gehen, wird als staatsbürgerliche Pflicht betrachtet.

Das Informationsbedürfnis der Befragten ist hoch und konzentriert sich auf die einschlägigen Medien, politische Veranstaltungen werden nicht besucht.

Ihre Lebensläufe, die ohne größere Umbrüche verlaufen sind, stellen die Interviewten positiv dar. Eine prosperierende Wirtschaft und ein stabiles politisches System haben – vor allem neben der eigenen Lebensleistung – es ihnen ermöglicht, ein zufriedenstellendes Leben führen zu können. Diese Zufriedenheit kommt in folgendem Zitat zum Ausdruck: „Wir leben in einem Land, in dem man sicher ist im Vergleich zum Rest der Welt, in dem demokratische Verhältnisse herrschen, in dem die Menschen keine Angst zu haben brauchen und sozial einigermaßen gut aufgefangen sind, im großen Ganzen.“ (3). Gestützt auf diesen Hintergrund sehen sich alle Interviewten auf der Gewinnerseite ihres Lebens.

7.1.3 Wirtschaft als Leitprinzip

Die Mehrheit (acht von fünfzehn) der Interviewpartner, die Politik als Thema fürs Nachdenken begreifen, lassen sich dem wirtschaftsorientierten Lager zurechnen, entweder „schon immer“, oder aber sie sind inzwischen, mit dem Alter, im Beruf dort „angekommen“. Die Befragten, die diesen Untertyp bilden, sehen es als grundsätzliche Aufgabe der Politik an, mit den ihr zur Verfügung stehenden Mitteln die Grundlage für ein reibungsfreies Funktionieren der Wirtschaft zu schaffen und zu stabilisieren. So kann Politik mit kontinuierlichem Wirtschaftswachstum Wohlstand für möglichst viele Menschen sicherstellen. Ein Thema wie „Soziale Gerechtigkeit“ wird nur beiläufig erwähnt: „… ja, soziale Gerechtigkeit finde ich wichtig, welche Partei auch Schwerpunkte für die Bildung hat, d. h. für die Kinder, für die Zukunft, das finde ich sehr wichtig, daran bin ich interessiert.“ (5) Diese Anbindung des Urteils primär an Wirtschaft, Auskommen und Sicherheit führt auch zu der vorrangig wirtschaftsbetonten, um Wirtschaft (qua Reichtum und Wachstum) besorgten Wahl der AfD.

Ein auffallendes Merkmal des Untertyps „Wirtschaft als Leitprinzip“ ist der wirtschaftliche Aufstieg, den alle hier eingeordneten Befragten hervorheben:

Interviewpartner 17 hat sich „in Frankfurt sehr viel weiter entwickelt ..., als wenn [er] im Ruhrgebiet geblieben wäre." Auch legen die Interviewpartner besonderen Wert auf Sicherheit in ihrem Leben. Das Sicherheitsbedürfnis bezieht sich auf den materiellen Aspekt, insbesondere auf eine sichergestellte Versorgung. Die Kriterien, ein wenig auch eine Enttäuschung, beschreibt folgendes Zitat: „... dass man mir mal vor Jahren ... ausgerechnet hat, wie man im Alter vernünftig mit dem Geld auskommt, um einen vernünftigen Lebensabend zu gestalten, und wie man sein Geld anlegt, und da ist ja nun in der Politik viel passiert, dass diese ganzen Geldanlagen nicht mehr das versprechen, was sie mal versprochen haben." (5)

Fast alle der hier Eingruppierten haben ihre politische Einstellung im Laufe ihres Lebens von einer eher kommod „linken" Einstellung hin zu einer konservativ-wirtschaftsdominierten Auffassung verändert. Die neue Haltung halten sie für die Realität, die sie erkannt haben, nach der sie sich nun richten. Interviewpartner 17 sagt, gefragt nach seiner politischen Entwicklung: „Nun, wie immer, in der Jugend ‚rot', danach ‚liberal' und später ‚schwarz' ..." Und „... beide Parteien, die SPD, als auch die CDU, haben einen Wettlauf, wer die meisten sozialen Wohltaten unters Volk bringen kann. Es interessiert beide wenig, wo das alles verdient werden soll ..." Eine Interviewte (1), frühere SPD-Stammwählerin, hat sich unter dem Eindruck zu hoher Sozialausgaben von der Partei abgewendet, denn es gibt „... immer weniger Leute, die arbeiten, und es wird immer mehr verteilt."

Keiner unserer Interviewpartner sympathisiert mit rechtsextremen Parteien. Wenn sich jemand im Frühjahr 2014 für die AfD entschieden hat, dann deshalb, weil die AfD zum damaligen Zeitpunkt aus diesem Kreis vor allem als eine Euro- und wirtschaftskritische Partei wahrgenommen worden ist. Für sämtliche Befragte ist eine rechte Partei nicht wählbar, ebenso klar ist die einhellige Ablehnung der Linkspartei, die auch als radikal angesehen wird.

7.1.4 Frei und unabhängig

Für diesen Untertyp spielt Wirtschaft keine zentrale Rolle; ob Aufsteiger oder nicht, die ökonomischen Rahmenbedingungen der eigenen gesellschaftlichen Verortung werden nur am Rande thematisiert. Als Angehöriger der oberen Mittelschicht gilt wirtschaftliche Unabhängigkeit als wichtig, aber sie ist ein eher selbstverständlicher Bestandteil der Biografie. Ein Umfeld, ein allgemeiner Aufschwung: Das spielt keine bestimmende Rolle. Der Typ informiert sich mit großem Interesse für Politik über die traditionellen Medien Zeitung, Fernsehen, Radio, hat relativ hohes Vertrauen in die professionelle Politik und sorgt sich daher nur abstrakt um die Lösung politischer Probleme. Er begleitet das politische Geschehen bei aller Einzelkritik wohlwollend und stellt es nicht grundsätzlich infrage.

Sein Verhalten zur Politik ist: Abstand wahren. Persönliche Unabhängigkeit, die er gegen „Allseinsfürsorge-Mentalität“(6) bei den Grünen, der SPD und teilweise sogar bei der CDU behauptet, hält er für sehr wichtig: „...dieser paternalistische Gedanke der Grünen, dass die wissen, alles, was gut ist, was die Leute zu machen hätten, das hat mich... abgestoßen...“(19). Frühere Parteibindungen, die nie wirklich fest waren, werden aufgegeben zugunsten einer immer neu auszulotenden Übereinstimmung mit den eigenen Vorstellungen, allerdings im engen Rahmen einer konservativ gewordenen, konfliktscheuen Grundstimmung; weder links- noch rechtsextreme Parteien haben eine Chance.

Dazu passt, dass selbst umwälzende politische Ereignisse und Entwicklungen ihn persönlich nicht aus der Bahn werfen: „Wenn ich an die Wiedervereinigung denke ... Kohl, Gorbatschow und all diese ganzen Fragen. Das war natürlich ganz wichtig für mich, in der Wahrnehmung, aber es hat meine persönliche Lage nicht verändert...“(19). Auf der Grundlage geglückter familiärer Beziehungen, der Einbettung in ein stabiles Umfeld und sozialer Sicherheit kommt dieser Typ der Freien und Unabhängigen gut zurecht, solange ihn die Politik in Ruhe lässt.

7.1.5 Kritischer Beobachter

Diesem Untertyp ist die zunehmende Unübersichtlichkeit und Komplexität des Weltgeschehens suspekt. Er empfindet dies als bedrohlich. Er gehört zu jener Gruppe, die sich nicht uneingeschränkt auf der Gewinnerseite sieht und formuliert Ansprüche an die Regierenden, glaubt jedoch als politischer Skeptiker nicht, dass die etablierte Politik sie ihm erfüllt.

Soziale Gerechtigkeit, Wirtschaftspolitik „nicht nur für die Industrie und die Reichen ..., sondern [für] die Masse des Volkes“(7), unter ausdrücklicher Einbeziehung europapolitischer Gedanken („Gegengewicht schaffen gegen diesen Koloss in Brüssel“ [11]): Das ist wichtig. Aus dieser Haltung ist die Wahl der AfD möglich (7). Mehrheitlich aber bezweifeln kritische Beobachter angesichts der Beschränkungen, denen das politische System im internationalen Machtgefüge unterworfen ist, dass die Politik dieses zentrale Versprechen Gerechtigkeit einlösen kann.

Von den traditionellen Volks- und Großparteien haben sich kritische Beobachter entfernt, weil, so die Meinung, die Parteien um des Machterhalts und der Mehrheitsbeschaffung willen ihre Programme missachten, miteinander kungeln und Wahlversprechen über Bord werfen. Der Typ hat daher wenig

Vertrauen in Parteien und kann sich durchaus vorstellen, Parteien außerhalb des Mainstreams zu wählen – als Protest. Zu extremen Positionen neigt er gleichwohl nicht, wobei die Abgrenzung vor allem nach rechts entschieden ist.

Bei aller Nachdenklichkeit und dem Erkennen politischer Problemfelder gelangt dieser Typ nicht zu politischem Handeln, obwohl er mögliche Optionen kennt. Besonders gravierende Ereignisse nimmt er zur Kenntnis und orientiert seine politischen Ansichten daran, bleibt in seiner Grundstimmung jedoch stabil: „Man entwirft sich aus sich heraus immer in eine bestimmte Richtung, mehr oder weniger vorstrukturierten Richtung"(11). Er ist eher auf Familie und Partnerschaft ausgerichtet und nimmt Kulturangebote wahr.

7.2 Die kritisch Engagierten

Die kritisch Engagierten sind stark an Politik interessiert, halten sich für sehr kompetent, Politik zu verstehen, sie sind aber nicht parteipolitisch engagiert. Das Informationsbedürfnis ist groß, „alle erreichbaren Medien" (18) werden konsultiert. Immer sind es Gespräche, die zur Meinungsbildung beitragen. Kritisch Engagierte sind extrovertiert und offen. Sie betonen so ihren Tatendrang, der aber nicht in politische Aktivität mündet, vor diesem Schritt von Kritik zur Tat schrecken sie zurück. Da legt man sich nicht fest, bezeichnet sich als elastisch im Sinne einer aufgeschlossenen, programmatisch nicht festgelegten Prüfung (18); man unterstreicht Lebensneugier und Unabhängigkeit (24) und möchte in sich ruhen (27).

Auch ohne parteipolitisches Engagement ist ihr Verhältnis zum Staat grundsätzlich positiv. Diese wohlwollende Haltung wird deutlich in der emotionalen Beurteilung des Wahlrechts: „Ich würd' mich auf der Bahre zu Wahlurne tragen lassen."(18). „Ich hab schon ungültig gewählt, alles durchgestrichen, draufgeschrieben: niemand für mich wählbar! Aber Nichtwählen gibt es nicht." (24). Das wäre „furchtbar ... denn sonst kann ich ja nicht schimpfen" (27). Ihre Überzeugungen diktieren den kritisch Engagierten auch die Abgrenzung von bestimmten Parteien: „... obwohl ich aus Bayern komme ... die CSU [ist] für mich nicht wählbar." (18) Und: „Ich hab mich immer gegen die CDU abgegrenzt" (24), so ist der kritisch Engagiert auch gegen die AFD, „und dann kommen die andern Rechten, die ich gar nicht nennen möchte." (27). Im Übrigen sind sie jedoch parteilich nicht festgelegt, sie sind Wechselwähler. Bei der Wahl kümmert man sich durchaus um sachliche und personelle Details, „essentielle Fragen" (18), „Ankündigungen vor der Wahl und das Tun nach der Wahl ..." (24) und Personalentscheidungen. „... wenn die da so einen Typ hinsetzen." (27), dann wird diese Partei schon mal nicht gewählt. Die eigentliche Entscheidung erfolgt „situationselastisch"

(18), nicht weltanschaulich gebunden. Sie orientiert sich an der politischen Praxis und den handelnden Personen. Gerade auch kommunale Vorgänge werden eng verfolgt.

Ungeachtet eventueller gesundheitlicher Probleme ist dies ein agiler Typ, aufgeweckt, ständig unterwegs, kulturell interessiert, lebensneugierig. Defiziten im Gemeinschaftsleben wird mit Anregungen und Vorschlägen begegnet, sie sind aber auch Gegenstand des direkten Engagements. Aufwand, Einsatz und Ertrag des gesellschaftlichen Engagements sind unmittelbar erfahrbar. Was man für andere tut, tut man auch für sich, man hat Freude daran. Ein Kinderkochwagen, das „Slowmobil", wird auf die Straße geschickt (18), man lektoriert wissenschaftliche Arbeiten für Verwandte und Freunde (24), man hilft Kindern, die Leseschwierigkeiten haben, bei ihren Hausaufgaben (27).

7.3 Die Selbstverwirklicher

In der Auswahl bilden Selbstverwirklicher den am zweitstärksten vertretenen Typ, sie stellen ein Viertel des Sample. Zum Großteil sind sie von den eigenen politischen Fähigkeiten überzeugt und betonen ihre Offenheit. Wenn sie dem politischen System mangelndes Engagement vorwerfen, dann geschieht dies sehr eindeutig und nachdrücklich. Für Selbstverwirklicher ist Politik kein Eigenwert. Sie sind gesellschaftlich aktiv, teilweise sind sie sehr engagiert, zeitlich, vom Aufwand her, aber ihre ausgewählten Aktivitäten in karitativ-sozialen oder kulturellen Einrichtungen (als Helfer oder kulturelle Selbstdarsteller) dienen dazu, der eigenen Lebenswelt einen sozialpolitischen Sinn zu geben. Sinn und Ego sind maßgeblich. Im Extrem geht es um das Ziel, verpasste Lebens- und Berufschancen im Alter doch noch zu ergreifen (dies ergibt als Untertyp den „Ichbezogenen Sucher").

7.3.1 Der Helfer

Alle Befragten des Typs Helfer sehen sich auf der Gewinnerseite, bezeichnen ihren Gesundheitszustand als sehr gut bis gut, sind in jeder Hinsicht mobil. Ihre Persönlichkeitsmerkmale sind Offenheit, Phantasie und Geselligkeit. Gemeinsam ist ihnen ein geringes Vertrauen in Regierung und Berufspolitik und eine skeptische bis schroff ablehnende Haltung dagegen. Dies wird eher mit subjektiven Eindrücken als mit Fakten begründet, Politik „ist immer nur Blablabla" (4). Es gibt aber auch Begründungen: „Unsere Regierungen … sind nicht mehr die eigene Regierung, sondern die transnationalen Konzerne ziehen die Strippen" (13). Das gilt als erfahrungsgesättigt.

Mit Ausnahme des Befragten 4, der sich als Helfer eher spontan, ohne explizite Begründung, engagiert („Ich mach das halt. Warum auch immer. Keine Ahnung."), sind Helfer politisch sehr interessiert und gut informiert. Eher medienskeptisch, ziehen sie auch unkonventionelle Informationsquellen z. B. politisches Kabarett heran und besuchen gelegentlich thematisch und von den Veranstaltern her interessante politische Veranstaltungen, parteipolitische Veranstaltungen dagegen werden gemieden. Sie schätzen sich selbst als politisch kompetent ein und reflektieren ihre politische Meinungsbildung als ein Zusammenspiel von Information, eigenen Beobachtungen, Erfahrungen und grundlegenden Wertvorstellungen sowie intensivem persönlichem Meinungsaustausch.

Bei aller Politikskepsis nehmen sie ihre Beteiligung an Wahlen sehr ernst, betonen aber auch ihr Verständnis für die Motive von sozial und ökonomisch „abgehängten" (13), von der Politik frustrierten Nichtwählern. Sie sympathisieren mit dem linken Parteienspektrum, schwanken zwischen den Grünen und der Linken. Abgrenzung erfolgt gegen rechte Parteien, einschließlich der AfD.

Dem subjektiv empfundenen Versagen der großen Politik setzen die Helfer ihre eigenen sozialen und politischen Werte und Ziele, die auf prägenden biografischen Erfahrungen beruhen, und ihr daraus abgeleitetes soziales Engagement entgegen. Die Werte haben eine sozial-karitative Ausrichtung. Innerhalb dieses Rahmens reichen sie von einer allgemeinen „sozialen Einstellung" (4) über die Verantwortung der Menschen für „die ganze Welt" und für ein „solidarisches" und gewaltfreies „Zusammenleben" (13) bis zu Offenheit, Toleranz und Treue zu den eigenen Wertbindungen (20). Im Mittelpunkt steht für alle das Gemeinwohl, der Wunsch und die Pflicht „sich zu kümmern" (23). Aktiv werden sie in Bereichen, die sie defizitär empfinden, sie übernehmen Leistungen, die eigentlich allgemein erfüllt werden sollten, aktiv werden sie im Umfeld, direkt, „face to face".

Die hinter den Wertausrichtungen stehenden prägenden Lebenserfahrungen sind unterschiedlich. Betont werden u. a. das Erleben von Hunger und Obdachlosigkeit in der Kindheit („Da waren Existenzängste.") (4), starke Ängste vor Altersarmut und Entsolidarisierung (13) oder das Erlernen von gelebter Toleranz in der Familie (20).

Spezifische Lebenserfahrungen und Wertorientierungen bestimmen die Art der Selbstverwirklichung und des sozialen Engagements. So ergibt sich aus dem Fokus auf soziale Sicherheit und aus der Erfahrung von Hunger und Existenzangst das Engagement bei der Versorgung von wohnsitzlosen Menschen und bei der Telefonseelsorge (4). In einem anderen Fall beeinflussen Gefühle der globalen Verantwortung und soziale Ängste das Engagement bei Attac, in der Sterbebegleitung und der Begleitung von Kindern und Jugendlichen (13).

7.3.2 Der kulturelle Darsteller

Der Typ, in der Auswahl der Befragten wird er von Frauen repräsentiert, betont seine große Offenheit bezüglich des sozialen Lebens und politischer Ereignisse. Politik und politische Informationen wie Diskussionen spielen eine große Rolle. Die eigene politische Kompetenz wird unterstrichen. Vor allem soziale Probleme werden beachtet, das eigene Eintreten für sozial Schwache wird betont. Politikern dagegen wird dies abgesprochen. Diese Neigung zur Politik, zum Reformismus mit einer Wende nach links (zur SPD und der Linken) ist früh in der Familie angelegt und wird durch bis heute nachwirkende Erfahrungen mit der Studentenbewegung bekräftigt. Nichtwähler und rechte Parteien (auch die AfD) stoßen auf Kritik und Unverständnis.

Der soziale Aufstieg führt von der Arbeiterschicht zur Mitte. Die gegenwärtige Lage wird trotz einiger Malaisen mit Mobilität und Gesundheit positiv beurteilt. Diesbezüglich unterstrichen werden die sozialpolitische Absicherung und soziale, kommunikative Einbindungen. Kulturelle und politische Veranstaltungen spielen im Alltag eine große Rolle. Eine rege Teilnahme an Veranstaltungen wird herausgestellt. Dezidiert werden parteipolitische Aktivitäten und Wahlveranstaltungen davon unterschieden und abgelehnt. Eigene aufwendige kulturelle Aktivitäten werden mit dem sozialen Engagement verknüpft. In diesem kulturellen Bereich ist man aktiv und stolz auf die eigene Tätigkeit. Das eigene politisch-soziale Engagement erhält die Neugier am gesellschaftlichen Leben und vermittelt selbst hinsichtlich neuer Informationstechniken Lernerfahrungen. Man lernt weiter, bleibt aktiv, offen, neugierig. Für die positive Bewertung des eigenen Lebens spielen solche Aktivitäten und das sozial-politische Engagement eine bedeutende Rolle. Beides wird klar von Parteipolitik abgegrenzt.

7.3.3 Der ichbezogene Sucher

Der Sucher geht „einfach“ seinen Weg (ankommen wird er, wie es scheint, nicht) und betont, man brauche keine Partei, um denken, um sich ein Urteil bilden zu können. Politik wird verfolgt, aufmerksam, auch mithilfe der neuen Medien, beschrieben wird sie aber als ein autoritäres System. Politik wird von den „Leithammeln“ der Parteien bestimmt. Sie kommt ihren Aufgaben nicht gut nach und hat sich im Laufe der Zeit verschlechtert. Politik liefert eine Folie, vor der man sich, ohne politische Veranstaltungen zu besuchen, kritisch intellektuell abhebt. Man begreift sich als offen und gewissenhaft.

Nach außen gewendet sucht man Mitgliedsrollen in Vereinen, die einen im Profil bestätigen. Über Politik wird in den Vereinen und im Bekanntenkreis geredet. Eigene Fähigkeiten bei der Gestaltung des beruflichen Werdeganges werden hoch eingeschätzt. Hemmnisse, die der eigenen Entfaltung im Weg standen oder einem gerade beruflich in den Weg gestellt worden sind, haben den Erfolg nicht verhindert. Dagegen werden die politischen Verhältnisse als unzureichend empfundenen. Ausgeprägte eigene Überzeugungen werden mit politischen Widrigkeiten kombiniert. Die politische Lage, politische Organisationen (ausgehend von CDU und FDP) werden so negativ bewertet, dass Verständnis für AfD und Pegida aufkommt (das seien die einzigen, die noch auf die Straße gingen). Zugleich werden Nichtwähler und rechte Parteien, besonders die NPD, abgelehnt, weil sie die Jahre von 1933 bis 1945 vergessen. Eine Protestwahl der AfD kommt dennoch in Frage, was Rebellion[89], mehr als Innovation und Demokratisierung als Kern ichbezogener Suche aufscheinen lässt. Rebellion, Ressentiments und Nachholen gehören wie Kritik zur Suche.

Sich selbst attestiert man Vitalität und Mobilität, man habe genügend Kraft und sei in der Lage noch zu studieren. Man fühlt sich auf der Gewinnerseite, hat noch etwas vor und vor sich. Bezogen auf die familiäre Herkunft unterstreicht man beruflich den Aufstieg, dem jedoch eine letzte biographische Erfüllung noch fehlt. Davon träumt man länger schon. Es bleibt bei solchen Wünschen nach z. B. einer späten Karriere in Politik oder Wissenschaft. Kleine Rollen werden nicht beansprucht, der Vergleich, das Ziel liegt hoch. Es ist nicht erkennbar, was aktiv unternommen wird, um diese Träume und das Ziel einer guten Politik (d.h. einer Politik für eine Gesellschaft ohne „Altersarmut“) zu verwirklichen.

Dem Sucher eignet etwas Tragisches an. Die Aktivitäten haben bislang bei aller Geschäftigkeit, bei allen Formulierungen von Zielen auch für die Gesellschaft und die gesellschaftliche Praxis, immer nur zu neuen Anläufen geführt. (Die Ruhe der Helfer und kulturellen Darsteller in ihrem sozialen, politischen Sinn gibt es für das Alleinunternehmen des ichbezogenen Suchers nicht.)

89 Robert K. Merton, Sozialstruktur und Anomie (1957), abgedruckt in Fritz Sack, René König (Hrsg.), Kriminalsoziologie, Frankfurt 1968, S. 283 – 313, zur Rebellion vgl. S. 310 ff; Eike Hennig, Demokratieunzufriedenheit und Systemgefährdung, in: Wilhelm Heitmeyer (Hrsg.): Was treibt die Gesellschaft auseinander? Frankfurt 1997, S. 156 ff.

7.4 Die Gestalter

Gestalter sind oder waren parteipolitisch fest, aktiv und langjährig gebunden: „ Da ich Mitglied der SPD bin ... (10) oder einer lokaler Wählergemeinschaft: „da stand ich der FWG noch näher ... als Kandidat“ (25), diese politische Rolle wird im kleinen Ort dann aber vom Vorsitz im Vereinsring und der Mitgliedschaft in vielen Vereinen abgelöst. Dementsprechend haben Gestalter ein stark ausgeprägtes Interesse an Politik und an Aktivitäten in und für ihr Umfeld. Für die hier vorgestellten Gestalter heißt dies: (1.) Engagement für die Kunst junger Menschen, für Kontakte zwischen Generationen und Lebenswelten, für die sozialfriedliche Änderungen einer Industriestadt. (2.) Tätigkeit für die gemeindliche Welt der Vereine mit ihrer Kameradschaft, direkt, unterhalb aller Parteiorganisationen für das Leben im Ort. (3.) Hilfe für Gerechtigkeit zwischen dem Süden und Norden in Europa, auch entlang eigener Familienbande, und für christliche Sozialhilfe in einer Großstadt, für Menschen in Not, und parteipolitisch, weniger vehement, gegen soziale und politische Ursachen solcher Ungerechtigkeit und Notsituationen.

Das politische Interesse der Gestalter wird früh geprägt „... durch meinen persönlichen Werdegang, ... schulisch eigentlich konventionell ... als einen christlichen Werdegang ... von der Soziallehre der katholischen Kirche ... oder auch von den diakonistischen Ansätzen, wie das der Protestantismus hat ... (12) oder durch das Elternhaus „ Weil schon meine Großeltern liberale Wähler waren. ... und mein Vater es wohl auch war.“ (25).

Das politische Engagement konzentriert sich hauptsächlich auf die Kommune, „ die Kommunalpolitik ist natürlich das Wichtigste ...“ (25), und geht über das Mandat im Stadtparlament (10) hinaus. Sie sind in mehreren Vereinen und Institutionen bis zum Vorstand tätig: „Ich bin im Vorstand des Caritasverbandes ...“(12), bin „Vorsitzende der Alzheimergesellschaft; Vorsitzende des Vereins für Kunstförderung“(10) und „Schöffe am Landgericht, Vorsitzender des Vereinsrings“ (25).

Die Gestalter haben ein großes Informationsbedürfnis; sie fühlen sich gut informiert und beanspruchen ein ausgeprägtes politisches Urteilsvermögen. Dazu nutzen sie neben den klassischen Medien auch das Internet. Sie lesen mehrere Tageszeitungen: „... hab ich mir von frühestens angewöhnt nicht nur eine Zeitung zu lesen sondern mehrere.“ (12). Gespräche, die zur Meinungsbildung beitragen, sind ihnen sehr wichtig. Sie unterstreichen ihre Offenheit.

Das Verhältnis zum Staat sehen die Gestalter positiv, das Engagement von Politikern für Alltagsprobleme und einfache Leute wird von ihnen nicht verworfen. Das Wahlrecht ist ihnen wichtig. Nichtwählern stehen sie distanziert gegenüber, diese „geben immer der verkehrten Partei ihre Stimme.

… Vielleicht denken diese Leute, ist ja egal was ich wähle, die machen ja doch was sie wollen. Ganz so ist es natürlich nicht …“ (12). Und: „… das ist schon erschreckend, dass die nicht in den politischen Diskurs eingebunden werden können … es gibt ja Theoretiker, die schon sagen wir leben in Postdemokratien.“ (10). Gegenüber rechten Parteien und der Linken grenzen sich die Gestalter ab.

Trotz eventueller gesundheitlicher Probleme sind sie agil, aufgeweckt, ständig unterwegs, sachlich und persönlich gut und weit eingebunden, kulturell interessiert und lebensneugierig. Sie fühlen sich der oberen Mittelschicht zugehörig und sind wirtschaftlich abgesichert.

7.5 Hohe Einschätzung der eigenen, geringe Einschätzung der systemischen politischen Kompetenz und weniger politisch aktiv: Wieso?

Egal welchem Typ sie angehören, bei allen Schwankungen, die Interviewpartner verfügen über gute Bildung; der Nahraum gilt ihnen viel; ein sinnerfülltes Leben ist wichtig für ihr Selbstgefühl. Zusammenfassend stellt sich die Frage:

Bei dem hohen Vertrauen in eigene Fähigkeiten, Politik zu verstehen, bei dem guten Auskommen mit all den Möglichkeiten auch für Gemeinwohl und Gemeinwesen sowie zugleich bei dem ausgeprägten Misstrauen gegenüber Parteien und (Berufs)Politikern[90], wo bleibt, wie entsteht Raum für politische Partizipation? Versöhnt die beschriebene politische Bildung im Alter diese Spannung (wie sie auch repräsentativ aufscheint[91])?

Zur Zeit der Interviews verfügen alle 28 Interviewteilnehmer über ein gutes bis sehr gutes Auskommen, sie fühlen sich sozial sicher, die überschaubare Zukunft begreifen sie nicht als Gefahr. Gesundheit, Mobilität, Lebensbilanz werden gut dargestellt (wobei es sich vielfach um regelrecht bemühte Wendungen zum Guten handelt). Die Interviewpartner sind interessiert, neugierig und offen, ihr Interesse an Politik, ihre Informationsbedürfnisse sind groß (wenngleich faktisch nur ein recht deutscher Ausschnitt an Ereignissen erfasst wird). Die Befragten ordnen sich mit Tendenz nach oben der sozialen Mitte zu und grenzen sich mehrheitlich von Rechten und Extremisten ab. Selbst wenn die AfD gewählt wird (was insgesamt fünfmal geschieht, was überproportionalen achtzehn Prozent entspricht), erklärt

90 Dabei dürfte es sich sowohl beim Selbstvertrauen wie auch beim Misstrauen um stereotype Urteile handeln. Denn nur wenige Befragte sind politisch aktiv, eine noch kleinere Minderheit kennt das Innenleben von Parteien.

91 Vgl. die Hinweise auf S. 22, 41 f.

sich dies als Protest gegen eine wirtschaftsvergessene CDU bei gleichzeitiger Absage an rechte Positionen. Die Interviewpartner repräsentieren also weder Abstieg, noch Angst.[92]

Zehn Personen, gut ein Drittel der Befragten, sind in einem weiten Sinn politisch aktiv.[93] Mehrheitlich vollzieht sich dies informell in selbstgewählten, persönlich-sozialen Bezügen der direkten Hilfe für Andere und mit Sinnstiftung für das Ego. Politik soll hilfreich spürbar sein, so macht und gibt sie Sinn und Bestätigung: Das ist die Botschaft. Selbst die drei Befragten in den am ehestens traditionellen politischen Bezügen, nämlich in Parteien und vor Ort, sehen ihre Aktivität im Nahraum und Umfeld (selbst über die Familie stellt sich der politische Bezug zum Süden Europas her (12)). Politische Aktivität bekommt ihre Motive aus dem Ich, aus dessen Wertbezügen, aus Tradition, Familie, Sozialisationsgeschichte (weniger aus der Polis selbst). Hieraus ergibt sich: Wird Politik im Nahraum und mit Sinn für Ego, von Personen, nicht von Berufspolitikern praktiziert, dann schwindet der Widerspruch zwischen Eigenkompetenz und systemischem Misstrauen. Man handelt politisch, aber nicht als Politiker, nicht für eine ferne, direkt nicht erfahrbare Wirkung.

Es kommt nur in einem Fall zu einer anomischen Schilderung (7), die beschreibt wie sich alte Ordnungen auflösen, sonst wird diese Unsicherheit mit Gestalten und kritischem Engagement verknüpft (12, 27).

Anomie bezeichnet eine sozial und kulturell unsicher werdende Ordnung, anomisch ist eine Spannung zwischen Sozialstruktur und kulturellen Werten. Anomie meint, dass soziale Wandlungen (Globalisierungserscheinungen und Nord-Süd-Ungleichheiten werden in den Interviews angesprochen) mit gegebenen kulturellen Werten nicht mehr begriffen werden[94], die Ungleichheiten, die herrschenden Interessen lassen sich beispielsweise aus Sicht von Gerechtigkeit und Demokratie schwer nur begreifen. Dem sozialen Wandel steht man begriffslos gegenüber, man fühlt sich ausgeliefert: „Früher war die Welt noch in Ordnung, heute ist alles unübersichtlich", davon geht der älteste

92 Um auf Bude und Nachtwey mit ihren Etikettierungen der Gegenwartsgesellschaft zu verweisen.

93 Mit Allbus 2014 lässt sich kein repräsentativer Vergleich für die Alten (60+) ermitteln. Laut Allbus sind von den Älteren 11 % Gewerkschafts-, 6 % Parteimitglieder. In den letzten zwölf Monaten haben 2 % an einer politischen Demonstration teilgenommen, 11 % haben eine politische Versammlung besucht. Politische Aktivitäten der Älteren lassen sich zwei Faktoren zuordnen: Direkte Kontakte (mit Medien, Politikern, im Internet, bei Versammlungen, Demonstrationen) stehen symbolischen Kontakten (durch Spenden/Sammeln, kritischen Konsum, Unterschriftensammlungen) gegenüber.

94 Merton, Sozialstruktur und Anomie, bes. S. 291 f.; Sandra Hüpping, Anomia. Unsicher in der Orientierung, sicher in der Abwertung, in: Wilhelm Heitmeyer (Hrsg.), Deutsche Zustände, Folge 4, Frankfurt 2006, S. 86 ff.

Interviewte aus (5.7). Nach Robert Merton sind Apathie und Rebellion gängige, wenig zivile Reaktionsformen auf eine anomische Lage. Institutionelle Politik, Berufspolitiker, Parteien werden verworfen, man wird unsicher in der Orientierung, sicherer aber im Abwerten. Der vorherrschende Erzählton, vermischt mit analytischen Passagen, verliert seinen neutralen Charakter, Schimpfen mischt sich ein, entschiedenere „Wesensannahmen" (N. Luhmann) spielen mit. Dem entspricht in der Summe ihrer Abwägungen die Interviewgruppe nicht. Es bleibt bei „altersmilden" (1) Urteilen, es bleibt beim Schildern des Unbehagens an der teilweise schwer verständlichen Weltentwicklung. Die gute materielle Absicherung und – im Rückblick auf den Entscheidungstrichter – die Bedeutung von Tradition, Familie und Freunden, die Abwägungen, die sich an der persönlichen Wirtschaftslage, einer Aufstiegsgeschichte, orientieren, sie mildern sowohl die anomische Spannung als auch den Widerspruch zwischen Eigenkompetenz und Misstrauen. So kommt es zwar wenig zu aktiver Politik, aber Rebellion und Protest beschränken sich auf kritische Erzählungen und ständiges, intensives Informieren. Apathie setzt sich nicht durch (7, 26), was das allgemeine Eintreten für Wählen zeigt. Die Interviewpartner sind kein Teil einer „enthemmten Mitte", die als chauvinistisch und ausländerfeindlich gilt und sozial Schwache abwertet.[95]

Auf dem Boden der langen Bildungs- und Aufstiegsgeschichte sind die Befragten in der Mitte angekommen und kultivieren die anomischen, rebellischen Teile ihres Widerspruchs, ihrer Ressentiments zu Kritik an System, Parteien, Berufspolitikern. Ihr riesengroßes Informationsbedürfnis (bei radikaler Absage an IT-Netzwerkpolitiken) schafft einen Interessenhorizont[96], dessen politisch-aktive Umsetzung gerade am ausgeprägten Sinn- und Ichbezug dieser gebildeten, kulturell partizipierenden Gruppe „scheitert." Auch erobert man nach dem Stress der Arbeit Muße und Kultur (21, 26)[97], was aktiver Politik ebenfalls entgegensteht und Politik auf einen wichtigen Interessen- und Informationstopos verkürzt.

Politische Bildung ist so einerseits durchaus vorhanden, weicht andererseits aber vor Praxis zurück und bleibt weitgehend kritisches Wissen und ein Bewertungsmaßstab. Selbst kritisch Engagierte unterlassen den Schritt zur politischen Praxis. Der Bewertungsmaßstab schwankt zwischen den Polen Wirtschaft als Prinzip, der Orientierung am eigenen Aufstieg, der Suche

95 Decker, Die enthemmte Mitte, S. 39; Wilhelm Heitmeyer, Gruppenbezogene Menschenfeindlichkeit in einem entsicherten Jahrzehnt, in ders. (Hrsg.), Deutsche Zustände, Folge 10, Berlin 2012, S. 25.

96 Dazu schon 1990: Die Älteren, S. 62 f.

97 Von den Alten klagt ein Drittel stark über Zeit- und Leistungsdruck bei der Arbeit, ein Fünftel beklagt lange Arbeitszeiten (Allbus 2014).

nach Sinn und dem Bezug auf Ego. Politische Aktivität kann sich aus der Werthaltung ergeben, wenn eine Politisierung, vornehmlich aus dem Sozialisationsfundus hinzukommt.

Tabelle 20: Gründe der Wende zu aktiver Politik

Prägungen der Interviewpartner durch ... (bei Mehrfachnennungen)			
Tradition in der Familie	1968 und Studium	Wechsel der Lebenswelt	Einbindung in den Ort, dort Interesse am Funktionieren
2, 10, 13, 20, 25, 28	2, 12, 13, 23	4, 10	25

Eine Politisierung, eine Wende hin zu aktiven Politikformen, erfolgt meist im Elternhaus oder unter dem Eindruck des Elternhauses (von dem man sich im Studium absetzt). Ein Wechsel vom Hinterland in die Stadt, nach Berlin um 1968 oder in eine „Arbeitergroßstadt" mit rapidem Wandel, ein Berufseintritt und die Begegnung mit „Menschen verschiedener Gruppierungen" (4, 10), die bewegte Studiensituation von 1968 (die Mut macht für „menschliche Zuwendung" und den Ausstieg aus gesicherten Bahnen [23]) sowie die Verankerung im überschaubaren Ort mit Haus, Familie, Freunden, Bekannten und „Kameradschaft" (25) das kann – vor dem Hintergrund von Werten aus sozialdemokratischer oder kirchlicher Tradition – Engagement hervorrufen. Einmal engagiert, wirkt der Beruf (viele Interviewte sind Lehrer) stabilisierend (2, 10, 12, 20, 23, 28), das Engagement kann dann sogar (20) im Alter in neue Aktivitätsformen einmünden, wobei sich Aktivitäten in diesem Fall von Politik zur Kirche verlagern.[98] Ein Wechsel der Konfession ist dieser neuen Aktivität vorangegangen.

Auffällig ist: Wie immer der Entscheidungstrichter theoretisch sachlich und bezüglich nicht kausaler Abwägungen und Zögern ausdifferenziert worden ist, unter den hier befragten Älteren, auch unter den politisch aktiven Personen dominieren alte Sozialisationsbezüge, die ehedem, vor 40 bis 50 Jahren, zur Politik geführt haben und in politische Entscheidungen eingeflossen sind.

Der neue, für Bewegung („move") oder radikalere Wechsel („run") verantwortlich gemachte Bezug[99] eines vielschichtigen, komplex ausdifferenzierten Weltsystems (einem „multilayered system") mit integrativen Netzwerkstruktu-

98 Zur Vermittlung von Engagement über die Eltern, zur Frage, ob dies mittel- und lnagfristig wirkt, vgl. Belit Şaka, Transmission ehrenamtlichen Engagements im Elternhaus, in: Kölner Zeitschrift für Soziologie und Sozialpsychologie 68 (2016) S. 285–307.

99 Vgl. Weßels, Voters on the Move or on the Run, bes. S. 88 ff., 167 ff.

ren (zur „network politicization“) spielt für die hier interviewte Gruppe älterer Menschen kaum eine andere Rolle als ein Gegentyp, dem sie entgegentreten.

Kapitel 8

Welche Folgerungen lassen sich aus den Ergebnissen ziehen?

Die von uns interviewten älteren Menschen rechnen sich ausnahmslos der Mittelschicht oder darüber zu. Ihre materiellen Grundbedürfnisse werden mehr als nur ausreichend befriedigt. Als Adressaten einer sich fürsorglich verstehenden Politik mögen sie nicht erste Wahl sein, mögen sie gar für Privilegierte stehen, gleichwohl lassen sich Tendenzen erkennen, die beachtenswert sind.

Offensichtlich ist nämlich, dass etliche dieser in materieller Sicherheit lebenden Älteren sich mit ihrer pekuniären Absicherung nicht zufriedengeben und sich aus einer passiven Rolle, die dem Alter traditionell zugeschrieben wird, engagiert herausarbeiten oder dies zumindest in Erwägung ziehen. Nähe zu Parteiaktivitäten ist dabei die Ausnahme, die Distanz zur professionalisierten und inszenierten Politik, auch im kommunalen Bereich, ist deutlich. Das führt vor allem zum

Engagement im gesellschaftlichen Nahraum.

Ein Zitat als Beispiel: „Einmal arbeite ich in der Küche für Heimatlose, also für Wohnsitzlose, in der Küche schneide ich Kartoffeln und Zwiebeln und so Zeug. Und das mach ich einmal die Woche. Und dann halt die Telefonseelsorge, wo ich dann auch so 15 bis 20 Stunden am Telefon verbringe im Monat. (4)".

Deutlich wird, politische Aktivität unter den hier betrachteten Älteren beginnt stets und beschränkt sich oft im übersichtlichen, erfahrbaren Nahraum der Gemeinde, die Aktivitäten legen einen deutlichen Schwerpunkt auf soziale Arbeit und bildungsunterstützende Hilfeleistungen wie Leseunterricht für fremdsprachige Kinder und ähnliches.

Hier, in der Rückkopplung an Erlebnisräume, an ihr Umfeld, spüren sie, dass sie etwas voranbringen können durch ihre aktive Mitarbeit. Es geht ihnen nicht in erster Linie um das Stopfen von Löchern, die sich durch den Rückzug vor allem kommunalen Politik und ehedem milieuverankerter Parteien (Geldmangel – aber nicht nur) aus weiten Feldern der sozialen Arbeit aufgetan haben; es geht auch um Selbstbestätigung und das Empfinden, gebraucht zu werden.

Sich sinnvoll einbringen zu können setzt in vielen Bereichen und Beispielen, die erzählt worden sind,

Bildung

voraus.

Den Interviewpartnern nutzt sehr, was sie an Bildungsvoraussetzungen und Erfahrungen mitbringen; es ist sicher überdurchschnittlich. Bei allen Interviews wird auf lebenslanges Interesse an Neuem und bis ins Alter geübte Weiterbildung, etwa im Rahmen der Universität des dritten Lebensalters in Frankfurt, großer Wert gelegt. Neugier und Offenheit sind mit dieser Bildung verbunden und tendieren zu den direkt-sozialen Aktivitätsformen.
Dies deutet hin auf ein

hohes Aktivierungspotenzial in der älteren Bevölkerung.

Wir haben es zu tun mit offenen, interessierten Beobachtern, die die gesellschaftlichen Ungleichgewichte in ihrem Umfeld wahrnehmen und oft bereit sind, in verschiedenen Tätigkeitsfeldern und Organisationen ihre Kenntnisse und Fähigkeiten reflexiv, aber auch aktiv einzubringen. Dieses Potential mündet kaum in Parteiaktivität, sondern entfaltet sich fast ausschließlich im sozialen Bereich und eher in informellen Organisationsformen.

Die Älteren erfahren häufig durch positive Rückmeldung zusätzliche Motivation, gehen neue persönliche Bindungen, auch generationenübergreifend ein, die sie – das soll nicht unterschätzt werden – gegen mögliche Vereinsamung immunisieren können. Viele Interviewpartner betonen sowohl die Probleme neuer Beziehungen, wie den Wert persönlicher, sachlicher und neuer Gemeinsamkeiten im Alter. Der Gewinn liegt also auf beiden Seiten, im Ort, bei denen, den geholfen wird und im Helfen bei Helfern.

Das führt zu der Frage:

Müssen alle „Beobachter“ zu politisch Handelnden, zu Handelnden in der Polis werden?

Die Antworten aus den Interviews bieten keine Anleitungen, ob und auf welche Weise ältere Menschen zu Handelnden im gesellschaftlichen Leben „gemacht“ werden können. Zur Hälfte haben sich die Interviewten nach dem Berufsleben in einem Zeithaushalt eingerichtet, der dafür keinen Platz hat. Sie in Organisationen „zerren“ zu wollen, wo gegen Parteien ohnehin

Aversion verbreitet herrscht, mag nicht sinnvoll sein. Die andere Hälfte, von denen sich manche erst im Alter aktiv um Tätigkeiten bemühen, ist meist früh über Vereine und Gruppen, Bekanntschaften, Freunde oder die Familie in soziale und politische Aktivitäten und Organisationen hineingeraten, diese Bindung haben sie beibehalten. Es besteht kein Mangel an Gruppen und Organisationen, die zu aktiver Mitarbeit einladen, diesbezüglich gibt es ein pluralistisch weit bestelltes Feld. Hinsichtlich der Formen des Interessierens und Einladens ist seitens der Organisationen, der Vereine, Kirchen, der Parteien sowieso, ganz sicher zu arbeiten. Hilfreich ist dabei vor allem, Ältere als autonome Persönlichkeiten anzuerkennen, in ihnen nicht die Empfänger verordneter Leistungen zu sehen (von Leistungen, die die Organisation in ein gutes Licht stellen). Ältere sind interessierter und besser informiert als angenommen wird, offen für Neues sind viele ebenfalls. (Und an dieser Stelle meinen wir nicht, Besonderheiten unserer Auswahl an älteren Interview- und Gesprächspartnern zu überschätzen.)

Einen nachdenklichen Schluss formuliert ein Interviewpartner: „Und ich denke mal, es ist noch viel Raum nach oben hin offen, diese älteren Menschen auch einzubeziehen, aktiv einzubeziehen in das gesellschaftliche Leben und sie nicht abzuschieben irgendwie an den Rand der Gesellschaft als hätten sie keine Bedeutung." (3).

Auf das Motto des Buchs kann nun, am Ende, mit mehr Verständnis zurückgeblickt werden. Ältere verabschieden sich von einer Konfliktbereitschaft „um beinahe jeden Preis", wie sie – in der Aktivphase um 1968 – ihre späte Adoleszenz in einer historisch einmaligen Situation bestimmt hat. Es fällt auf, dass – nach der Tradition – diese Phase viele Politisierungen vermittelt. Ältere schlagen im Alter eigene, mit und aus ihrem Sinn selbstbestimmte aktive, politische, politisch-soziale sowie kulturelle, soziale und privatistische Wege ein:

„Wir waren ein bisschen wilder und sind jetzt altersmilde geworden".

Abbildungsverzeichnis

Tabellenverzeichnis

Anlagen

1. Fragebogen zur Nachwahlbefragung am 26.05.2014

Nachbefragung zur Europawahl 2014

U3L
UNIVERSITÄT DES 3. LEBENSALTERS
an der Goethe-Universität Frankfurt am Main

Sehr geehrte Damen und Herren,

im Rahmen des Seminars der U3L -Demokratie : Zwischen Ort und Bürgerschaft sowie Globus und Menschheit- unter Leitung von Prof. Dr. Hennig, führen wir eine Umfrage zum Wählerverhalten bei der Europawahl vom 25.05.2014, unter den Studierenden der U3L, durch.
Wir bitten Sie, an der Umfrage teilzunehmen und so freundlich zu sein, den u.a. Fragebogen auszufüllen. Ihre Angaben bleiben selbstverständlich anonym.

Vielen Dank!

Sollten Sie in einer anderen Veranstaltung schon an der Befragung teilgenommen haben, füllen Sie den Bogen bitte nicht erneut aus!

1. Wie stark interessieren Sie sich für Politik?
☐ sehr stark ☐ stark ☐ mittel ☐ wenig ☐ überhaupt nicht

2. Haben Sie an der Europawahl 2014 teilgenommen?
☐ ja ☐ nein

3. Welche Staatsangehörigkeit besitzen Sie?
☐ deutsch ☐ EU-Bürger ☐ Wenn Sie EU-Bürger sind, welche:

4. Wenn Sie EU-Bürger sind, wo haben Sie gewählt?
☐ in Deutschland ☐ in meinem Heimatland

5. Welcher Partei haben Sie Ihre Stimme geben?
☐ CDU/CSU ☐ Piratenpartei
☐ SPD ☐ AfD
☐ FDP ☐ NPD
☐ Die Linke ☐ Andere und zwar:
☐ Bündnis 90 / Die Grünen ☐ Als EU-Bürger Partei meines Heimatlandes und zwar:

Sagen Sie uns bitte, wie die EU mit folgenden Themen umgehen soll.

	sehr wichtig	eher wichtig	weniger wichtig	unwichtig
6. - die Jugendarbeitslosigkeit bekämpfen	☐	☐	☐	☐
7. - die eigene Bürokratie regulieren	☐	☐	☐	☐
8. - die finanzielle Stabilität des Euros sichern	☐	☐	☐	☐
9. - die parlamentarische Kontrolle über die EU-Kommission verstärken	☐	☐	☐	☐
10. - für wirksamen Umwelt- und Klimaschutz sorgen	☐	☐	☐	☐
11. - soziale Ungerechtigkeiten zwischen Arm und Reich bekämpfen	☐	☐	☐	☐
12. - eine klare Regelung für die Zuwanderung in die EU treffen	☐	☐	☐	☐
13. - die Erweiterung vorantreiben	☐	☐	☐	☐

14. Soll die EU die Beitrittsgespräche mit der Türkei forcieren, einstellen oder der Türkei eine privilegierte Partnerschaft einrichten
☐ forcieren ☐ privilegierte Partnerschaft
☐ einstellen ☐ Die Türkei gehört nicht in die EU

Bei den folgenden Aussagen handelt es sich um Ihre Meinungen über die Politik der EU.

	stimmt	stimmt überwiegend	stimmt weniger	stimmt überhaupt nicht
15. "Leute wie ich haben so oder so keinen Einfluss darauf, was die EU tut."	☐	☐	☐	☐
16. "Die Parteien sollten sich nicht wundern, wenn sie bald keiner mehr wählt."	☐	☐	☐	☐
17. "In jeder Demokratie ist es die Pflicht des Bürgers/der Bürgerin, sich regelmäßig an Wahlen zu beteiligen."	☐	☐	☐	☐

Wie beurteilen Sie

	sehr gut	gut	teils/teils	schlecht	sehr schlecht
18. ... ganz allgemein die heutige wirtschaftliche Lage in Europa?	☐	☐	☐	☐	☐
19. ... und Ihre eigene wirtschaftliche Lage?	☐	☐	☐	☐	☐

Wir möchten Sie bitten, uns noch einige Angaben zu Ihrer Person zu machen. Wir benötigen diese zu statistischen Zwecken.

20. Zu welcher Altersgruppe gehören Sie?
☐ 18-30 ☐ 45-59 ☐ 66-70 ☐ 76 und älter
☐ 31-44 ☐ 60-65 ☐ 71-75

21. Welchen höchsten Bildungsabschluss haben Sie?
☐ keinen Abschluss ☐ Realschulabschluss ☐ Studium
☐ Hauptschulabschluss ☐ Abitur/Fachabitur ☐ anderes, und zwar:

Schließlich wären wir dankbar, wenn Sie angeben, welche Konfession Sie haben.

22. Konfession
☐ keine religiöse Bindung ☐ jüdisch ☐ muslimisch
☐ evangelisch ☐ katholisch ☐ andere Religion, und zwar:

23. Geschlecht
☐ weiblich ☐ männlich

Vielen Dank für Ihre Teilnahme!

2. Fragebogen zur Befragung „Politische Bildung im Alter“

U3L
UNIVERSITÄT DES
3. LEBENSALTERS
an der Goethe-Universität
Frankfurt am Main

im WiSem 2014/15
Datum: ________

„Politische Bildung im Alter“

Wir sind Studierende der Universität des 3. Lebensalters an der Goethe-Universität. In Absprache mit der U3L führen wir eine Untersuchung über politischen Einstellungen im Alter durch, denn der Bezug von Alter und Politik wird zu oft vernachlässigt.
Heute leben wir in einer bewegten und schnelllebigen Zeit mit weltweiten Zusammenhängen. Mit Ihrer Hilfe möchten wir erfahren, wie ältere Menschen in solch einer Zeit über Politik denken, und ob sich dies mit dem Alter ändert. Wir sind an Ihren Informationen und Berichten sehr interessiert und danken Ihnen für Ihre Bereitschaft zu diesem Interview. Das Interview dauert rund 45 Minuten. Ihre Angaben werden von uns absolut vertraulich und anonym verwendet. Nach Abschluss der Arbeit werden die Daten vernichtet.
Wir möchten Ihnen nun unsere Fragen stellen und bitten Sie um Ihre Informationen und Erzählungen.

1. Wenn Sie sich heute ein Urteil über aktuelle politische Entwicklungen bilden: Wie verschaffen Sie sich einen Überblick?
   Was beeinflusst Ihre politische Meinungsbildung dabei besonders?
   Wenn Sie an Ihre Jugend und Berufszeit zurückdenken, wie hat sich die Urteilsbildung verändert?

2. Wie treffen Sie heute Ihre Wahlentscheidung?
   Worauf achten Sie dabei besonders?

3. Welche Partei haben Sie bei der Europawahl 2014 gewählt?
   Wie sind Sie zu dieser Entscheidung gekommen?

4. Können Sie sich erinnern: Welche Partei haben Sie bei der Europawahl 2009 gewählt?

Wissen Sie noch, wie Sie damals zu Ihrer Entscheidung gekommen sind?

5. Wie hat sich Ihr Wahlverhalten in den vergangenen Jahrzehnten verändert? Gab es früher, gibt es heute eine Partei, der Sie sich positiv verbunden fühlen? Was sprach früher, was spricht heute für diese Partei? Gab es früher, gibt es heute eine Partei, von der Sie sich deutlich abgrenzen? Was sprach früher, was spricht heute gegen diese Partei?

6. Wie unterscheidet sich Ihr Wahlverhalten bei der Wahl zum Bundestag, zum Landtag, zur Gemeindevertretung?
Wie denken Sie über Nicht-Wähler?
Haben Sie selbst schon einmal nicht gewählt? Wenn Ja: Erzählen Sie uns bitte, weshalb Sie sich so entschieden haben?

7. Wenn Sie an die politische Entwicklung der vergangenen Jahrzehnte denken: Welche Ereignisse haben einen entscheidenden Einfluss auf Ihre persönliche Lage genommen?
An welche Ereignisse, an welche Auswirkungen denken Sie dabei?

8. Wie beurteilen Sie alles in allem Ihren heutigen Gesundheitszustand?

9. Die physische, geistige, soziale und kommunikative Mobilität spielt für ältere Menschen eine große Rolle. Wie beurteilen Sie zusammenfassend Ihre gegenwärtige Mobilität?
(Vorgabe vorlesen: sehr gut, gut, teils/teils, schlechter, sehr schlecht)
Verfügen Sie über einen Internetanschluss? Wenn Ja: Wofür benutzen Sie das Internet?
Im letzten halben Jahr: Waren Sie da im Kino, in einem Konzert, im Theater?
Haben Sie im letzten halben Jahr eine politische Veranstaltung besucht?

10. Wir bitten Sie nun um einige Angaben zu Ihrer Person:
Geschlecht: ....
Geburtsmonat und Geburtsjahr: ....
Wohnort .... oder Stadtteil von Frankfurt/M. ....
Staatsangehörigkeit: ....
Familienstand:
(Verheiratet/Lebenspartnerschaft/ledig/geschieden/verwitwet)
Was ist Ihr höchster allgemeinbildender Schulabschluss: ....
Beruflicher Ausbildungsabschluss: ....
Zuletzt ausgeübter Beruf: ....

Aktuelle Beschäftigung: ....

Üben Sie ein Ehrenamt aus? (Wenn Ja welches?) ....

Sind Sie Mitglied:

eines Vereins? .... einer Gewerkschaft? .... einer Partei? ....

einer Kirche oder Glaubensgemeinschaft? ....

Arbeiten Sie aktiv mit:

in einem Verein, in einer Gewerkschaft, einer Partei, in einer Kirchengemeinde oder in einer Glaubensgemeinschaft ?

11. Oft ist von verschiedenen Bevölkerungsschichten die Rede.
    Welcher Schicht rechnen Sie sich selbst zu?
    Vorgaben verlesen: Der Unterschicht, der Arbeiterschicht, der Mittelschicht, der oberen Mittelschicht, der Oberschicht
    Der Interviewte ordnet sich keiner dieser Schichten zu bzw. einer anderen: ....
    Eine Einstufung wird abgelehnt: ....
    Wie hat sich Ihre heutige soziale Lage gegenüber Ihrer Kindheit verändert?

12. Nun bitten wir Sie um Ihre Antworten zu politischen Einstellungen, zum politischen Interesse, zur Wirtschaftslage und dem Persönlichkeitsbild. Wir möchten diese Angaben vergleichen und legen Ihnen deshalb einen Fragebogen vor.

13. Nun kommen wir zum Schluss: Was glauben Sie, wenn Sie alles in allem Ihr Leben betrachten, stehen Sie auf der Gewinner- oder Verliererseite?
    Gewinner: Verlierer: Weder noch:
    Was sind für Sie die wichtigsten Gründe für diese Einordnung?

14. Wir beenden nun unser Interview.
    Möchten Sie noch etwas erzählen, was Ihnen zu unserem Thema „Politische Bildung im Alter“ wichtig erscheint, was aber im Interview nicht zur Sprache gekommen ist?

Für Ihre Mitarbeit danken wir. Ich bitte Sie um eine Vereinbarung zur Behandlung Ihrer Angaben im Rahmen unserer Studie. Dürfen wir Sie nochmals kurz fragen, wenn Probleme bei der Auswertung auftreten? Können Sie uns dafür Ihre Telefonnummer und E-Mail-Adresse nennen: .... verweigert: ....

Möchten Sie über unsere Forschungsergebnisse informiert werden?
Ja/Nein

Fragebogen zu Frage 12 **Interview** ____________________

Den folgenden Aussagen können Sie mehr oder weniger zustimmen. Inwieweit stimmen Sie der jeweiligen Aussage zu?

	Stimme gar nicht zu	Stimme wenig zu	Stimme etwas zu	Stimme ziemlich zu	Stimme voll und ganz zu
Wichtige politische Fragen kann ich gut verstehen und einschätzen.					
Die Politiker bemühen sich um einen engen Kontakt zur Bevölkerung.					
Ich traue mir zu, mich an einem Gespräch über politische Fragen aktiv zu beteiligen.					
Die Politiker kümmern sich darum, was einfache Leute denken.					

Nun kreuzen Sie, bitte, zu jeder Aussage an, ob Sie derselben Meinung oder ob Sie anderer Meinung sind.

	Bin derselben Meinung	Bin anderer Meinung	Weiß nicht
Egal, was manche Leute sagen: Die Situation der einfachen Leute wird nicht besser, sondern schlechter.			
So wie die Zukunft aussieht, kann man es kaum noch verantworten, Kinder auf die Welt zu bringen.			
Die meisten Politiker interessieren sich gar nicht für die Probleme der einfachen Leute.			
Die meisten Leute kümmern sich in Wirklichkeit gar nicht darum, was mit ihren Mitmenschen geschieht.			

Wie stark interessieren Sie sich für Politik?

Sehr stark	stark	mittel	Wenig	Überhaupt nicht

Wie beurteilen Sie Ihre wirtschaftliche und die allgemeine Wirtschaftslage?

	Sehr gut	gut	Teils gut, teils schlecht	Schlecht	Sehr schlecht
Wie beurteilen Sie ganz allgemein Ihre eigene wirtschaftliche Lage heute?					
Wie beurteilen Sie ganz allgemein die heutige wirtschaftliche Lage in Deutschland?					
	Wesentlich besser	**Etwas besser**	**Gleichbleibend**	**Etwas schlechter**	**Wesentlich schlechter**
Was glauben Sie, wie wird Ihre eigene wirtschaftliche Lage in einem Jahr sein?					
Was glauben Sie, wie wird die wirtschaftliche Lage in Deutschland in einem Jahr sein?					

Inwieweit treffen die folgenden Aussagen auf Sie zu?

	Trifft überhaupt nicht zu	Trifft eher nicht zu	Weder noch	Eher zutreffend	Trifft voll und ganz zu
Ich bin eher zurückhaltend, reserviert.					
Ich schenke anderen leicht Vertrauen, glaube an das Gute im Menschen.					
Ich bin bequem, neige zur Faulheit.					
Ich bin entspannt, lasse mich durch Stress nicht aus der Ruhe bringen.					
Ich habe nur wenig künstlerisches Interesse.					
Ich gehe aus mir heraus, bin gesellig.					
Ich neige dazu, andere zu kritisieren.					
Ich erledige Aufgaben gründlich.					
Ich werde leicht nervös und unsicher.					
Ich habe eine aktive Vorstellungskraft, bin fantasievoll.					

3. Erklärung zur Interviewbereitschaft

U3L
UNIVERSITÄT DES
3. LEBENSALTERS
an der Goethe-Universität
Frankfurt am Main

Politische Bildung im Alter
Einverständniserklärung

Ich bin damit einverstanden, dass das mit Herrn/Frau ____________________ geführte Interview aufgenommen und ausgewertet werden darf im Hinblick auf das Forschungsvorhaben „Politische Bildung im Alter" der Universität des 3. Lebensalters der Goethe-Universität Frankfurt/M..

Ich bin damit einverstanden, dass kleinere Abschnitte aus diesem Interview für Publikationszwecke in anonymer Form verwendet werden.

Mir ist zugesichert worden, dass alle Informationen und Daten dieses Interviews anonymisiert und nach Abschluss des Forschungsvorhabens vernichtet werden.

Ort, Datum, Unterschrift:

4. Kurzskala der Big Five-Persönlichkeitsfaktoren (BFI-10)[100]

Die 10 Fragen, je zwei für eine Dimension (davon ist eine Frage negativ gepolt und muss daher zur Indexbildung recodiert werden[101]), beanspruchen, fünf wesentliche Persönlichkeitseigenschaften zu messen. Jede Dimension umfasst eine „positive" wie eine „negative" Form der Eigenschaft. So umfasst beispielsweise die Dimension „Extraversion" Eigenschaften von Durchsetzung bis Redseligkeit. „Gewissenhaftigkeit" reicht von besonnen, selbstdiszipliniert bis kontrolliert, perfektionistisch. Die negative Polung trägt dem Rechnung, ebenso soll dies einen Automatismus beim Antworten verhindern.

Die Indices für die Befragten ergeben sich (nach der Recodierung), indem die Items je Dimension[102] addiert und durch zwei geteilt werden. Der Wertbereich schwankt zwischen (1) und (5). Die Interpretation bezieht sich auf die Antwortmöglichkeiten:

Trifft überhaupt nicht zu	1
Trifft eher zu	2
Weder noch	3
Eher zutreffend	4
Trifft voll und ganz zu	5

Am Beispiel der ersten Interviewpartnerin und der Mittelwerte wird eine Lesehilfe gegeben: Von den Dimension weisen Neurotizismus und Offenheit dieser Interviewpartnerin eine mittlere Ausprägung auf; Gewissenhaftigkeit und Extraversion attestiert sie sich in hohem Ausmaß; verträglich zu sein akzeptiert sie in geringem Ausmaß als eine ihrer Persönlichkeitseigenschaften. Diese Befragte unterscheidet sich von den Durchschnittswerter aller Befragten, besonders gilt dies für ihre herausragende Extraversion.

Bezogen auf die 28 Interviewpartner behaupten sie alle von sich, neurotizistisch und verträglich seien sie in geringerem Maß, extravertiert trifft weniger zu, etwas mehr gilt dies für Offenheit und Gewissenhaftigkeit.

Verglichen mit den GESIS-Bezugswerten fällt vor allem auf, dass sich die interviewten Personen durch ein größeres Maß an Offenheit auszeichnen; dies charakterisiert die Interviewten aus dem Kreis der U3L nochmals auf besondere Weise. In allen Fällen deuten die Standardabweichungen nicht darauf hin, dass sich die Mittelwerte je nach Dimension oder Gruppe zwischen den

100 GESIS informiert über diese Kurzskala: http://www.gesis.org/kurzskalen-psychologischer-merkmale/kurzskalen/persoenlichkeit/; Beatrice Rammstedt, Christoph J. Kemper, Mira Céline Klein, Constanze Beierlein, Anastassiya Kovaleva, Eine kurze Skala zur Messung der fünf Dimensionen der Persönlichkeit: Big-Five-Inventory-10 (BFI-10), GESIS-Arbeitspapier 2012/23; http://www.gesis.org/fileadmin/_migrated/content_uploads/BFI10_Workingpaper.pdf

101 3 bleibt 3, während 1 in 5, 2 in 4, 4 in 2 und 5 in 1 gewandelt wird.

102 Vgl. die Fragen im Anhang. Extraversion = 1+6, Verträglichkeit = 4+9, Gewissenhaftigkeit = 5+10, Neurotizismus = 3+8, Offenheit = 2+7.

Befragten auf besonders starke Weise unterscheiden. Besondere „Ausreißer" sind also nicht zu finden.

„Big Five": Dimensionen	Eigenschaften allgemein[103]	Politisch sozial[104]
Neurotizismus, emotionale Stabilität	Empfindsam, Zurückhaltend, Verletzlich, Unsicher, Kontrolliert, Impulsiv, emotional stabil, ruhig	Sicherheit, stabil, bestimmt, (seelische) gesund, freundschaftliche Kontakte
Extraversion	Tatendrang, Durchsetzung, Kontaktfähig, freundlich, gesellig, redselig, direkt	Gesprächig, politisches Interesse, Partizipation, aktives Freizeitverhalten, bestimmt das Aktivitätsniveau
Offenheit	Einfallsreich, eigenständig, Ästhetik, Abwechslung, neue Erfahrungen, Komplexität, flexibles Wertsystem, tolerant, aufgeschlossen	Wissbegierig, intellektuell, künstlerisch, vielfältig interessiert, offen, bevorzugt forschende und künstlerische Tätigkeiten, Wahl „mitte-links"
Verträglichkeit	Konfliktbereitschaft, Kooperation, Anerkennung, Nachgiebig, einfühlsam	Soziales Vertrauen, offene Gesellschaft
Gewissenhaftigkeit	Perfekt, organisiert, Antrieb, Ausdauer, Methodik, Fleiß, Leistung, besonnen, Selbstdisziplin	Disziplin, Nähe zur CDU, kritisch gegenüber Grünen und Linken, Gewissenhaftigkeit, (beruflichen) Erfolg

103 Nach Frieder R. Lang, Oliver Lüdtke, Der Big Five-Ansatz der Persönlichkeitsforschung, in: Siegfried Schumann (Hrsg.), Persönlichkeit, Wiesbaden 2005, S. 29-39; David Johann u. a., Persönlichkeit, politische Involvierung und politische Partizipation in Deutschland und Österreich, Politische Vierteljahresschrift, Sonderheft 50/2015, S. 67.

104 Nach Beatrice Rammstedt, Welche Vorhersagekraft hat die individuelle Persönlichkeit für inhaltliche sozial-wissenschaftliche Variablen? GESIS-ZUMA Arbeitsbericht 2007/01, Mai 2007; dies., Eine kurze Skala, S. 7, 8.

Indices der „Big Five"-Dimensionen für die Interviewpartner

Interview	Neurotizismus	Extraversion	Offenheit	Verträglichkeit	Gewissenhaftigkeit
1	3	5	3	2	5
2	3,5	4	5	3	1
3	2	3	4	4,5	4,5
4	2,5	4	4	3,5	3,5
5	1,5	2	4	4	3,5
6	3	2,5	4,5	4	4
7	5	4	4,5	4	5
8	1,5	3	4,5	3	5
9	3,5	5	4	2,5	5
10	2,5	3,5	5	3	5
11	4	4	4,5	4	4
12	2	3	4	3	4,5
13	4	3,5	5	3	5
14	3,5	4	4	2,5	3
15	2	3	3	3	4,5
16	3	2	2	3,5	4
17	3	3	2,5	3	4
18	1,5	4,5	5	3	4,5
19	2,5	2,5	3	4	3
20	1,5	4	4	3,5	4
21	1,5	5	5	3	5
22	2,5	5	4,5	2	4,5
23	2	4	4	3	2,5
24	3	4,5	5	3,5	4,5
25	4	4	4	3,5	4,5
26	4	2	4,5	4,5	4,5
27	2,5	4	4	4	3,5
28	5	3,5	5	1,5	2,5

Big Five: Mittelwerte (MW) und Standardabweichungen (StAbw[105])

	Neurotizismus	Extraversion	Offenheit	Verträglichkeit	Gewissenhaftigkeit
MW aller Interviews	2,84	3,63	4,13	3,25	4,05
MW der U3L-Interviews	2,92	3,62	4,19	3,15	4,04
MW: GESIS Vergleich ≥ 65 J.	2,39	3,25	3,34	3,55	4,29
StAbw aller Interviews	1,05	0,90	0,78	0,71	0,97
StAbw der U3L-Interviews	0,98	0,92	0,75	0,85	0,90
StAbw: GESIS ≥ 65 Jahre	0,91	0,91	0,95	0,82	0,75

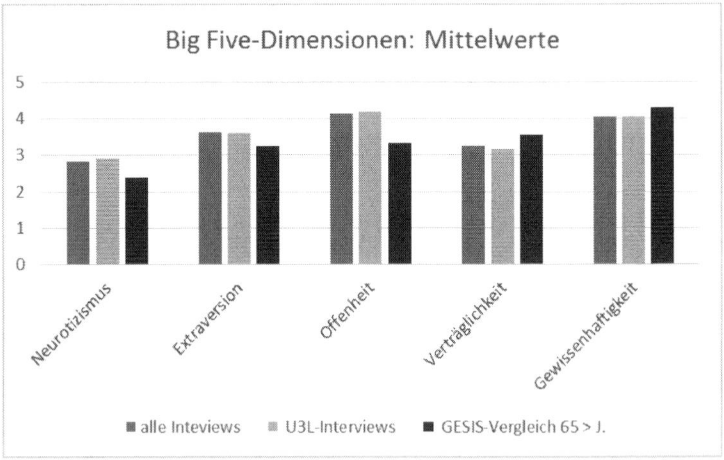

105 Die Standardabweichung markiert die durchschnittliche Schwankung der einzelnen Indices um ihren Mittelwert. Je kleiner die Abweichung ist, desto weniger weichen die Werte der Befragten vom Mittelwert ab, desto ähnlicher ist die Verteilung, desto weniger spielen Ausreißer eine Rolle.

5. Political Efficacy - Kurzskala (PEKS)

Diese Kurzskala fragt nach der politischen Wirksamkeit mit Fragen nach der eigenen Kompetenz und nach der Bereitschaft von Politikern, sich für „einfache Leute“ einzusetzen.[106] Die Skala ist ein Instrument zur Erfassung der politischen Effizienz der eigenen (IPE) und der extern den Politikern (EPE) zugesprochenen Kompetenzen. IPE misst die Selbsteinschätzung, ob man sich zutraut, Politik zu verstehen und politische Gespräche zu führen. EPE drückt aus, wie man Kontakte von Politikern zur Bevölkerung und deren Engagement für „einfache Leute“ einschätzt. Die Antworten auf die Fragen folgen einer fünfstufigen Antwortskala:

Stimme gar nicht zu	1
Stimme wenig zu	2
Stimme etwas zu	3
Stimme ziemlich zu	4
Stimme voll und ganz zu	5

Die je zwei Fragen zu den Dimensionen politischer Wirksamkeit werden addiert und durch zwei dividiert. Dies ergibt die Indices, die die Einstellungen einer Person zu IPE und EPE wiedergeben. Der Wertebereich der Indices schwankt zwischen (1) und (5). Zur Interpretation werden die Indices auf die Antwortmöglichkeiten (von 1 bis 5) bezogen. Index (1) bedeutet das Verneinen eigener Fähigkeiten oder die völlige Ablehnung eines altruistischen Engagements von Politikern; Index (5) steht für das vollkommene Vermögen, Politik zu verstehen und politisch zu kommunizieren, oder für die uneingeschränkte Zustimmung zum Engagement der Politiker für „einfache Leute“ und die Bevölkerung.[107]

Die folgende Tabelle enthält diese Indices für alle 28 Interviewpartner. Lesebeispiel: Die erste Interviewpartnerin ist von ihren eigenen Kompetenzen uneingeschränkt überzeugt, wenig bis etwas hält sie vom Einsatz der Politiker für „einfache Leute“ und von deren Kontakten zur Bevölkerung. Dreizehn Interviewpartner schätzen die eigene Kompetenz höchstmöglich ein, auch der Mittelwert aller Befragten, mehr noch der der U3L-Interviewpartner, spricht für ein hohes Vertrauen in die eigene Kompetenz. Nur ein Befragter beurteilt ähnlich positiv das Politiker-Engagement, neun weisen ein Engagement der Politiker zurück. Vom Engagement der Politiker sind die Interviewten wenig überzeugt, die U3L-Interviews sind besonders skeptisch.

106 Constanze Beierlein, Christoph J. Kemper, Anastassiya Kovaleva, Beatrice Rammstedt, Ein Messinstrument zur Erfassung politischer Kompetenz- und Einflussüberzeugungen. Political Efficacy Kurzskala (PEKS), GESIS Arbeitspapier 2012/18; http://www.gesis.org/fileadmin/_migrated/content_uploads/PEKS_Workingpaper_01.pdf

107 GESIS informiert ausführlich über diese Kurzskala. Vgl.: http://www.gesis.org/kurzskalen-psychologischer-merkmale/kurzskalen/political-efficacy/

IPE und EPE Skalenwerte

Interview	IPE	EPE
1	5	2,5
2	4,5	1
3	4	2
4	3	1,5
5	5	3
6	2,5	3,5
7	3,5	2
8	5	3
9	5	3
10	4	1,5
11	4	2
12	5	2,5
13	5	2,5
14	5	3,5
15	4	2
16	2	1,5
17	5	2
18	5	2,5
19	5	3
20	2	4
21	5	1,5
22	5	3
23	4	1,5
24	5	2
25	3	3
26	3	1,5
27	4	1,5
28	4,5	1

IPE und EPE Skalenwerte: Mittelwerte (MW) und Standardabweichung (StAbw)

	Alle Interviews		U3L-Interviews		GESIS-Vergleichswerte	
	MW	StAbw	MW	StAbw	MW	StAbw
IPE	4,18	0,98	4,50	0,65	3,24	1,74
EPE	2,27	0,80	2,12	0,71	1,03	0,79

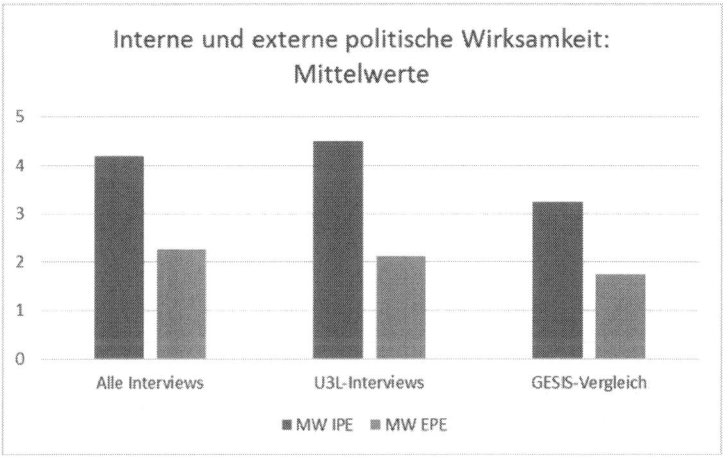

Quellenverzeichnis

Teilnehmerstatistik der U3L-Studierenden: Altersverteilung und Geschlecht im WS 2015/16 http://www.uni-frankfurt.de/43322605/statistik

Evaluation aller Lehrveranstaltungen der U3L, Wintersemester 2015/16: http://www.uni-frankfurt.de/61335772/Gesamtergebnis-Eva-15-16.pdf

Evaluation aller Lehrveranstaltungen der U3L, Wintersemester 2011/12: http://www.uni-frankfurt.de/43329035/Ergebnisse-Lehreva-WS-11-12.pdf

Ergebnisse der Nachbefragung zur Europawahl vom 26.05.2014: https://www.uni-frankfurt.de/51274935/Nachbefragung-zur-Europawahl-2014.pdf

Alle Hypertext Transfer Protokolle sind am 02. und am 03.08.2016 abgerufen worden.

Literaturverzeichnis

Ajzen, Icek/Fishbein, Martin 1980: Understanding Attitudes and Predicting Social Behavior. Englewood Cliffs

Arzheimer, Kai 1998: Die Wähler der extremen Rechten 1980 – 2002. Wiesbaden

Beierlein, Constanze u. a. 2012: Ein Messinstrument zur Erfassung politischer Kompetenz- und Einflussüberzeugungen. Political Efficacy Kurzskala (PEKS). GESIS Arbeitspapier 18 – http://www.gesis.org/fileadmin/_migrated/content_uploads/PEKS_Workingpaper_01.pdf

Böhme, Günther. 2006: Der Sinn von Bildung im Alter in: Hochschule und Weiterbildung, Heft 2

Böhme, Günther/Brauerhoch, Frank-Olaf/Dabo-Cruz, Silvia (Hrsg.). 2010: Lust an der Bildung. Idstein

Borgstedt, Silke. o. J.: Sinus-Milieus 50plus Deutschland. Die Lebenswelten der Generation 50plus. Heidelberg (Datenbezug 2010) – http://www.bkkmitte.de/uploads/media/_Lebenswelten_50plus_Handout.pdf

Bude, Heinz 2014: Gesellschaft der Angst. Hamburg

Bude, Heinz 2016: Das Gefühl der Welt. München

Der Bundeswahlleiter 2014: Wahl der Abgeordneten des Europäischen Parlaments aus der Bundesrepublik Deutschland vom 25. Mai 2014. Wiesbaden. September

Der Bundeswahlleiter 2015: Wahl zum 18. Deutschen Bundestag am 22. September 2013. Heft 5. Teil 2. Wiesbaden – https://www.bundeswahlleiter.de/de/bundestagswahlen/BTW_BUND_13/veroeffentlichungen/BTW2013_Heft5-2.pdf

Campbell, Angus u. a. 1960: The American Voter. New York (Reprint Chicago 1980)

Coleman, James S. 1987: Microfoundations and Macrosocial Behavior. In: Jeffrey Alexander u. a. (Hrsg.): The Micro – Macro Link, Berkeley u. a. S. 153 ff.

Coleman, James S. 1991: Grundlagen der Sozialtheorie. 3 Bde. München

Ergebnisse der repräsentativen Wahlstatistik in Wiesbaden. 5. 6. 2014: http://www.wiesbaden.de/medien/rathausnachrichten/PM_Zielseite.php?showpm=true&pmurl=http://www.wiesbaden.de/guiapplications/newsdesk/publications/Landeshauptstadt_Wiesbaden/141010100000192748.php.

Forschungsgruppe Wahlen 2014: Europawahl. Eine Analyse der Wahl vom 25. Mai 2014. Berichte Nr. 156. Mannheim

Frankfurter Bürgeramt 26. 5. 2014: Statistik und Wahlen. Frankfurter Wahlanalysen 62. Europawahl 2014 in Frankfurt/M.. Frankfurt
Evers, Adalbert u. a. 2015: Die Vielfalt des Engagements. In: Aus Politik und Zeitgeschichte. 14-15. S. 3-9
Decker, Oliver u. a. (Hrsg.). 2016: Die enthemmte Mitte. Giessen
Deth, Jan W. van 2000: Das Leben, nicht die Politik ist wichtig. In: Oskar Niedermayer, Bettina Westle (Hrsg.): Demokratie und Partizipation. Wiesbaden. S. 115 ff.
Ecarius, Jutta/Schäffer, Bernhard. (Hrsg.) 2009: Typenbildung und Theoriegenerierung. Opladen u. a.
Falter, Jürgen/Gehring, Uwe W. 1998: Alter – ein neues Cleavage. In: Max Kaase, Hans-Dieter Klingemann (Hrsg.): Wahlen und Wähler. Wiesbaden, S. 463 ff.
Falter, Jürgen/Schoen, Harald (Hrsg.). 2005: Handbuch Wahlforschung. Wiesbaden
Flick, Uwe 1995: Qualitative Forschung. Reinbek b. Hamburg
Goerres, Achim 2010: Das Wahlverhalten älterer Menschen. In: Zeitschrift für Parlamentsfragen 41. S. 102 ff.
Graefe, Stefanie 2014: Alter(n) im sozialen Wandel. In: Soziologische Revue 37. S. 445 ff.
Heitmeyer, Wilhelm 2012: Gruppenbezogene Menschenfeindlichkeit in einem entsicherten Jahrzehnt. In: Wilhelm Heitmeyer (Hrsg.): Deutsche Zustände. Folge 10. Berlin. S. 15 ff.
Hennig, Eike 1997: Demokratieunzufriedenheit und Systemgefährdung. In: Wilhelm Heitmeyer (Hrsg.): Was treibt die Gesellschaft auseinander? Frankfurt. S. 156 ff.
Hennig, Eike/Lohde-Reiff, Robert 2002: Die Wahlabsicht im Wandel von 1980 bis 1998. In: Frank Brettschneider u. a. (Hrsg.): Das Ende der politisierten Sozialstruktur? Opladen. S. 109 ff.
Höllig, Sascha/Hasebrink, Uwe 2014: Nachrichtennutzung im Wandel. In: Media Perspektiven 11. S. 530 ff.
Hüpping, Sandra 2006: Anomia. Unsicher in der Orientierung, sicher in der Abwertung. In: Wilhelm Heitmeyer (Hrsg.): Deutsche Zustände. Folge 4. Frankfurt. S. 86 ff.
Infratest/Sinus/Becker, Horst 1991: Die Älteren. Bonn
Johann, David. u. a. 2015: Persönlichkeit, politische Involvierung und politische Partizipation in Deutschland und Österreich. In: Politische Vierteljahresschrift. Sonderheft 50. S. 65 ff.
Jung, Matthias u. a. 2013: Angela Merkels Sieg in der Mitte. In: Aus Politik und Zeitgeschichte. 48-49. S. 9 ff.
Kelle, Udo/Kluge, Susanne 2010: Vom Einzelfall zum Typus. Wiesbaden
Köcher, Renate 2015: Schöne neue Welt. In: FAZ. 16. 4. S. 8
Kruse, Jan 2014: Qualitative Interviewforschung. Weinheim/Basel
Lang, Frieder R./Lüdtke, Oliver 2005: Der Big Five-Ansatz der Persönlichkeitsforschung. In: Siegfried Schumann (Hrsg.): Persönlichkeit. Wiesbaden. S. 29 ff.
Lamnek, Siegfried 2005: Qualitative Sozialforschung. Weinheim/Basel
Lindenberger, Ulman v. (Hrsg.) 2009³: Die Berliner Altersstudie. Berlin
Love, Patrick (Hrsg.). 2015: Ageing. Paris
Massing, Paul 2012: Die vier Dimensionen der Politikkompetenz. In: Aus Politik und Zeitgeschichte. 46-47. S. 23 ff.
Merton, Robert K 1957: Sozialstruktur und Anomie. In Fritz Sack, René König (Hrsg.). 1968: Kriminalsoziologie. Frankfurt. S. 283 ff.
Mudde, Cas 2014: Rechtsaußen, die Große Rezession und die Europawahlen 2014. In: Aus Politik und Zeitgeschichte. 12. S. 16 ff.
Nachtwey, Oliver 2016: Die Abstiegsgesellschaft. Berlin
Pokorny, Sabine 2013: Mit 60 fängt das Wählen an. St. Augustin/Berlin

Rammstedt, Beatrice 2007: Welche Vorhersagekraft hat die individuelle Persönlichkeit für inhaltliche sozial-wissenschaftliche Variablen? GESIS-ZUMA Arbeitsbericht 01, Mai.

Rammstedt, Beatrice u. a. 2012: Eine kurze Skala zur Messung der fünf Dimensionen der Persönlichkeit: Big-Five-Inventory-10 (BFI-10). GESIS-Arbeitspapier. 23. http://www.gesis.org/fileadmin/_migrated/content_uploads/BFI10_Workingpaper.pdf

Rattinger, Hans u. a. 2011: Zwischen Langeweile und Extremen: Die Bundestagswahl 2009. Baden-Baden

Roßteutscher, Sigrid u. a. 2014: Network Politicization and Political Integration: Cleavages to Private Networt Structures. In: Weßels: Voters on the Move. S. 167 ff.

Şaka, Belit 2016: Transmission ehrenamtlichen Engagements im Elternhaus. In: Kölner Zeitschrift für Soziologie und Sozialpsychologie. 68. Heft 2. S. 285-307.

Sander, Wolfgang o. J.: GrafStat4. – http://www.bpb.de/lernen/grafstat/51684/daten-auswerten

Sander, Wolfgang (Hrsg.) 2014: Handbuch politische Bildung. Schwalbach

Schmitt-Beck, Rüdiger u. a. 2014: Zwischen Fragmentierung und Konzentration: Die Bundestagswahl 2013. Baden-Baden

Schirrmacher, Frank 2004: Das Methusalem-Komplott. München

Schulz, Winfried. 2015: Folgen „neuer Medien“ für demokratische Prozesse. In: Mediaperspektiven. 4. S. 210 ff.

Sechster Bericht zur Lage der älteren Generation in der Bundesrepublik Deutschland: Altersbilder in der Gesellschaft. 2010: Sachverständigenbericht. Berlin –http://www.bmfsfj.de/RedaktionBMFSFJ/Pressestelle/Pdf-Anlagen/sechster-altenbericht,property=pdf,bereich=bmfsfj,sprache=de,rwb=true.pdf

Specht, Jule o. J.: Persönlichkeitsentwicklung im hohen Alter. – https://www.programm-altersbilder.de/aktionen/persoenlichkeitsentwicklung-im-hohen-alter-interview-mit-juniorprofessorin-jule-specht.html

Tippelt, Rudolf u. a. 2009: Bildung Älterer. Bielefeld

Tippelt, Rudolf (Hrsg.). 2009³: Handbuch Bildungsforschung. Wiesbaden

Thöle, Ulf 2011: Wahlverhalten älterer Frauen. Kassel. Diss. rer. pol. – http://d-nb.info/1046602381/34

Weber, Max 1994: Wissenschaft als Beruf/Politik als Beruf. Tübingen

Weßels, Bernhard u. a. 2014: Voters on the Move or on the Run. Oxford

Wilkoszewski, Harald 2003: Die verdrängte Generation. Marburg

Die Autorinnen und Autoren

W. Paul Biermann (geb. 1941):
Bankkaufmann, Studium der Betriebswirtschaft in Frankfurt, Abschluss als Dipl.-Kaufmann 1973. Bis 2004 bei deutschen und internationalen Banken im In- und Ausland tätig. Seit 2004 bei der U3L eingeschrieben.

Eike Hennig (geb. 1943):
Studium der Politikwissenschaft und Soziologie in Frankfurt und Marburg, Promotion zum Dr. phil. 1973, Habilitation 1976. 1975 bis 2008 Universitätsprofessor, zuletzt für Theorie und Methoden der Politikwissenschaft. Seit 2009 Dozent an der U3L. Dort kann ich alte Bücher nochmals lesen, werde gefragt und gewinne neue Perspektiven für Fragen der Demokratie.

Hannelore Leder (geb. 1960):
Studium der Germanistik in Frankfurt, Abschluss Magister Artium 1984. Beruf: Patentanwaltsfachangestellte. An der U3L eingeschrieben seit Winter Semester 2012/2013.

Dieter Müller (geb. 1942):
Über den Zweiten Bildungsweg Zugang zum Studium an der «Hochschule für Wirtschaft und Politik» in Hamburg, Abschluss Dipl.-Betriebswirt. Tätigkeit in einem internationalen Konzern der Elektrotechnik mit Schwerpunkt Vertrieb, Controlling und Logistik mit späterer Abteilungsleitungs-Funktion. An der U3L eingeschrieben seit 2009, Studienschwerpunkt gesellschaftspolitische Themen, um ein besseres und objektivierendes Verständnis für die zunehmend komplexer und unübersichtlich werdenden Entwicklungen in Staat und Gesellschaft zu erlangen..

Norbert Pacho (geb. 1947):
Studium der Soziologie in Frankfurt/M., Abschluss Diplom. Beruf: in einer weltweit operierenden Rechtsanwaltssozietät langjährig tätig in der Verwaltung von Treuhandgeldern, Geschäftsführer. Noch während der letzten Berufsjahre, seit 2012, bin ich bei der U3L eingeschrieben. Zur U3L kam ich, weil ich nach fast vierzig Jahren wieder Anschluss an mein Studienfach Soziologie spüren und über die eine oder andere Mauer schauen wollte.

Erwin Schauermann (geb. 1950):
Wohnhaft in einem kleinen Ort, 60 km nördlich von Frankfurt. Betriebswirt (EDV und Organisation), Abteilungsleiter bei einem Informatik-Dienstleister. Seit 2009 bei der U3L eingeschrieben. Ich möchte erfahren, warum Politiker so sind, wie sie sind.

Jens-Uwe Sponholz (geb. 1949):
Studium der Geographie, Politik- und Verwaltungswissenschaften in Frankfurt/M. und Mannheim. Abschluss Diplom. Tätigkeiten als Beamter bei militärischen und zivilen Einrichtungen der Deutschen Bundeswehr im In- und Ausland sowie im Bereich des Bundesrechnungshofes. Studierender an der U3L seit dem Sommersemester 2009.

Grete Steiner (geb. 1944):
Studium der Grundschuldidaktik und des Lehramts in Frankfurt. Von 1970 bis 2009 Lehrerin. 25 Jahre tätig in der Kommunalpolitik als Stadtverordnete, im Haupt- und Finanzausschuss und in Ausschüssen für Kultur, Schule und Sport. An der U3L eingeschrieben seit 2012.

Heinz Wazinski (geb. 1950):
Studium der Theologie, Germanistik und Romanistik. Staatsexamen für das Höhere Lehramt 1979. Von 1982 bis 2012 Lehrer an einer Gesamtschule in Ludwigshafen am Rhein. Seit 2013 eingeschrieben an der U3L.